suhrkamp taschenbuch
wissenschaft 858

Die Themen dieser Studien zur Hermeneutik reichen von Hegels Kritik an Friedrich Schlegel bis zu Gadamers Auseinandersetzung mit der »traditionellen« Hermeneutik. Systematische Fragestellungen stehen auch dort im Vordergrund, wo scheinbar rein historische Bezüge untersucht werden. So geht es in der Frage des Umgangs der Interpreten Haym und Dilthey mit der Frühromantik um die Möglichkeit eines historischen *Wiederverständnisses*, was sich in anderem Zusammenhang als die Aufgabe der philosophiegeschichtlichen Rekonstruktion von *Artikulationsrahmen* erweist. August Boeckhs Formel für die Arbeit der Philologie: »Erkenntnis des Erkannten« ist Leitthema in dem Sinn, daß diese Studien letztlich auf eine hermeneutische Theorie der *Verständigung über Verstandenes* abzielen, wie sie im Schlußteil skizziert wird. Historischer Bezugspunkt für alle Aufsätze ist Dilthey, dessen Verstehenstheorie nicht systematisch abgehandelt, sondern in vielfältigen Bezügen reflektiert wird. Dies gilt auch für die kleine Arbeit über den frühen Heidegger, dessen Verhältnis zu Dilthey erst in jüngster Zeit durch Auffindung bisher unbekannter oder lange verschollener Texte neu untersucht worden ist.

Frithjof Rodi, geb. 1930, ist Professor für Philosophie und Leiter der Dilthey-Forschungsstelle an der Ruhr-Universität Bochum. Er ist Herausgeber des Dilthey-Jahrbuchs und Mitherausgeber von Diltheys *Gesammelten Schriften*; ferner Mitherausgeber von *Materialien zur Philosophie Wilhelm Diltheys* (stw 439).

Frithjof Rodi
Erkenntnis des Erkannten

Zur Hermeneutik des 19. und 20. Jahrhunderts

Suhrkamp

CIP-Titelaufnahme der Deutschen Bibliothek
Rodi, Frithjof:
Erkenntnis des Erkannten :
zur Hermeneutik des 19. und 20. Jahrhunderts /
Frithjof Rodi. –
1. Aufl. – Frankfurt am Main : Suhrkamp, 1990
(Suhrkamp-Taschenbuch Wissenschaft ; 858)
ISBN 3-518-28458-4
NE: GT

suhrkamp taschenbuch wissenschaft 858
Erste Auflage 1990

Satz und Druck: Wagner GmbH, Nördlingen
Printed in Germany
Umschlag nach Entwürfen von
Willy Fleckhaus und Rolf Staudt

1 2 3 4 5 6 – 95 94 93 92 91 90

Vorbemerkung

»Erkenntnis des Erkannten« – diese Formel August Boeckhs als Titel einer Sammlung hermeneutischer Studien ist geeignet, Mißverständnisse hervorzurufen. Geht es, dieser Formel gemäß, um nichts weiter als den geschlossenen Kreis einer Auslegung, die das Gesagte noch einmal sagt, das Gesehene noch einmal betrachtet und vorführt? Also ein bloßes actum agere, ein judicatum judicare? Im Abwehren eines solchen Mißverständnisses kann der Grundgedanke, von dem alle hier vorgelegten Einzelstudien (wenn auch in verschiedenem Grade) bestimmt sind, am besten verdeutlicht werden.

Wäre hermeneutische Erkenntnis ein schlichtes Zur-Deckungbringen eines herausgefundenen Sinnes mit dem, was dasteht und so gemeint sein muß, dann wäre Auslegung in der Tat nichts weiter als Entziffern. So hat es Hans-Georg Gadamer dem vermeintlichen Objektivismus der »traditionellen« Hermeneutik vorgehalten, und er ist dort im Recht, wo sich die Geisteswissenschaften ins »Entziffern« flüchten, anstatt sich der geschichtlichen Erfahrung zu stellen. Ob er freilich damit jene hermeneutische Tradition richtig getroffen hat, um die es ihm ging, nämlich den Weg der Hermeneutik von Schleiermacher über Boeckh und Droysen zu Dilthey, ist eine der Fragen, die in diesen Studien noch einmal gestellt werden.

Was Schleiermacher im besonderen angeht, so hat Manfred Frank in seinem 1977 erschienenen Buch *Das individuelle Allgemeine* gezeigt, daß selbst ein »vollendet« genanntes Verständnis im Sinne Schleiermachers ein vorläufiges und unabgeschlossenes bleibt. Der (gewiß mißverständliche) Satz, daß »am Ende erst wie auf einmal alles einzelne sein volles Licht erhält und in reinen und bestimmten Umrissen sich darstellt«,[1] ist für Frank keinesfalls »die Kurzform eines am Ideal der vollen Präsenz orientierten Szientismus«. Er sieht in diesem Satz vielmehr die Erläuterung der »Relativität jener noch unabgeschlossenen Signifikantenkette in bezug auf ihren jeweils letzten Term (point de capiton)«. Schleiermacher behaupte keineswegs »die von der Kette unabhängige Wahrheit eines ›End-

1 *Fr. D. E. Schleiermacher: Hermeneutik* (Hrsg. v. H. Kimmerle), Heidelberg [2]1974, 144.

punktes‹, in dessen Licht die Bedeutungen ein für allezeit zu einem ›vollständigen Verständnis‹ sich ordneten«.[2]

Mit diesen Hinweisen hat Manfred Frank von einer, wie ich glaube, entscheidenden Stelle aus in die Diskussion um den Objektivismus der romantischen Hermeneutik eingegriffen. Daß es einen definitiven »Endpunkt« eines Verstehensprozesses nicht geben kann, gehört ja geradezu zu den Abgrenzungskriterien des *Verstehens* gegenüber anderen Formen der Erkenntnis. So strebt z. B. die wissenschaftliche *Erklärung*, etwa die einer kausalen Determiniertheit eines Sachverhaltes durch einen andern, durchaus die Endgültigkeit ihrer Resultate an. Erklärung will an ein Ende kommen. Auch der historische Nachweis des Vorkommens bestimmter Sachverhalte als Fakten kann nur in bestimmten Ausnahmesituationen als ein bloß vorläufiges oder approximatives Resultat (z. B. als Hypothese) intendiert sein. In noch größerem Maße waren die Naturwissenschaften als klassische Mechanik und Physik darauf angewiesen, Probleme endgültig zu lösen, um auf gesicherten Resultaten weiterbauen zu können. Demgegenüber wird die Norm einer vergleichbaren Festschreibung definitiver Ergebnisse für den hermeneutischen Vorgang in dem Maße immer weniger selbstverständlich, je höher der Anspruch geht, über das jeweilige Ans-Ende-Kommen im »Entziffern« hinaus sich der Überlieferung im Sinne geschichtlicher Erfahrung zu stellen. Mit August Boeckh gesagt: »Wo die Unendlichkeit aufhört, ist die Wissenschaft zu Ende.« (s. u. S. 80)

Daß dies nicht subjektive Willkür und Beliebigkeit bedeuten darf, kann von verschiedenen Seiten her begründet werden. Schleiermacher und Boeckh haben eine methodologische Begründung gegeben, indem sie im Gegensatz zum einlinigen Aufbau einer in der Hierarchie ihrer Disziplinen sich begründenden Wissenschaft das Prinzip der wechselseitig sich »formierenden« Zugänge zum Text (s. u. S. 83) entwickelt haben. Daß schon bei Schleiermacher der hermeneutische Zirkel nicht mehr, wie bei Friedrich Ast, spekulativ begründet wird, sondern »aus der wechselseitigen Abhängigkeit des grammatischen und des psychologischen, des objektiven und des subjektiven Aspekts«[3] entspringt, findet bei

2 *M. Frank: Das individuelle Allgemeine.* Textstrukturierung und -interpretation nach Schleiermacher. Frankfurt/M. 1977, 310.

3 Ebd., 305.

Boeckh seine unmittelbare Entsprechung und Systematisierung und wirkte so weiter auf Dilthey.[4] – Gadamers Abwehr eines falschen Subjektivismus geht dagegen gerade nicht vom Methodenbewußtsein des forschenden Einzelsubjekts aus, sondern vom wirkungsgeschichtlichen Zusammenhang als einem Geschehen, das dem Verstehenden immer schon unüberholbar vorausliegt: »Das Verstehen ist selber nicht so sehr als eine Handlung der Subjektivität zu denken, sondern als Einrücken in ein Überlieferungsgeschehen, in dem sich Vergangenheit und Gegenwart beständig vermitteln. Das ist es, was in der hermeneutischen Theorie zur Geltung kommen muß, die viel zu sehr von der Idee eines Verfahrens, einer Methode, beherrscht ist.«[5] Auch von diesem Ansatz her ist das Verstehen als *unabschließbarer* Prozeß geschichtlicher Aneignung von Sinn konzipiert.

Ob nun vom romantisch-historischen oder vom wirkungsgeschichtlichen Bewußtsein her gedacht, – die Unabschließbarkeit des Verstehens kann nicht bedeuten, daß es nicht in sich kohärente Verstehensschritte, abschließende Formulierungen, erreichte Positionen und damit konkrete Endpunkte *innerhalb* übergreifender Vorgänge gibt. Es sind ja Aussagen, Abhandlungen, Bücher, in denen sich Verständnis konkretisiert. Auch wenn sie nur als Stationen auf einem im Prinzip nicht zu Ende abschreitbaren Weg gelten müssen, – es sind doch Schritte oder Haltepunkte im Prozeß der Aneignung von Überlieferung und der damit möglichen Selbstfindung der Verstehenden. Jeder glücklich gewählte, »treffende« Ausdruck in der Charakterisierung eines bisher so nicht gesehenen Sinnzusammenhangs ist ein solcher Haltepunkt, das Wort in seiner doppelten Bedeutung genommen: man hält hier inne; und die weitere Interpretation hält sich ein Stück weit an das so gewonnene Verständnis. In diesem Sinn soll Erkenntnis des Erkannten verstanden werden. (Die damit von Boeckh übernommene Überbetonung des Kognitiven dieser Formel wird im Titel-Aufsatz diskutiert, s. u. S. 76ff.).

4 Zur Beziehung Boeckh-Dilthey vgl. *Th. M. Seebohm: Die Begründung der Hermeneutik Diltheys in Husserls transzendentaler Phänomenologie.* In: E. W. Orth (Hrsg.): Dilthey und die Philosophie der Gegenwart. Freiburg/München 1985, 97-124.

5 *H.-G. Gadamer: Wahrheit und Methode.* Grundzüge einer philosophischen Hermeneutik. Tübingen, 274 f.

Wenn an der Spitze dieser Studien die Begriffe der philosophischen »Sprachnot« (Gadamer) und des »Artikulationsdrucks« stehen, so ist von Anfang an das Thema des spannungshaften Bezugs zur Überlieferung angeschlagen. Mit den Worten Georg Mischs gesagt: es ist »die unablässige innere Anspannung des Ganzheitsdenkens, das dem Intellekt nicht erlaubt, aus dem ›Darinnensein im Leben‹ abzusinken zu freiem Lauf über einen Teil des Mannigfaltigen hin mit nur *einmal* erarbeiteten und dann fertigen Begriffen« (s. u. S. 154). Der Gegensatz zum »fertigen« Terminus und seiner beliebigen Wiederholbarkeit gilt selbstverständlich nicht absolut: daß nicht nur viele Bereiche wissenschaftlicher Forschung, sondern vor allem der praktischen Lebensbewältigung auf die Ergebnishaftigkeit und Verläßlichkeit solch »fertiger« Begriffe angewiesen sind, bleibt unbestritten. Es ist vielmehr umgekehrt so, daß dem Universalitätsanspruch der Norm terminologischer Festigkeit und definitorischer Fixiertheit gegenüber das Recht *auch* jener evokativen Begriffe und Sätze geltend zu machen ist, weil sie die Spannung des Artikulationsdrucks, aus dem sie erwachsen sind, noch derart in sich tragen, daß bis in die begriffsgeschichtliche Erforschung ihrer Genese hinein die ursprüngliche »Sprachnot« nachvollziehbar bleibt. »Haltepunkte« im hermeneutischen Prozeß, in denen Erkenntnis des Erkannten so formuliert wird, daß das Erkannte nicht »beigesetzt«, sondern »wiederverstanden« wird (s. u. S. 41 ff.), sind deshalb auf das hermeneutische Potential solcher evokativer und prägnanter Ausdrücke angewiesen. Wenn z. B. Wolfgang Hildesheimer in seinem Mozart-Buch die Unzugänglichkeit der Person Mozarts auf die Formel bringt: »Wir sehen ihn eher Grimassen schneiden als zur Tür hereinkommen«,[6] so wird damit eine hermeneutische Erfahrung ausgesprochen und in gewisser Weise zum Abschluß gebracht: die Erfahrung nämlich, daß auch der einfühlsamste Biograph die unverstellte Persönlichkeit Mozarts nicht hinter dem Wust von Possen, Rollenspiel und Maskeraden hervortreten lassen kann. Eine negative Erfahrung zwar, aber doch eine solche, die auf indirektem Wege das sehen läßt, was als unvorzeigbar herausgearbeitet wurde. Der Leser ist in der Lage, musikalisch gesprochen eine »Fermate« der Besinnung durchzuhalten, die nicht Endpunkt, sondern Ruhepunkt und als solcher

6 *W. Hildesheimer: Mozart.* Frankfurt/M. 1977, 288.

Ausgangspunkt eines weiteren Verständnisses ist. (Fermaten dieser Art haben in hermeneutischen Partituren bisher wenig Beachtung gefunden.)

In der den Band abschließenden Studie werden solche Haltepunkte mit dem Begriff »Mal« bezeichnet. Diese Konzeption entsprang dem Bedürfnis, den hermeneutischen Befund eines relativen Verständnis-Abschlusses auch als semiotisches Phänomen faßbar zu machen. Die Objektivierung von Erfahrung ist ein Zeichen, das gesetzt wird, um formulierbar gewordenen Sinn mitzuteilen. Die Existenz eines Zeichen setzenden, seiner Intentionen sich in hohem Maße bewußten Subjekts ist dabei Voraussetzung. Male sind bewußt vorgenommene Eingriffe, nicht einfach sich ergebende Ablagerungen im anonymen Überlieferungsgeschehen. Hildesheimers prägnante Formel, die mehr über Mozart sagt als manches Kompendium, ist weder »Ereignis«, noch zufälliger Funke im Feld der Signifikanten, sondern bewußtes, ja raffiniertes An- und Abmessen einer »produktiv-objektivierenden Artikulation« (s. u. S. 142 ff.), die gerade das noch in Umrissen spannungshaft sehen läßt, was nicht mehr in einer »fertigen« (z. B. psychologischen) Terminologie dargelegt werden kann.

Das so gesetzte Mal ist als Zeichen auf Verstehen hin angelegt, das sich grundsätzlich unterscheidet vom »rein pragmatischen« Applikationsschema (s. u. S. 185). Es würde einer komplizierten, in diesem Band nicht geleisteten, semiotischen Untersuchung bedürfen, um den Interpretantenbezug solcher Objektivierungen von Erfahrung abzugrenzen von jedem im engeren Sinn pragmatischen Verständnismodell. Die Skizze einer »Epidigmatik« am Ende dieses Buches kann denn auch nur als Andeutung dessen gelten, was hier noch auszuarbeiten wäre. –

Das bisher Gesagte könnte die Erwartung wecken, es handle sich bei den folgenden Untersuchungen primär um systematische Überlegungen. Das Gegenteil ist richtig. Von systematischen Fragestellungen zwar geleitet, behandeln die Studien jeweils doch historischen Stoff. Durchgängiger Bezugspunkt sind Dilthey und sein Schüler Georg Misch, wobei ihrer Theorie der Erlebnis-Ausdrücke und der durch sie geleisteten produktiv-objektivierenden Artikulation die zentrale Bedeutung zukommt. Das historische Interesse richtet sich vor allem auf die Kontinuität des hermeneutischen Denkens seit Schleiermacher, eine Kontinuität, die Gadamer, von Heidegger aus auf das 19. Jahrhundert zurückblickend, vehement in Frage gestellt hat. Die Wirkungen, die von *Wahrheit und Methode* auf die Auffassung dieses Zusammenhangs ausgegangen sind, können noch immer nicht abgeschätzt werden. Der Aufsatz *Traditionelle und philosophische Hermeneutik* registriert einige dieser Wirkungen, und der ihm folgende über Heideggers Verhältnis zu Dilthey in den Jahren der Entstehung von *Sein und Zeit* korrigiert das Bild vom radikalen Bruch mit der hermeneutischen Tradition des 19. Jahrhunderts. Indirekt mit diesem Thema verbunden ist die Frage nach der Stellung Husserls innerhalb einer Bewegung, die man heute nicht mehr eine bloß phänomenologische, sondern die große phänomenologisch-hermeneutische Bewegung der ersten Hälfte dieses Jahrhunderts nennen sollte, um nicht nur das breite Spektrum phänomenologischer Positionen, sondern auch ihre Verflechtungen mit dem Denken außerhalb der »Schule« zu markieren. Gestalten wie Hans Lipps[7] und der hierzulande erst allmählich bekannter werdende russische Phänomenologe Gustav Špet[8] können die Kompliziertheit dieser Bezüge illustrieren. Daß beide (wenn auch unter verschiedenen Voraussetzungen) von »hermeneutischer Logik« sprachen, ist ein Hinweis auf das ihnen und vielen anderen gemeinsame Bestreben, die Eingrenzungen einer letztlich am Erkenntnismodell der Mathematik orientierten Philosophie als »strenger« Wissenschaft rückgängig zu machen.

Dies führt noch einmal zu dem Gegensatz zwischen eindeutigen, also mit fixierten Bedeutungen versehenen Ausdrücken und der evozierenden Rede zurück. Georg Misch hat diese Gegenüberstellung vor allem im Blick auf den unüberbrückbaren Gegensatz zwischen Dilthey und Husserl entwickelt (s. u. S. 123 ff.). Hier hat sich, nachdem die Deutsche Gesellschaft für phänomenologische Forschung 1983 in Trier eine internationale Tagung eigens dem Thema »Dilthey und die Phänomenologie« gewidmet und die Beiträge in zwei wichtigen Publikationen veröffentlicht hat[9], ein sehr differenziertes und in mancher Hinsicht den Gegensatz Dilthey-Husserl noch stärker betonendes Bild ergeben. Vor allem

7 Vgl. die aus Anlaß des 100. Geburtstages von Hans Lipps erschienenen Beiträge im Dilthey-Jahrbuch 6/1989.

8 Vgl. unten S. 160 ff.

9 Neben dem in Anm. 4 genannten Sammelband: *E. W. Orth (Hrsg.): Dilthey und der Wandel des Philosophiebegriffs seit dem 19. Jahrhundert.* Phänomenologische Forschungen 16, 1984.

den subtilen Analysen von Elisabeth Ströker ist es zu verdanken, daß die hinter den Gemeinsamkeiten von Zeitgenossenschaft und vergleichbarer Hingabe an die Sache der Philosophie aufbrechende Kluft noch deutlicher gesehen werden kann. Die vieldiskutierte Frage, in welchem Maße dem späten Husserl doch noch der Durchbruch zur Begründung des Verstehens der geschichtlichen Welt gelungen sei, wird in überzeugender Weise beantwortet. Das Verstehen bei Husserl, so führt E. Ströker aus, richte sich »vornehmlich auf die Sinnesgenesis gegenständlich konstituierter Einheiten, speziell der objektiven Wissenschaften«, und dies schließe »ein genetisches Sinnverständnis der transzendentalen Subjektivität ein, die nun darin als ›geschichtliche‹ Subjektivität sich zeigen soll, daß jedes Ego eine entsprechende Genesis nicht bloß hat, sondern sich auch zu ihr verhält«. Hier aber ergebe sich gegenüber dem Ansatz Diltheys ein entscheidender Unterschied: während sich bei Husserl die selbstbesinnliche Vertiefung auf »Reaktivierungen vergangener Sinnstiftungen« richte und Geschichte damit zur »sedimentierten Sinngeschichte« werde, habe Dilthey eine anders geartete Kohärenz der Geschichte, wie sie sich in der Selbstbesinnung erschließt, im Auge. Das Gewahren der Genesis als »regressive Verlebendigung früher durchlebter Stadien des Lebens und seiner Objektivationen« gewinnt – so wird weiter ausgeführt – erst dann seine eigentlich geschichtliche Dimension, wenn in der Selbstbesinnung die *Bedeutsamkeit* alles Erlebens im einzelnen als jeweils verschieden gearteter »wertmäßiger Bezug zum Ganzen des Lebens« aufgehe. »Nicht also schon die bloße Genesis des Lebens als ein zeitlich gewordener Zusammenhang, sondern erst ein solcher, der die Erlebnisse dieses Zusammenhangs in ihrer Bedeutsamkeit erscheinen läßt, ist es, aus dem sich für Dilthey das Leben geschichtlich versteht.« Dieses Moment wertbezogener Selbstbesinnung fehle in Husserls Aufweis der transzendentalen Sinnesgenesis objektiver Konstitutionen ebenso wie die explizit eingeführte Kategorie der Bedeutsamkeit; weshalb sich Geschichte für Husserl »im Grunde nicht anders denn als kumulativer Prozeß fortschreitender Sinnstiftungen für objektive Gegenstandskonstitution darbot«.[10]

10 *E. Ströker: Systematische Beziehungen der Husserlschen Philosophie zu Dilthey.* In: Dilthey u. d. Philosophie d. Gegenwart (vgl. Anm. 4), 63 ff., hier: 90-95.

Diesen Gedanken hat Gadamer auf derselben Tagung aufgegriffen und auf das »produktive Mißverständnis Husserls« durch Dilthey hingewiesen, das darin besteht, daß Dilthey den streng semantischen Bedeutungsbegriff Husserls mit seinem eigenen Begriff von Bedeutsamkeit verbunden hat. Gadamer merkt dazu an:

Es scheint mir notwendig, zu erkennen, daß die gemeinte Bedeutung und die wirkliche Bedeutsamkeit ineinanderfließen. Das gerade befreit die logischen Verhältnisse von Begriff und Urteil aus ihrer Isolierung und rückt sie in die grundsätzliche Okkasionalität zurück, in der sie im Lebenszusammenhang erscheinen. Erst in diesem Zuammenhang gewinnt eine Bedeutung, eine Rede oder ein Geschehen ihre wahre Konkretion. Der aus Worten aufgebaute Sinn einer Rede und die Bedeutsamkeit, die solche Aussagen im Lebenszusammenhang zum Ausdruck bringen, gehen wirklich zusammen. Lange vor Austin sind hier entscheidende Einsichten durch Hans Lipps formuliert worden, und es scheinen mir Dinge zu sein, die bereits in Dilthey angelegt waren.[11]

Mit diesen Sätzen ist wohl ein wichtiger Nachtrag zu *Wahrheit und Methode* vorgenommen worden, der darin besteht, daß hier die Kontinuität des hermeneutischen Denkens anders gesehen ist: der Weg führt hier nicht – als Überwindung der traditionellen Hermeneutik – über Yorck von Wartenburg und Husserl zu Heidegger, sondern besteht in einem (von Heidegger noch immer allzusehr überschatteten, wenngleich von ihm selbst als eine der Voraussetzungen seines eigenen Denkens anerkannten) besonderen Überlieferungsstrang. Diesen deutlicher sehen zu lassen kann als das eigentliche historische Interesse der hier vorgelegten Studien bezeichnet werden. Daß es in vielen Punkten angeregt ist durch die seit Jahrzehnten beharrlich erfolgenden Hinweise O. F. Bollnows auf die Göttinger Dilthey-Schule, bedarf wohl kaum der besonderen Erwähnung.

11 *H.-G. Gadamer: Wilhelm Dilthey nach 150 Jahren.* (Zwischen Romantik und Positivismus. Ein Diskussionsbeitrag). In: Dilthey u. d. Philosophie d. Gegenwart, a.a.O., 179.

Zwischen Begriffs- und Philosophiegeschichte

Zur Rolle von Artikulationsdruck und Artikulationsrahmen*

1. Philosophische »Sprachnot« und »Artikulationsdruck«

In dem Bemühen, die philosophische Dimension begriffsgeschichtlicher Forschung zu bestimmen, hat H.-G. Gadamer verschiedentlich auf die Tatsache aufmerksam gemacht, daß Philosophie als Sprachfindung immer in einer Situation der »Sprachnot« steht: »Nur der denkt philosophisch, der angesichts der verfügbaren sprachlichen Ausdrucksmöglichkeiten ein Ungenügen empfindet, und nur dann denkt man mit, wenn man die Not dessen wirklich teilt, der begriffliche Aussagen wagt, die sich allein durch sich selbst bewähren sollen.«[1] Philosophisches Denken ist schon deshalb ein »Denken in der äußersten Sprachnot«, weil die Sprache, in der wir unsere gewohnten Lebensbezüge aussprechen, für das philosophische Fraglichwerden dieser Bezüge keine Ausdrucksmöglichkeiten bereithält.[2] Aber auch der philosophischen Überlieferung gegenüber gilt, daß wir »die Unangemessenheit des sprachlichen Ausdrucks für den philosophischen Gedanken« immer in Rechnung stellen.[3] Das Mitdenken mit der Überlieferung kann immer auch das Mit-erleiden derjenigen Sprachnot

* Zuerst erschienen in englischer Übersetzung unter dem Titel *Historical Philosophy in Search of »Frames of Articulation«*. In: Doing Philosophy Historically, Ed. by Peter H. Hare. Buffalo N.Y. 1988, 329-340. – Deutsche Erstfassung unter dem Titel *Die Rolle von Artikulationsdruck und Artikulationsrahmen im Entstehungsprozeß philosophischer Theorien*. In: *Disiecta membra*. Studien Karlfried Gründer zum 60. Geburtstag. Basel 1989, 95-107.

1 *H.-G. Gadamer: Begriffsgeschichte als Philosophie*. In: Kleine Schriften III. Tübingen 1972, 245.

2 *H.-G. Gadamer: Die Begriffsgeschichte und die Sprache der Philosophie*. In: Kleine Schriften IV. Tübingen 1977, 7.

3 Ebd., 9.

bedeuten, die sich in der Sprachfindung des überlieferten Textes niedergeschlagen hat.
In diesem Zusammenhang kommt der Begriffsgeschichte eine wichtige Funktion zu. Durch den Titel »Begriffsgeschichte als Philosophie« wird ja ausgedrückt, daß die begriffsgeschichtliche Aufhellung der im philosophischen Terminus verdeckten Aussagemöglichkeiten nicht dem bloß historischen Interesse an einer Sinngenese entspringt. Sie ist vielmehr genuin philosophische Erneuerung derjenigen gedanklichen Spannung, »die sich an den Bruchstellen des philosophischen Sprachgebrauchs zeigt, an denen sich die Anstrengung des Begriffs ›verworfen‹ hat«.[4] In diesem Sinne genommen hat Begriffsgeschichte eine gedankliche Bewegung nachzuvollziehen, »die immer über gewohnten Sprachgebrauch hinausdrängt und die Bedeutungsrichtung von Wörtern aus ihrem ursprünglichen Verwendungsbereich löst [...]«.[5] Hierbei kommt also dem Verhältnis von umgangssprachlichem Wort und philosophischem Begriffswort die entscheidende Bedeutung zu: was Gadamer »Verwerfungen« oder »Bruchstellen des philosophischen Sprachgebrauchs« nennt,[6] ist die Grenzzone von Umgangssprache und philosophischer Begrifflichkeit. Als philosophisches Mitdenken hat die Begriffsgeschichte den philosophischen Terminus »aus scholastischer Erstarrung zu lösen und für die Virtualität der lebendigen Rede zurückzugewinnen«.[7]
Versieht man diesen von Gadamer aufgewiesenen Zusammenhang mit einem etwas anderen Vorzeichen, so kann man statt von »Sprachnot« auch von »Artikulationsdruck« sprechen. Diese Veränderung der Perspektive besteht darin, daß mit dem Begriff »Artikulationsdruck« in stärkerem Maße auf den historisch-sachlichen Wirkungszusammenhang verwiesen wird, aus dem sich jeweils die Notwendigkeit oder die Tendenz ergibt, neue Begriffe zu bilden oder eine vorhandene Begrifflichkeit zu verändern. Ein solcher Artikulationsdruck ist keineswegs auf den Bereich der Philosophie beschränkt. Der Drang, sprachliche und nichtsprachliche Ausdrucksmittel zu sprengen, um neu Gesehenes auch in neuer Weise vernehmbar zu machen, ist vielmehr das vielleicht universalste Lebensgesetz jeder schöpferischen Tätig-

4 Kl. Schr. III, 249.
5 Ebd., 248.
6 Ebd., 249.
7 Ebd.

keit. Wenn man absieht von dem speziellen Problem, daß in manchen außereuropäischen Kulturen ein betont statisches und nicht dynamisches Verhältnis in der Pflege der Überlieferung vorherrscht, so kann man sich Kultur im weitesten Sinne des Wortes doch kaum anders vorstellen denn als einen Prozeß des beständigen Überschreitens jeweils erreichter Positionen. Mögen die vorantreibenden Faktoren noch so heterogen sein, das Resultat ist ein beständiger Innovationsdruck, der über die eher behaglich anmutende Forderung »Kinder, schafft Neues!« weit hinausgeht.

Nun ist allerdings zu unterscheiden zwischen einem Innovationsdruck, wie er z. B. durch kommerzielle Interessen erzeugt wird und seinen klassischen Ausdruck in der Mode findet, und einem Artikulationsdruck, der auch unabhängig von äußerem Innovationsdruck eine Auseinandersetzung mit der Überlieferung erzeugt. Im Begriff der Avantgarde ist z. B. impliziert, daß es Vorwegnahmen einer allgemein akzeptierten Entwicklung geben kann, die nicht durch sachfremde (z. B. kommerzielle) Interessen bestimmt, sondern Ausdruck eines sachimmanent orientierten Artikulationsbedürfnisses sind.

In diesem Sinne bewirkt auch in der Philosophie ein (wie auch immer im einzelnen gearteter) Artikulationsdruck beständig neue Auseinandersetzungen mit der Tradition. Gemeint sind hier noch nicht die großen wissenschaftlichen Revolutionen, in denen durch Paradigmawechsel und das Entstehen neuer Theorien die Philosophiegeschichte im Zusammenhang mit der Geschichte der Einzelwissenschaften epochale Veränderungen erfährt. Vielmehr soll uns hier nur derjenige Bereich innovatorischer Leistungen interessieren, in dem das Wort »Artikulation« besonders sinnvoll angewandt werden kann. Gemeint ist im Sinne Gadamers die Sphäre der philosophischen Begrifflichkeit, die in ihrer Selbstverständlichkeit als Vorurteilsstruktur das Stellen von Fragen immer schon präjudiziert und deshalb in kritischer Reflexion immer neu »aufgebrochen« werden muß. Artikulationsdruck bedeutet in der Philosophie also vor allem das Ungenügen an vorgegebenen Aussagemöglichkeiten, wie es sich ergibt, wenn Problemhorizonte sich verschieben, etablierte Begriffe in Verschleiß geraten, neue umgangssprachliche Metaphern in den Vordergrund drängen und zunächst vage Analogien in neu erschlossenen Sachgebieten zu neuen Anschauungsschemata führen, die sich nun auch in der philosophischen Terminologie durchsetzen wollen. Man denke etwa an Samuel Pufendorfs begriffsgeschichtlich bedeutungsvollen Schritt im Gebrauch des Wortes »cultura«[8] oder an die verschiedenen außer-philosophischen Wurzeln des Begriffs »Struktur«.[9] Die Übernahme solcher neuen Begriffe aus dem Kontext einer besonderen Wissenschaft bedeutet keineswegs immer, daß ein Problem neu definiert, eine Theorie umgeschrieben werden muß. Es kann vielmehr der Fall sein, daß ein neuer Begriff zu einer allmählichen Umstrukturierung des bisherigen Begriffsfeldes innerhalb eines Theoriezusammenhangs führt. So kann man z. B. in Max Schelers Buch »Der Formalismus in der Ethik und die materiale Wertethik« verfolgen, wie der zunächst gängige Milieu-Begriff im Zuge der allmählichen Entstehung dieses umfangreichen Buches durch den Umwelt-Begriff verdrängt wird. »Milieu« und »Umwelt« sind nicht einfach austauschbare Begriffe, wenn sie von Scheler zunächst auch wohl als solche behandelt werden. Der Wechsel der Terminologie bringt neue Konnotationen und Implikationen mit sich, die sich schließlich auch der Problemstellung und Theoriebildung mitteilen.

Ein Artikulationsdruck wird auch dort erzeugt, wo in einer breit gestreuten interdisziplinären Diskussion ein sehr komplexes Phänomen mit unscharfen Begriffen behandelt wird. Als Beispiel kann hierfür das noch immer aktuelle Thema »Postmoderne« genannt werden, das in zunehmendem Maße auch ein Thema der Philosophie geworden ist. Die Unschärfe des Begriffs »Postmoderne« liegt allein schon in der Vielzahl von Möglichkeiten, dasjenige zu bestimmen, was man unter »modern« verstehen kann. Der jeweils verwendete Begriff von »Moderne« ist in dieser Diskussion jedoch – um eine wichtige Unterscheidung Eugen Finks zu gebrauchen – kein »thematischer«, sondern ein »operativer« Begriff.[10] Dies bedeutet: der Begriff »Postmoderne« als Bezeich-

8 Vgl. *E. Hirsch: Der Kulturbegriff.* In: Deutsche Vierteljahresschrift f. Literaturwissenschaft und Geistesgeschichte 3 (1925), 399.

9 Vgl. vom Verfasser: *Diltheys Concept of »Structure« within the Context of Nineteenth-Century Science and Philosophy.* In: Dilthey and Phenomenology. Ed. by R. A. Makkreel and J. Scanlon. Washington 1987, 107-120.

10 *E. Fink: Operative Begriffe in Husserls Phänomenologie.* In: Nähe und Distanz. Phänomenologische Vorträge und Aufsätze. Freiburg/München 1976, 180ff.

nung für ein thematisch gemachtes Problem enthält in sich einen bis zu einem gewissen Grad im »Schatten« der Thematisierung verbleibenden Restbestand. Er ist die »umgängig verbrauchte« (186) Voraussetzung, die selbst nicht voll thematisiert oder definiert wird.

Solche »operative Verschattung« (189) spielt im Artikulationsprozeß philosophischer Begriffs- und Theoriebildung eine große Rolle. Eugen Fink hat am Beispiel Husserls gezeigt, daß selbst Grundbegriffe, von denen man annehmen müßte, daß sie im hellen Licht terminologischer Reflexion stünden (»Phänomen«, »Epoché«, »Leistung« etc.), im »operativen Denkschatten« (201) verbleiben, d. h. als Instrumente der Reflexion nicht selbst mitreflektiert werden. Auch für die großen Denker konstatiert Fink deshalb eine »operative Befangenheit« (203). Dies gilt natürlich in ungleich größerem Maße für eine nicht an eine eindeutige Fachterminologie gebundene Diskussion, wie sie im Fall der »Postmoderne« stattfindet. Wer sich auf diese Diskussion einläßt, wird schnell jenes Ungenügen empfinden, das aus dem Umgang mit artikulationsbedürftigen Konzepten herstammt.

2. Der Begriff des Artikulationsrahmens

In einer unser Thema eng berührenden Studie über »Funktions- und Reflexionsmöglichkeiten der Philosophiehistorie«[11] hat Hans Krämer über den Funktionszusammenhang nachgedacht, innerhalb dessen die philosophische Theoriebildung auf überlieferte Positionen bezogen ist. Hierbei stellt er einen Zusammenhang her zwischen den Phasen, in denen sich Theoriebildung im allgemeinen unter Einbeziehung der Tradition vollzieht, und den Funktionen, welche die historische Orientierung für die Philosophie hat. Ohne diese Phasen bzw. Funktionen hier im einzelnen aufführen zu können, wollen wir für unser Thema zwei Bezüge der historisch orientierten Philosophie herausheben.

Der eine dieser Bezüge besteht darin, daß es nach Krämer in jedem Bildungsprozeß einer philosophischen Theorie eine Phase

11 *H. Krämer: Funktions- und Reflexionsmöglichkeiten der Philosophiehistorie.* Vorschläge zu ihrer wissenschaftstheoretischen Ortsbestimmung. In: Zeitschrift für allgemeine Wissenschaftstheorie XVI/1 (1985), 67ff.

gibt, in der sich die zunächst konzipierten Grundgedanken »auf dem Niveau vorwiegend der zeitgenössischen Philosophie artikulieren, deren Begriffs- und Kategorienbildung sie adaptieren« (69). Krämer führt als Beispiele u. a. an: Platons Ausgehen von dem Problem der Gerechtigkeit in der Polis, von dem aus er in die sophistische Diskussion um Politik und Ethik hineingezogen wird; die hellenistische Philosophie, die sich – ausgehend vom Sekuritäts- und Autarkiebedürfnis der Zeit – der frühsokratischen Fassung der Ethik zuwendet; Plotins zunächst mit Hilfe der Begrifflichkeit des Mittelplatonismus sich artikulierendes Grundproblem der Einzelseele usw. usw.

Was hier als die jeweils zweite *Phase* in einem Theoriebildungsprozeß verstanden wird, der sich auch in den folgenden Phasen in verschiedener Weise immer wieder auf überlieferte Positionen bezieht, wird nun in einem zweiten Gedankengang von Krämer unter dem Gesichtspunkt betrachtet, welche spezielle *Funktion* die historische Orientierung der Philosophie hier hat. Krämer bezeichnet sie als »die hermeneutische Anverwandlung der Tradition auf eine bestehende oder erst in statu nascendi begriffene systematische Position hin« (71). Entscheidend ist dabei der Begriff der »Anverwandlung«, also der Gedanke, daß Tradition nicht einfach als unveränderliche Ausgangsbasis eigenen Philosophierens genommen, sondern auf eine neue, erst noch sich herausbildende Theorie hin assimiliert wird. Hierbei werden verschiedene Möglichkeiten einer solchen Anverwandlung unterschieden: es gibt die innerhalb eines Schulzusammenhangs stattfindenden Auslegungen der Klassiker, die in Wirklichkeit Artikulationen eigener systematischer Ansätze darstellen und als »Pseudomorphosen uneingestandener systematischer Intentionen« (71) anzusehen sind. Dieser Bezug läßt sich steigern in dem Sinn, daß sich ein exegetisches Verhältnis im Nachhinein als »Inkubationsphase einer explizit gemachten systematischen Position erweist« (71), wie sich dies am Beispiel vieler philosophischer Erstlingsschriften von Marx über Nietzsche zu Heidegger aufweisen läßt. »Das exegetische Durchgangsstadium besitzt hier sozusagen eine mäeutische Funktion für die Selbstfindung des Systematikers.« (71)

Diese hier angeführten Überlegungen betreffen nicht unmittelbar das Problem des Artikulationsdrucks, sondern das Verhältnis des systematischen Denkers zu derjenigen Überlieferung, die in anverwandelter Form in neue Theorien eingeht. Dies bedeutet aber doch zugleich, daß dieses philosophische Hinausfragen über eine überlieferte Position hinaus noch einmal von anderer Seite her sozusagen nach den Druckverhältnissen fragen läßt, unter denen sich solche Artikulationsprozesse vollziehen. Die Überlieferung, so haben wir gesehen, ist ja nicht einfach die Leiter, auf deren letzter Sprosse wir stehen, um durch unser eigenes Denken eine weitere Position anzufügen. Sie ist hier aber auch nicht der bloße Forschungsgegenstand, dem wir uns aus welchen Gründen auch immer zuwenden. In beiden Fällen würde jener doppelte Bezug zur Tradition fehlen, der als Spannung eine Artikulation neuer Gedanken erst möglich macht: der Doppelbezug des Gefördert- und Gehemmtseins. Überlieferung *fördert* uns, indem sie uns eine Basis für das eigene Denken bereitstellt, Antworten gibt, die uns neue Fragen stellen lassen, Horizonte vorgibt, innerhalb derer wir uns orientieren können.[12] Sie *hemmt* uns gleichzeitig durch die Fixierung ihrer Fragestellungen und den abschließenden Charakter ihrer Antworten, sie beengt uns durch die Einseitigkeit ihrer Begrifflichkeit, durch die mit unseren eigenen Denkmotiven nicht kongruenten Interessen und Tendenzen. In diesem Sinne ist sie eine Herausforderung an unser eigenes Philosophieren, aber nicht eine beliebig von uns aus der Vergangenheit heraufgeholte Position, die wir uns zum Dialogpartner machen, sondern der aus unserer historischen Situation nicht ablösbare *Rahmen*, innerhalb dessen wir uns bewegen und auf den wir auf mannigfache Weise bezogen sind.

Es gibt zwei Formen des Verhältnisses zur Tradition, wo dieser doppelte Bezug nur zur Hälfte aktualisiert ist, wo nämlich nur die prägende und kanalisierende Funktion der Überlieferung für den philosophischen Artikulationsprozeß zum Tragen kommt. Dies ist einmal dann der Fall, wenn eine rein epigonale Abhängigkeit zu einem »Schulhaupt« oder Klassiker besteht und in Denkstil und Begrifflichkeit des Epigonen eine Art von »pastiche involontaire«[13] des Vorbildes gegeben wird. In Grenzen verwirklicht gehört das pastiche involontaire zu den unüberspringbaren Selbst-

12 Zum hermeneutischen Begriff der Orientierung vgl.: *R. A. Makkreel: Tradition and Orientation in Hermeneutics.* In: Research in Phenomenology XVI (1986), 73 ff.

13 Vgl. zu diesem von M. Proust stammenden Begriff: *W. Karrer: Parodie, Travestie, Pastiche.* München 1977, 49.

verständlichkeiten in jedem Prozeß kultureller Nachfolge. So wie Mozart in seinen Anfängen à la Haydn, Beethoven à la Mozart schrieb, Raffael à la Perugino malte, Marx sich an Hegel, Nietzsche an Schopenhauer anlehnte, wird jede eigenständige Leistung einer historischen Ausgangsbasis, eines Anknüpfungspunktes bedürfen, um sich von dort aus in ihrer Eigenständigkeit entfalten zu können. Das pastiche involontaire ist dann Ausdruck der »Inkubationsphase«, die innerhalb einer individuellen Entwicklung sehr früh, innerhalb einer anderen relativ spät stattfinden kann.
Der zweite Fall einer einseitigen Abhängigkeit ist dort gegeben, wo das historische Vorbild nicht (mehr oder weniger unbewußt) nachgeahmt, sondern wo innerhalb eines Schulzusammenhangs orthodoxe Traditionspflege getrieben wird. Das »jurare in verba magistri« ist in der Regel ein spannungsloser Bezug zur Überlieferung – spannungshaft allenfalls dort, wo ein apologetisches Interesse im Spiel ist. H.-M. Sass unterscheidet zwei Funktionen einer solchen Pflege des Klassikers: »Die eine ist die didaktische Aufbereitung der klassischen Aussage mit dem Ziel ihrer verbindlichen Vermittlung jeweils in einen anderen historischen Kontext hinein; die andere ist die, aus dem System des Klassikers Folgerungen zu ziehen für Situationen und Fragestellungen, die vom Klassiker noch nicht vorgegeben sind.«[14] In diesem Bezug zur Überlieferung reibt man sich nicht an der historisch vorgegebenen Position. Wenn hier ein Artikulationsdruck stattfindet, so ist er bedingt durch die Aufgabe der Vermittlung.
In beiden Fällen, im »pastiche involontaire« und im »jurare in verba magistri« ist die Frage des Artikulationsdrucks sekundär gegenüber dem grundlegenden Sachverhalt einer völligen Abhängigkeit von der historischen Vorgabe. Aber gemeinsam mit dem Beispiel der »hermeneutischen Anverwandlung der Tradition« führen uns diese Phänomene zu einem noch allgemeineren Bedingungsverhältnis, das mit dem Begriff »Artikulationsrahmen« bezeichnet werden soll. Ich verstehe unter einem Artikulationsrahmen das Insgesamt derjenigen historischen Bedingungsfaktoren, die für den Prozeß einer bestimmten philosophischen Sprachfindung eine richtungsbestimmende Ausgangssituation und eine

14 *H.-M. Sass: Philosophische Positionen in der Philosophiegeschichtsschreibung.* In: Deutsche Vierteljahresschrift f. Literaturwissenschaft und Geistesgeschichte 46 (1972) H. 3. Hier: 552.

nicht beliebig hinterfragbare Leitfunktion darstellen. Er ist allerdings nicht einfach die begriffsgeschichtlich eingrenzbare operative Ausgangsbasis für eine neue Theorie, sondern schließt die verschiedensten Einflüsse, Vorgaben, Festlegungen, exegetischen Vermittlungen, Orientierungen und Kanalisierungen in sich ein, sofern diese als auf einen bestimmten Artikulationsvorgang hin gebündelt angesehen werden können. Er ist damit mehr als der bloße historische Anknüpfungspunkt, aber weniger als die philosophie-historische Gesamtsituation. Er ist für den Philosophierenden nicht beliebig zu vergegenständlichen, sondern bleibt als vis a tergo in vielen Bezügen unaufgehellt und nur für die aus historischem Abstand erfolgende Reflexion rekonstruierbar. In ihm gehen umgangssprachliche Formulierungen, terminologischer Gebrauch und Begriffsdefinitionen einzelner Autoren, ihre spätere begriffsgeschichtliche, interpretatorische und kritische Aneignung, wirkungsgeschichtliche Reflexionen etc. zusammen mit außerphilosophischen Faktoren, wie epochespezifischen Fragestellungen, politischen und sozialen Tendenzen, intrakulturellen Querverbindungen zu einzelwissenschaftlicher Forschung, Literatur und Kunst etc. etc. einen Wirkungszusammenhang ein, der die Rahmenbedingungen für weitere Artikulationsprozesse enthält.

Wie jedes historisch-soziale Bedingungsgefüge sind solche Rahmenbedingungen für die frühen Artikulationsphasen einer philosophischen Theorie im Stadium ihrer akuten Wirkung nicht überschaubar und können, wie schon hervorgehoben, vom Philosophierenden selbst in der Regel nur teilweise thematisiert werden. Das bewußte Anknüpfen bei Vorgängern oder Vorbildern, das explizite Aufgreifen von Resultaten früheren Philosophierens, die reflektierende Aneignung älterer Positionen im Bewußtsein der Abhängigkeit von ihnen, – dies alles darf die subkutanen Beeinflussungen und Steuerungen durch einen Artikulationsrahmen nicht übersehen lassen, wie sie erst in der nachfolgenden philosophie-historischen Forschung freigelegt werden können. Die »hermeneutische Anverwandlung der Tradition auf eine bestehende oder erst in statu nascendi begriffene systematische Position hin« darf nicht verwechselt werden mit einer historischen Rekonstruktion der Rahmenbedingungen dieser Anverwandlung.

Dies bedeutet, daß wir zwischen zwei grundsätzlich verschiedenen Bezügen zur Überlieferung zu unterscheiden haben, die beide das Problem des Artikulationsrahmens betreffen: es gibt einerseits die unter bestimmten Rahmenbedingungen stehende Anverwandlung der Tradition, die ihren situativen Rahmen nicht beliebig wechseln oder vergegenständlichen, sondern höchstens »sprengen« kann. Dies ist der Normalfall alles historisch bedingten Denkens. Der Artikulationsrahmen bleibt in weiten Teilen »operativ verschattet«. Der an die Tradition Anschluß suchende Philosoph kann den Bedingungsrahmen, innerhalb dessen er denkt, nicht gleichzeitig von außen betrachten, ohne den Artikulationsdruck der miterlittenen »Sprachnot« zu relativieren. Der »reine« Philosophiehistoriker nimmt diesen Preis in Kauf. Er entzieht sich dem Artikulationsdruck einer bestimmten Situation dadurch, daß er sie hinterfragt. Dies gilt – in Grenzen – schon für die eigene wissenschaftsgeschichtliche Situation, vor allem aber für den zu rekonstruierenden historischen Sachverhalt. Hier kann dann, wie man etwa am Beispiel von Rudolf Hayms Verhältnis zur Romantik zeigen kann, eine »Beisetzung« des historischen Sachverhalts stattfinden (s. u. 41).

Mit dieser idealtypischen Gegenüberstellung soll jedoch nicht behauptet werden, daß es nicht auch Synthesen gibt, in denen die philosophiegeschichtliche Forschung sich selbst einem Artikulationsdruck aussetzt. Gerade die Erforschung eines Artikulationsrahmens kann in der Weise stattfinden, daß die Spannung des gedanklichen Nachvollzugs zu einem »Aufbrechen« einer scheinbar fertig bereitliegenden Terminologie führt, wie dies Gadamer für die als philosophisches Mitdenken verstandene Begriffsgeschichte dargestellt hat. Ich versuche abschließend, eine solche Möglichkeit unter dem Titel »synergistische Analyse« zu skizzieren und am Beispiel von Diltheys »historischer Forschung in philosophischer Absicht«[15] zu illustrieren.

15 *W. Dilthey: Ges. Schr.* XVIII, 43.

3. Die synergistische Analyse von Artikulationsrahmen. Dilthey als Beispiel

Der Begriff der »synergistischen Analyse« ist beiläufig von Dilthey im Briefwechsel mit Yorck von Wartenburg verwendet und später von Georg Misch aufgegriffen worden.[16] Misch wollte mit diesem Begriff – er selbst bevorzugte »Strukturanalyse« – das von ihm geforderte Verfahren in den Geisteswissenschaften bezeichnen, in dem im Gegensatz zu einer bloß historistischen Erforschung von »Einflüssen« und Abhängigkeiten das Zusammenwirken (= Synergie) heterogener Faktoren zur Darstellung kommt. Es soll in einem solchen Verfahren gezeigt werden, »wie die Vereinigung gerade des Heterogenen, das Hineinbilden fremder Mächte in die eigene Innerlichkeit eine entscheidende Rolle in der geschichtlichen Gestaltung spielt und auch das zufällige Zusammentreffen zu einer produktiven Begegnung werden kann«.[17] Die historische Rekonstruktion der Rahmenbedingungen eines neu sich herausbildenden philosophischen Gedankens bleibt dann nicht stehen beim verortenden Hinterfragen des Rahmens, sondern setzt sich bewußt dem Artikulationsdruck aus, der in der »Vereinigung des Heterogenen« erzeugt wird. Denn diese Vereinigung bedeutet ja Genese von neuem Sinn, der in neuer Sprachfindung und Sprachnot zur Artikulation drängt.

Als Beispiel einer solchen synergistischen Analyse möchte ich die große, Fragment gebliebene Schleiermacher-Biographie Diltheys heranziehen. Dilthey versucht hier, in unserer Terminologie gesagt, den sehr weit gespannten Artikulationsrahmen sichtbar zu machen, innerhalb dessen Schleiermacher in der allmählichen Herausbildung seiner Gedanken stand. Dilthey betrachtete es als seine Aufgabe, zu erkennen und darzustellen, »wie ganz zerstreute Elemente der Kultur, welche durch allgemeine Zustände, gesellschaftliche und sittliche Voraussetzungen, Einwirkungen von Vorgängern und Zeitgenossen gegeben sind, in der Werkstatt des einzelnen Geistes verarbeitet und zu einem originalen Ganzen

16 *G. Misch: Lebensphilosophie und Phänomenologie.* Eine Auseinandersetzung der Dilthey'schen Richtung mit Heidegger und Husserl. Darmstadt [3]1967, 65, 95, 142. – Vgl. *F. Rodi: Morphologie und Hermeneutik.* Zur Methode von Diltheys Ästhetik. Stuttgart 1969, 109 ff.

17 *G. Misch: Lebensphilosophie und Phänomenologie*, 167.

gebildet werden, das wiederum schöpferisch in das Leben der Gemeinschaft eingreift«.[18]
Dilthey hat dieses Programm im Ersten Band vom »Leben Schleiermachers« (1870) durchgeführt. Er zog von den verschiedensten Punkten aus die Linien, die zu dem Individuum Schleiermacher führten und seine geistige Entwicklung bestimmten: Kindheit in der Welt des Herrenhuter Pietismus; Berührung mit derjenigen Aufklärung, die in Deutschland von Leibniz ab zu einer »moralisch-religiösen Weltansicht« führte; die Auseinandersetzung mit Kant; die Einflüsse von Shaftesbury und Spinoza; der Zusammenhang mit dem Aufstieg der deutschen Literatur im 18. Jahrhundert von Lessing und Herder über Goethe und Schiller zur Romantik. Schon durch die Breite dieses Ansatzes versuchte Dilthey zu vermeiden, in das Schema der von ihm kritisierten Philosophiehistorie Hegelscher Provenienz zu verfallen, nämlich »aus dem Durchleben und der immanenten Kritik des vorhergegangenen Standpunktes den des nächsten philosophischen Denkers hervorgehen zu lassen«.[19] Dilthey geht vielmehr von der Beobachtung aus, daß es in der Philosophie häufig ein höchst spannungshaftes Verhältnis »des tiefsten, mächtig bestimmenden Studiums und der stärksten Antipathie« dem vorausgegangenen Denker gegenüber gegeben habe, wofür er das Verhältnis des Aristoteles zu Platon, des Leibniz zu Spinoza, Herbarts zu Kant anführt. Er konstatiert bei einzelnen großen Naturen der Philosophiegeschichte eine bestimmte Einstellung der Welt gegenüber, die »sofort den von der wissenschaftlichen Epoche dargebotenen Zusammenhang der Begriffe als fremdartig von sich stößt«.[20] Dieses Verhältnis findet Dilthey in Schleiermachers Beziehung zu Kant besonders ausgeprägt und vermutet, daß es in seiner Grundstruktur »kaum in einem zweiten Falle so klar zu durchschauen sei als in diesem«.[21]
Es ist für Diltheys programmatischen Rekurs auf die »Totalität der Menschennatur« bezeichnend, daß er nicht einfach problemgeschichtliche Verkettungen aufzeigen will, sondern in starkem Maße die Rolle irrationaler Faktoren, wie Stimmungen und »die bloße Empfindung der Welt« in Rechnung stellt. So hebt er in

18 *W. Dilthey: XIII/1, XXXIII.* Vgl. u. S. 47.
19 Ebd., 133.
20 Ebd.
21 Ebd.

seiner synergistischen Analyse den Empfindungsgehalt hervor, der sich dem jungen, vom Pietismus emanzipierten Schleiermacher durch die Weltanschauung der älteren deutschen Aufklärung mitgeteilt hatte: »Ihm blieb von dieser Weltanschauung für immer die weltfreudige Stimmung zurück, die in der Harmonie des Ganzen, in dem Eigenwert jedes Individuums, in der Kontinuität seiner Entwicklung lebt, und sie vermehrte die wirkende Kraft seines Wesens.«[22] Aus dieser Stimmung heraus formte sich der Widerspruch gegen die Sittenlehre Kants, obwohl Schleiermacher in intensivstem Studium Kant als den überlegenen Meister der kritischen Grundlegung anerkennen mußte und den Grundriß des systematischen Aufbaus von ihm annahm.

In ähnlich differenzierender Weise verfährt Dilthey im Aufweis des geistigen Beziehungsnetzes, in das Schleiermacher durch seine Freundschaft mit Friedrich Schlegel und den »romantischen Genossen« hineingeriet. Sowohl die Eigenart der romantischen Poesie (»Ein Stimmungsleben, das wie Musik in Rhythmen, Reimen, vorübereilenden Bildern ausklingt, formlos, ordnungslos, in Gebilden, deren Gesetz die Phantasie und ihr übermütiges Spiel ist ...«[23]) als auch die poetischen Voraussetzungen der romantischen Hermeneutik werden als Bestandteil dieses Artikulationsrahmens sichtbar gemacht. Es wird gezeigt, »wie von allen Seiten Dichtung und Forschung geschäftig waren, das innerste Gemüts- und Phantasieleben vergangener Zeit nachzuerleben, wiederzuerwecken. In diesem Kreis bildete sich Schleiermachers bewußtes Verfahren, die Individualität eines Werkes, eines Schriftstellers zu verstehen, und entwickelte sich seine Einsicht, daß die Phantasie das Organ alles Verständnisses sei, daß durch sie allein uns Individualität gegeben sei.«[24]

Wenn Dilthey in einer kurzen Charakterisierung seiner Arbeit auch einmal sagte, er habe »einen Denker aus einer wesentlichen Richtung einer Kulturepoche durch exakte Erforschung genetischer Reihen zu erklären« versucht,[25] so darf dies doch nicht zu wörtlich genommen werden. Eine »von Denker zu Denker fortschreitende Übertragung von Begriffen« lehnt er als Vorausset-

22 Ebd., 157.
23 Ebd., 284.
24 Ebd., 285.
25 Cl. Misch (Hrsg.): *Der junge Dilthey.* Ein Lebensbild in Briefen und Tagebüchern 1852-1870. Stuttgart/Göttingen 1960, 286.

zung seines Verfahrens ebenso ab wie die Annahme einer »zufälligen Reihe äußerer Anregungen«. Vielmehr betont er die »Unerforschlichkeit« des Zusammenhangs zwischen den äußeren Bedingungen und »dem unbewußten, unbewachten, geheimnisvollen Leben der Gemütskräfte«.[26] In dieser Unerforschlichkeit lag für ihn jedoch kein Grund zu wissenschaftlicher Resignation, sondern die Herausforderung, bis an die Grenze dessen zu gehen, was eine geistesgeschichtliche Rekonstruktion leisten konnte.

Ich kann die Einzelheiten dieser Rekonstruktion des Rahmens, innerhalb dessen Schleiermacher zu seiner eigenen philosophischen Position gekommen ist, hier nicht nachzeichnen. Daß es sich bei dieser Rekonstruktion nicht darum handelte, Schleiermacher als eine historische Größe gleichsam »beizusetzen«, sondern daß Dilthey versuchte, zu einem »Wiederverständnis« dieser Epoche zu kommen, wird im nächsten Abschnitt darzustellen sein. So ist sich Dilthey auch des Artikulationsdrucks bewußt, der seiner synergistischen Analyse innewohnt. Es geht ihm bei der Aufarbeitung jener Epoche darum, »den Zusammenhang ihrer Lebensergebnisse mit unseren heutigen Aufgaben herzustellen, dem Bleibenden in ihnen eine erneute Wirkung in der Gegenwart zu schaffen. Die Kontinuität unserer geistigen Entwicklung hängt davon ab, in welchem Maße uns das gelingt.«[27] Deshalb möchte er auch nicht einfach erzählen, sondern überzeugen: »Ich möchte, daß vor der Seele des Lesers, wenn er dieses Buch schließt, das Bild dieses großen Daseins stehe, aber zugleich ein Zusammenhang bleibender Ideen, streng begründet, *eingreifend in die wissenschaftliche Arbeit und das handelnde Leben der Gegenwart.*«[28]

Bekanntlich hat sich Dilthey in dieser Hinsicht selbst beim Wort genommen. Das »Leben Schleiermachers« war als synergistische Analyse eines höchst komplexen historischen Wirkungszusammenhangs für ihn selbst das Medium, innerhalb dessen sich seine eigenen Ideen bildeten. Es sei noch einmal unsere These wiederholt, daß auch die philosophie-historische Forschung, wo sie wirklich philosophisch ist, sich einem Artikulationsdruck aussetzt, der sich aus den historischen Analysen ergibt. Worin

26 *W. Dilthey:* XIII/1, 166.
27 Ebd., xxxv.
28 Ebd., xxxvi. (Hervorhebungen von mir.)

würde er im Falle von Diltheys Schleiermacher-Studien bestehen?

Die naheliegende Antwort, Dilthey habe in der Beschäftigung mit Schleiermachers *Hermeneutik* den Grund für seine eigenen systematischen Fragestellungen gelegt, greift da vielleicht doch zu kurz. Es kann zwar keinem Zweifel unterliegen, daß von diesen Arbeiten (vor allem von der Preisschrift über Schleiermachers Hermeneutik) entscheidende Impulse für das Philosophieren Diltheys ausgegangen sind. Damit würde man jedoch eine zu schmale problemgeschichtliche Vermittlungsschiene annehmen. Diltheys Verhältnis zu Schleiermacher war in einer sehr viel komplexeren Weise durch das Ganze der historischen Existenz Schleiermachers bestimmt. Dieser – über das wissenschaftsgeschichtliche Problem der systematischen Weiterbildung von Schleiermachers Hermeneutik weit hinausgehende – Zusammenhang wird in einem kurzen Fragment aus dem Umkreis der »Einleitung in die Geisteswissenschaften« vielleicht am besten verdeutlicht. Dilthey weist Schleiermacher dort eine Sonderstellung innerhalb der neueren Philosophie zu, weil »diese volle und große Persönlichkeit sich zu den abstrakten Begriffen und Wahrheiten ganz anders verhielt als irgendeiner der übrigen modernen Philosophen«. Was Dilthey damit meint, wird in dem folgenden Satz in einer eindrücklichen Formulierung gesagt: »Er ließ die Totalität seines Wesens nicht als ein Gleichgültiges zurück, sondern erkannte die Intelligenz in ihrer lebendigen Beziehung zu ihr.«[29] In dieser Haltung sei Schleiermacher nur vergleichbar »mit dem Verhalten einiger Dichter, Wilhelm von Humboldts und der historischen Schule«.

Aber Dilthey sieht auch die negative Seite dieser geistigen Existenz, indem er betont, daß Schleiermacher »aus immer neuer Gedankenarbeit doch großenteils nur Aperçus und Trümmer von dem, was ihm vorschwebte herauszuarbeiten, hinterlassen« habe. »So gelang es erst dann, seine innere Arbeit mir ganz durchsichtig zu machen, als meine eigene Grundrichtung sich mir entfaltet hatte. Und so mußte sich mir wohl das Bewußtsein aufdrängen, den Leser, der mehr als nur Biographie sucht, müsse ich zuvorderst auch auf den Standpunkt stellen, von dem aus ich glaube, Schleiermacher historisch verstanden zu haben. So entstand der

29 *W. Dilthey:* XIV, 32.

Anlaß zu einer Veröffentlichung, die sonst wohl noch manches Jahr geruht haben würde und dann gleich in größerer Ausführlichkeit hervorgetreten wäre.«[30]

Es handelt sich bei der hier angekündigten Veröffentlichung um nichts Geringeres als um Diltheys systematisches Hauptwerk, die »Einleitung in die Geisteswissenschaften«, deren erster Band 1883 erschienen ist. Es ist bekannt, daß Dilthey nach Abschluß des Ersten Bandes der Schleiermacherbiographie immer stärker in die Entwicklung seiner systematischen Gedanken hineingezogen wurde. So entschloß er sich schließlich nach einer dreizehnjährigen Pause (1870-1883), in der von ihm neben zahllosen Gelegenheitsarbeiten und Rezensionen nur zwei Aufsätze von systematischem Belang erschienen waren, einen ersten Band des systematischen Hauptwerkes erscheinen zu lassen, noch bevor der seit langem versprochene Zweite Band der Schleiermacher-Biographie erschienen war. Er begründete dies in der Vorrede zur »Einleitung« mit dem Hinweis, daß die weitere Arbeit am »Leben Schleiermachers« »überall Erörterungen über die letzten Fragen der Philosophie voraussetzten«, mit denen er die Biographie, die nach Meinung mancher Kritiker ohnehin schon philosophisch überfrachtet war, nicht belasten wollte.[31]

Bekanntlich hat dann das Riesenprojekt der »Einleitung«, das seinerseits zu Lebzeiten Diltheys nicht vollendet wurde, den Abschluß der Schleiermacher-Biographie unmöglich gemacht. Sie ist damit ein in der Geschichte der Philosophie vielleicht einmaliges Beispiel dafür, wie der Artikulationsdruck, der von einer historischen Arbeit ausgehen kann, auf diese Arbeit selbst nicht nur förderlich, sondern auch hemmend zurückschlägt. Indem Dilthey die Rahmenbedingungen rekonstruierte, unter denen Schleiermacher seine Gedanken entwickelte, machte er diese Arbeit zu einem gewichtigen Teil des Rahmens, innerhalb dessen sein eigenes Philosophieren lebenslang stehen sollte.

30 Ebd.
31 Vgl. W. Dilthey, xx.

Unverständnis und Wiederverständnis im Umgang mit der Frühromantik*

Das Wort »Wiederverständnis« ist uns im Zusammenhang mit Diltheys Schleiermacher-Biographie schon begegnet (oben S. 28). Der Begriff gehört nicht zu Diltheys zentralen hermeneutischen Kategorien; vielmehr gebraucht er ihn eher beiläufig. Doch gibt er ihm einen einigermaßen präzisen Sinn: Wiederverständnis ist die Erneuerung des Vergangenen durch eine »innere Wahlverwandtschaft«. Im Zweiten Buch der *Einleitung in die Geisteswissenschaften* analysiert Dilthey die Entstehung des modernen wissenschaftlichen Bewußtseins der Renaissance und verweist auf die »tieferliegenden Ursachen«, die vom vierzehnten Jahrhundert ab ein »inneres Wiederverständnis des Geistes der alten Schriftsteller« ermöglicht hätten: »Es bildeten sich bei den neueren Völkern, insbesondere in den Städten, soziale und politische Zustände, welche denen in den alten Stadtstaaten analog waren; dies hatte ein persönliches Lebensgefühl, Stimmungen, Interessen, Vorstellungen zur Folge, welche durch ihre Verwandtschaft mit denen der antiken Völker ein Wiederverständnis der alten Welt möglich gemacht haben. Denn der Mensch, welcher in sich das Vergangene erneuern soll, muß durch eine innere Wahlverwandtschaft hierzu vorbereitet sein.« (I, 355 f.) Wird schon an dieser Stelle der emphatische Begriff des Wiederverständnisses durch den Gegensatz zu einer äußerlich bleibenden Kette von Einflüssen charakterisiert, so kann die von Dilthey gemeinte Aneignungsfähigkeit durch eine Stelle aus der Schleiermacher-Biographie noch deutlicher illustriert werden. Es heißt dort über Wakkenroder und Tieck: »Auch hier ward ein bis dahin in gelehrter Stille, Genauigkeit und Trockenheit gepflegtes Studium durch die dichterische Empfänglichkeit der jungen Generation zu einem

* Zuerst erschienen unter dem Titel *Die Romantiker in der Sicht Hegels, Hayms und Diltheys* in: Kunsterfahrung und Kulturpolitik im Berlin Hegels. Beiheft zu den Hegel-Studien. Hrsg. v. O. Pöggeler und A. Gethmann-Siefert. Bonn 1983, 177-197. – Die Ergebnisse des Buches von *K. H. Bohrer: Die Kritik der Romantik*. Der Verdacht der Philosophie gegen die literarische Moderne. Frankfurt a. M. 1989, konnten hier nicht mehr eingearbeitet werden.

freien Wiederverständnis erhoben; auf den Bibliotheken von Göttingen, Kassel und Wolfenbüttel, vor den Häusern von Albrecht Dürer und Hans Sachs stieg vor dem geistigen Auge des edlen Wackenroder und seines allmählich von ihm für diese Zeiten gewonnenen Freundes die versunkene Welt jener Tage wieder empor, und ihre Phantasie bevölkerte unwillkürlich mit ihren Gestalten die altertümlich anmutenden Straßen von Nürnberg.« (XIII/1, 292)

Im folgenden soll versucht werden, diesen von Dilthey nicht systematisch gebrauchten Begriff zur Kennzeichnung eines Programms heranzuziehen, das sich kritisch abzuheben versuchte von einem anderen hermeneutischen Verfahren, das wir hier, im Anschluß an Rudolf Haym, »Beisetzung« nennen wollen: es geht im wesentlichen um das Bild Friedrich Schlegels, dessen Wandlungen im Laufe des 19. Jahrhunderts auch ein Stück Geschichte der Hermeneutik ist.

1. Der Frechheits-Topos in der Kritik der Romantik

In dem Abschnitt »Berlin und die Philosophie« seiner Hegel-Biographie gibt Karl Rosenkranz eine Skizze des genius loci, mit dem es Hegel von 1818 ab zu tun hatte: »Die eigentümliche Atmosphäre des Lokalgeistes, in welche Hegel nunmehr eingetreten war, ist die einer durchgängigen Zerrissenheit ... In Berlin existiert nichts Naives, Unmittelbares, sondern als ein durch die Reflexion Erzeugtes ... Aber mit der Reflexion ist auch eine Neigung zur *ironischen* Haltung verknüpft, deren Gefahr, in Langeweile, in Tatlosigkeit überzugehen, der Berliner zuletzt nur durch ein Streben nach Überwindung der Reflexion besiegen kann.« Vor diesem Hintergrund versucht Rosenkranz eine kurze Charakterisierung Schleiermachers als des vollkommensten Gegensatzes von Hegel. Er nennt ihn »ein zur Natur gewordenes lebendiges Kunstwerk der Reflexion. Allein eben weil in ihm Alles Reflexion war, konnte er zwar den in der Tat plastischen Ausdruck des tieferen Berlinismus abgeben, aber nicht ihn über sich selbst hinausheben«. In seinen weiteren Ausführungen über den Gegensatz zwischen Hegel und Schleiermacher sagt Rosenkranz: »So war es denn ein Glück für die heitere Stadt, daß dem

Schleiermacher'schen Element mit seiner versatilen Beweglichkeit das Hegel'sche mit seiner gediegenen, ausgefächerten Systematik und mit seinem Dringen auf Methode sich entgegenstellte«.[1]
Dieses Wort von der »*gediegenen* Systematik« im Gegensatz zu einer »versatilen Beweglichkeit« nimmt in der rückblickenden Betrachtung von Rosenkranz aus den vierziger Jahren des 19. Jh. ein Thema noch einmal auf, das für Hegels eigene Auseinandersetzung mit den Romantikern kennzeichnend ist. In diesem Zusammenhang verdient das Wort »Gediegenheit« besondere Beachtung. Es scheint bei Hegel selbst zu denjenigen Kennzeichnungen zu gehören, die sich immer wieder einstellen, wenn der unüberbrückbare Gegensatz gegenüber einer »versatilen Beweglichkeit« nicht nur Schleiermachers, sondern vor allem Friedrich Schlegels und anderer Romantiker herausgestellt werden sollte. So wird in der Vorrede zur *Phänomenologie* das schnellfertige Hantieren mit Resultaten und Beurteilungen einer Sache als ein Tun kritisiert, das, »statt mit der Sache sich zu befassen, immer über sie hinaus« ist, und es heißt dann: »Das leichteste ist, was Gehalt und Gediegenheit hat, zu beurteilen, schwerer, es zu fassen, das schwerste, was beides vereinigt, seine Darstellung hervorzubringen« (*Phän.* 11).
Hegel ist in der Rezension von Solgers Nachgelassenen Schriften fast wörtlich auf diese Formulierung zurückgekommen. Er kritisiert an der Korrespondenz zwischen Solger und Friedrich Schlegel eine zu allgemeine Begrifflichkeit, die man hätte aus dem Spiele lassen sollen: »Diese Manier erscheint zugleich als eine *vornehme* Stellung, welche mit der *Sache* fertig ist und *über ihr steht*; sie ist in der Tat mit der Sache in dem Sinne fertig, daß sie dieselbe beiseite gebracht hat« (*Werke.* Bd. 16.465). Dort findet sich dann auch eine Betonung von »Elementen gediegenerer Kritik« und »gründlich gewordener Einsicht« Solgers seinem Freunde Tieck gegenüber, dem Hegel u. a. vorwirft, daß bei ihm nur »der Ton, das Lyrische und Subjektive, nicht der Gehalt und innere Gediegenheit« von Dichtungen zur Betrachtung gebracht werde (*Werke.* Bd. 16.449).
Aber auch in nicht polemischer Abhebung findet bei Hegel die

1 *K. Rosenkranz: Georg Friedrich Wilhelm Hegels Leben.* Berlin 1844. 320 ff. – Die Schriften Hegels werden nach der Ausgabe der Gesammelten Werke (GW) zitiert bzw. nach der Ausgabe des Freundeskreises (mit Band und Seitenzahl).

»Gediegenheit« eine Verwendung, die darauf schließen läßt, daß durch dieses Wort das Wertvolle einer in sich gegründeten Substanzialität, die es durch die Anstrengung des Begriffs zu entfalten gilt, ausgedrückt werden soll. So wird, wiederum in der *Phänomenologie*, »der einfachen Gediegenheit« der natürlichen Sittlichkeit eine »formelle Allgemeinheit« gegenübergestellt oder die »allgemeine gediegene Substanz« mit der Zufälligkeit des Bewußtseins kontrastiert (*Phän.* 260, 232). Und in der Einleitung zur *Religionsphilosophie* von 1821 wird der »konsequente Zusammenhang des Bestimmten«, wie ihn das im Endlichen einheimische Bewußtsein herstellt, als »System für sich, ohne Gediegenheit« bezeichnet und dies durch den Zusatz erläutert: »ohne Gott«.[2]

Es würde sich vermutlich lohnen, dieses Wortfeld, auf das hier nur durch wenige Beispiele hingewiesen werden sollte, bei Hegel eingehender zu untersuchen.[3] Im Zusammenhang mit der Romantik-Kritik gewinnt es zusätzliche Bedeutung, wenn man danach fragt, was die möglichen negativen Gegenbegriffe (über die »versatile Beweglichkeit« hinaus) sein können. Es ist in der Tat reizvoll, die verschiedenen polemischen Auseinandersetzungen (oder genauer gesagt: Abfertigungen) Hegels mit den Romanti-

2 *G. W. F. Hegel: Religionsphilosophie.* Teil 1. Die Vorlesung von 1821. Hg. von K.-H. Ilting. Napoli 1978. 45.

3 Leider gibt es dafür bisher nur den Wortindex von J. Gauvin, der sich aber nur auf die *Phänomenologie* bezieht: *Wortindex zu Hegels Phänomenologie des Geistes.* Bonn 1977 (Hegel-Studien. Beiheft 14). – Für den allgemeinen Wortgebrauch, bezogen auf Hegel, wäre neben der zitierten Stelle aus Rosenkranz noch auf zwei sehr verschiedene Belege hinzuweisen: Für Altenstein war, wie er 1822 an Hardenberg schrieb, Hegel »wohl der gründlichste und gediegenste Philosoph« in Deutschland (*Briefe von und an Hegel.* Bd. 2, 495). Diesen Sprachgebrauch scheint Joseph Viktor von Scheffel bereits zu parodieren, wenn er reimt:
»Der Böblinger Repsbauer spricht:
Gott segn' euch, ihr trefflichen Vögel,
An der fernen Guanoküst; –
Trotz meinem Landsmann, dem Hegel,
Schafft ihr den gediegensten Mist.«
(*J. V. v. Scheffels Werke.* Hrsg. von F. Panzer. Leipzig/Wien 1919. 234; vgl. auch den von O. Pöggeler herausgegebenen Ausstellungskatalog *Hegel in Berlin.* Berlin 1981, 270).

kern unter dem Gesichtspunkt zu vergegenwärtigen, daß der sich durchhaltende Vorwurf den Mangel an »Gediegenheit« betrifft, wobei dann dieses Wort immer für den zentralen Gedanken einer sich bewußt ergreifenden Substanzialität zu stehen kommt. So enthalten etwa die berühmten Passagen aus der Einleitung in die *Vorlesungen über die Ästhetik* eine Reihe von Vorwürfen an die Adresse der Gebrüder Schlegel, die sämtlich in diese Richtung gehen. Sie eigneten sich, so wird gesagt, »nach Neuem in der Sucht nach Auszeichnung und Auffallendem begierig, von der philosophischen Idee soviel an, als ihre sonst eben nicht philosophischen, sondern wesentlich *kritischen* Naturen aufzunehmen fähig waren ... Da nun aber ihre Kritik nicht von der gründlich philosophischen Erkenntnis ihres Maßstabes begleitet wurde, so behielt dieser Maßstab etwa Unbestimmtes und Schwankendes, so daß sie bald zu viel, bald zu wenig taten«. Hier fällt dann im weiteren Verlauf dieser Abfertigung ein Wort, das sich mit dem Namen Schlegel fortan fest verbinden sollte: der Vorwurf der »Keckheit« oder »Frechheit«. Die Brüder Schlegel fielen darauf, so sagt Hegel, »sich gar mit Keckheit für eine schiefe Richtung und untergeordnete Standpunkte als für das Höchste enthusiasmiert zu zeigen« (*Ästh.*, *Werke* Bd. 10, 1.83). Wir werden diesem Wort, bezogen auf Friedrich Schlegel, bei Gervinus, Ruge, Haym, Dilthey und anderen immer wieder begegnen. Hegel selbst, wiederum in der Solger-Rezension, spricht mit ausdrücklicher Bezugnahme auf Schlegel, von der »kecken und glänzenden Schiefheit« (von der er Solger ausnimmt). Die »keckste und blühendste Periode der Ironie« ist ihm die Zeit der *Lucinde* und des *Athenäums*, und die Theorie der Ironie gab sich, wie Hegel es darstellte, »einen neuen, kecken, nicht selten auch frechen Aufschwung und imponierte einer Menge, die auf der ästhetischen Höhe sein wollte« (*Werke*. Bd. 16.445).
Mit der »Frechheit« hat Hegel ein Stichwort aufgenommen, das Friedrich Schlegel in der *Lucinde* großzügig als Parole ausgegeben hatte, und Hegel ließ keine Gelegenheit aus, mit dieser ihm so fahrlässig überlassenen Waffe das zu treffen, was er in der *Ironie* als die »Nicht-Gediegenheit« (wenn diese Formulierung gestattet ist) bekämpfte. In dem kurzen Abschnitt über Friedrich Schlegel aus Hegels *Vorlesungen über die Geschichte der Philosophie* wird der Absolutheitsanspruch des auf Fichte sich berufenden ironischen Subjekts kurz als »Eitles, Heuchelei und Frechheit«

(*Werke*. Bd. 15.642) abgetan. In der *Rechtsphilosophie* (§ 164) ist es die (wiederum aus der *Lucinde* herkommende) »Frechheit und der sie unterstützende Verstand, welcher die spekulative Natur des substantiellen Verhältnisses [der Ehe] nicht zu fassen vermag«. In der Solger-Rezension schließlich wird der oben zitierte Gedanke von der »vornehmen Stellung, welche mit der Sache fertig ist« so weiter zugespitzt, daß Hegel geradezu von der »satanischen oder diabolischen Frechheit des Urteilens und Absprechens, der Stellung *über* der Sache« sprechen kann (*Werke*. Bd. 16.465).

O. Pöggeler hat überzeugend herausgearbeitet, daß Hegel mit diesem mehrfach wiederholten Vorwurf der Frechheit mehr als einen individuellen Charakterzug seines Gegners im Auge hatte und vielmehr vom Zentrum seines eigenen Philosophierens her diese Haltung einer »sich in sich versteifenden ... sich über die Sache stellenden und sich nicht in die Substanz versenkenden Subjektivität« bekämpfte. Pöggeler sagt mit Recht: »Hegels Haß gegen Schlegel war nicht nur blind, sondern auch sehend, sehend gerade dadurch, daß Hegel sich nicht philologisch auf einige Äußerungen Schlegels bezog, sondern dessen Geistesart im ganzen zu charakterisieren suchte«.[4] In ähnlichem Sinn ist es vielleicht auch denkbar, einen positiven Gegenbegriff, wie den der Gediegenheit, vom Zentrum der Systematik Hegels her zu sehen, um ihn dann auch dazu verwenden zu können, diejenigen Textstellen noch mehr zu bündeln, in denen es sich um eine kritische und in der Regel polemische Abhebung der Position Hegels den Romantikern gegenüber handelt. Im Sinne einer solchen Bündelung müßte auch dem Begriff des »Ernstes« als einem unmittelbar der Ironie entgegengesetzten Begriff besondere Bedeutung zukommen. »Wahrhafter Ernst«, sagt Hegel im Zuge der Auseinandersetzung mit dem Schlegelschen Ironiebegriff in der Einleitung zu den *Ästhetik-Vorlesungen*, »kommt nur durch ein substantielles Interesse, eine in sich selbst gehaltvolle Sache, Wahrheit, Sittlichkeit u.s.f. herein, durch einen Inhalt, der mir als solcher schon als wesentlich gilt, so daß ich mir für mich selber nur wesentlich werde, insofern ich in solchen Gehalt mich versenkt habe, und ihm in meinem ganzen Wissen und Handeln gemäß geworden bin«. (*Werke*. Bd. 10, 1.85). In der Vorrede zur *Phänomenologie*

4 *O. Pöggeler: Hegels Kritik der Romantik*. Bonn 1956. 202, 226.

wird der Ernst zusammen mit Schmerz, Geduld und Arbeit des Negativen genannt, um die Idee des göttlichen Lebens und Erkennens vor dem Absinken in die bloße Erbaulichkeit und Fadheit zu bewahren, wenn nämlich das Leben Gottes »als ein Spielen der Liebe mit sich selbst« aufgefaßt würde (*Phän.* 18). Auch hier klingt eine direkt auf Friedrich Schlegel sich beziehende Stelle aus den *Vorlesungen zur Geschichte der Philosophie* an, in der gesagt wird, daß es der Ironie mit nichts Ernst sei und sie nur »Spiel mit allen Formen« sein könne (*Werke*. Bd. 15.642).

Dieses Beziehungsfeld, das bei Hegel selbst nur von der Mitte seiner Philosophie her zu verstehen ist, verwandelt sich im weiteren Verlauf des 19. Jahrhunderts in dem Sinne, daß der Vorwurf der Frechheit und Keckheit aus dem philosophischen Kontext wieder entlassen wird und zum Klischee gerinnt, das einer dem anderen weitergibt. Im Sinne einer allgemeinen Charakterisierung war schon im Briefwechsel von Schiller und Goethe zwischen einer »naseweisen Manier« (Schiller) und einem »gewissen Ernst«, den Goethe den Brüdern Schlegel nicht absprechen wollte, abgewogen worden.[5] So wird auch in den späteren Darstellungen der Romantischen Schule der Gegensatz in der Regel nicht in der Weise von dem System her gedacht, wie das bei Rosenkranz noch durchklingt. Vielmehr geht nun einfach die Keckheit in das ein, was man heute das »Image« der Gebrüder Schlegel, Friedrichs zumal, nennen würde: Gervinus findet es eine »kecke Behauptung«, den niedrigen Charakter der niederländischen Malerei auf die Reformation zu schieben;[6] Hettner betont, bei aller Zurückhaltung in der Kritik an Friedrich Schlegel, für die *Lucinde* eine »keck herausfordernde, aufdringliche Frivolität des Tones«; Haym spricht schon auf den ersten Seiten der *Romantischen Schule* von den »kecken Neueren« und bezieht sich dabei vor allem auf Friedrich Schlegel, den »kecken, jungen

5 Vgl. den *Briefwechsel zwischen Schiller und Goethe.* Hrsg. von H.-G. Gräf und A. Leitzmann. Frankfurt/Main 1961, 515 f. (Briefe vom 23. und 25. Juli 1798).

6 *G. G. Gervinus: Geschichte der Deutschen Literatur.* Bd. 5. Leipzig ^{4}1853. 551. – Zum folgenden vgl. *H. Hettner: Die Romantische Schule in ihrem inneren Zusammenhange mit Goethe und Schiller.* In: ders.: *Schriften zur Literatur.* Hrsg. von J. Jahn. Berlin 1959, 99; *R. Haym: Die Romantische Schule.* Ein Beitrag zur Geschichte des Deutschen Geistes. Berlin 1870. 7, 207 (im Text zitiert: *Haym*).

Mann«. Er nennt Schlegels berühmten Angriff auf die »harmonische Plattheit«[7] ebenso keck, wie er ihm bescheinigt, ohne die Geduld methodischen Denkens »in kecken Konstruktionen, in fragmentarischen Gedankenanläufen«[8] hängengeblieben zu sein; und selbst Dilthey, dem es ja um eine Rettung Friedrich Schlegels und um eine Korrektur des auf Hegel zurückgehenden, »ganz irrigen Bildes« ging, greift in seiner allgemeinen Charakterisierung auf die gängige Formel zurück.

Freilich werden dabei die Akzente (nicht zuletzt im Blick auf Hegels einseitige Abfertigung) recht verschieden gesetzt. Am stärksten aus dem ursprünglichen philosophischen Kontext heraus argumentieren noch Echtermeyer und Ruge in dem 1839 in den *Hallischen Jahrbüchern* erschienenen Manifest *Der Protestantismus und die Romantik*. In einem eigenen Abschnitt mit dem Titel »Die Romantik der Frechheit« wird noch einmal die *Lucinde* bemüht und »die Frechheit des Subjekts, seinem Kitzel und seinem Raffinement nachzugehen«[9] im Tone moralischer Entrüstung gegeißelt. Grundsätzlicher jedoch ist die Herausarbeitung einer »begrifflichen Frechheit«, die darin bestehen soll, im Selbstgenuß des genialen Subjekts »eine reflektierte Rückkehr zur Unmittelbarkeit« zu verwirklichen. Frechheit, heißt es im Manifest, ist »die Natur, welche sich der Kultur zum Trotz in ihrer Blöße zeigt, gleichviel ob dies auf Verachtung der Kultur oder aus Verehrung der Natur geschieht ... Die reflektierte Unschuld ist die Schuld«. Das Evangelium der Natürlichkeit der *Lucinde* soll demnach für den übergreifenden Zusammenhang der Doktrin Friedrich Schlegels stehen, deren Kern darin liegt, durch

7 *Kritische Friedrich-Schlegel-Ausgabe*. Hrsg. von E. Behler. Bd. 2. München u. a. 1967. 156.

8 *Haym*, 234; vgl. 180, 196, 263 u.a.m. – Im Hegelbuch wird in der Auseinandersetzung mit der Romantik die Philosophie des jungen Schelling so charakterisiert: »Der Einfall tritt an die Stelle des Gedankens, die Keckheit an die Stelle des Beweises« (*R. Haym: Hegel und seine Zeit*. Vorlesungen über die Entstehung und Entwicklung, Wesen und Wert der Hegel'schen Philosophie. Berlin 1857. 209). – Zum Folgenden vgl. *W. Dilthey*. Bd. XIII/1. 229 Anm. 1, 233.

9 *Th. Echtermeyer, A. Ruge: Der Protestantismus und die Romantik*. Zur Verständigung über die Zeit und ihre Gegensätze. Ein Manifest. In: Hallische Jahrbücher. 2 (1839), Sp. 1953 ff., 2410 f.; zum Folgenden vgl. 2.441.

Ironie, Genuß, Sehnsucht und schließlich durch Glauben zur Unmittelbarkeit des genialen Subjekts zurückzuführen. Dies aber muß erkannt werden als »eine Rückkehr zur Natur gegen des Geistes Natur und Wesen, das Prinzip der Genialität also in seiner Selbstvernichtung«. Es muß anerkannt werden als »das freche Zurückbringen der Natur in die Kultur, des Geistwidrigen in den Geist, des Unvernünftigen in die Vernunft, des Negativen ins Positive, der negierten Vorzeit in die ponierende Gegenwart«. In deutlichem Anklang an Hegels Wort von der »satanischen oder diabolischen Frechheit« kommen die Autoren des Manifests schließlich zu dem Ergebnis, daß dieses romantische Unterfangen der reflektierten Rückkehr zur Unmittelbarkeit nicht anders zu verstehen ist als »die Empörung gegen alle göttliche Ordnung«. »Ein Theolog würde sagen, das Prinzip des Teufels selbst, wir nennen es weniger sträflich des Abfalls vom Geist und von der Wahrheit, die eigentliche Sünde wider den heiligen Geist.«
Dies ist zweifellos die schärfste und ganz auf der Linie der Hegelschen Kritik an jeder falschen Unmittelbarkeit liegenden Verdammung Friedrich Schlegels in der nachhegelschen Zeit. Sie geriet durch die doppelte Frontstellung der *Hallischen Jahrbücher* gleichsam zu einer Potenzierung der Hegelschen Kritik: die Linkshegelianer bemühten sich von ihrem modifizierten Hegelianismus aus um eine Erneuerung der schroffen Abgrenzung, die zugleich eine politische Auseinandersetzung mit den Mächten der Tradition war, der Hegel selbst angehörte. Hier vollzieht sich in der Literaturgeschichtsschreibung nach 1848 ein Wandel in der Bewertung der Romantik, der auch Personen betrifft, die – wie Hettner und Haym – ursprünglich ganz von den *Hallischen Jahrbüchern* geprägt waren. So schreibt Hettner in seiner 1850 erschienenen Schrift *Die romantische Schule in ihrem innern Zusammenhang mit Goethe und Schiller*, daß die Ironie durch Hegel in unverdienten Verruf gekommen sei. »Sie gilt ganz allgemein als ein freches Spiel mit den heiligsten Lebensinteressen, als ein schnödes Hinwegsetzen über alles Ernste und Wesentliche, als ein über alles Hinaussein. Diese Auffassung ist ganz gewiß falsch.« Hettner räumt ein, daß die Romantiker, »ganz ihrer subjektiv-phantastischen Weise gemäß«, gewisse Prinzipien, die auch Goethe und Schiller vertraten, in subjektiver Verzerrung propagierten, und »in dieser Beziehung hat Hegel ein volles Recht zu seinem Zorne« (89 f.). Aber es müsse doch anerkannt werden, daß

der Begriff der Ironie ursprünglich ein rein ästhetischer gewesen sei und der Sache nach nichts anderes darstelle als das Prinzip des freien künstlerischen Spiels mit dem Stoff. In ähnlicher Weise hat dann auch Julian Schmidt die Nähe der romantischen Ironie zu Schillers ästhetischer Theorie hervorgehoben und einen Teil der Mißverständnisse auf Schlegels »Neckereien gegen das Zeitalter«[10] zurückgeführt. Auch Koberstein versucht eher, Verständnis für Hegels schroffe Ablehnung des Ironie-Begriffs zu wecken, als daß er sich auf seine Seite schlüge, und zitiert aus den Kritischen Fragmenten Schlegels jene Stellen über die »transzendentale Buffonerie«, welche nach seiner Meinung »die strenge und harte Beurteilung erklären und wohl auch zum nicht geringen Theil rechtfertigen, welche Fr. Schlegel von Hegel ... erfahren hat.«

Aufs Ganze gesehen, lassen sich mindestens drei verschiedene Tendenzen unterscheiden, durch die um die Jahrhundertmitte eine differenziertere Behandlung der Romantik und im besonderen Friedrich Schlegels in Gang gebracht und damit auch die auf Hegel zurückgehenden Vorurteile abgebaut werden:[11] Einmal die Tendenz der Literaturwissenschaft, durch Verarbeitung neu erschlossener Quellen, aber auch durch neues Durchdenken scheinbar klar abgegrenzter Positionen zu abgewogeneren Urteilen, ja zu gänzlichen Neubewertungen zu kommen, die keiner politischen oder philosophischen Begründung bedurften. Zweitens die Bemühungen einzelner vom Linkshegelianismus herkommender Gelehrter, wie Hettner und Haym, die weitgehend politisch bedingten Vorbehalte gegenüber der Romantik als reaktionärer Ideologie zurückzustellen, um angesichts des wachsenden historischen Abstands zu einer unbefangenen, die einzelnen Phänomene freilich neutralisierenden Gesamtbeurteilung zu kommen.

10 *J. Schmidt: Geschichte der Deutschen Literatur seit Lessing's Tod.* Bd. 2. *Die Romantik 1797-1813.* Leipzig [5]1866. 45. – Zum Folgenden vgl. *Kritische Friedrich-Schlegel-Ausgabe.* Bd. 2. 152; *A. Koberstein: Grundriß der Geschichte der Deutschen Nationalliteratur.* Bd. 4. Leipzig [5]1873. 639 Anm. 117, vgl. 619.

11 Unberücksichtigt bleibt hier die Behandlung der Romantik, insbesondere Friedrich Schlegels, in Kierkegaards *Über den Begriff der Ironie mit ständiger Rücksicht auf Sokrates.* In: *S. Kierkegaard: Gesammelte Werke.* Hrsg. von E. Hirsch. 31. Abteilung. Düsseldorf/Köln 1961. 292-307.

Schließlich die in der Tradition Schleiermachers, Trendelenburgs und anderer Hegel-Gegner stehende Tendenz, in der historischen Aufarbeitung vor allem der romantischen Verstehenstheorie den Zusammenhang von Romantik, Historischer Schule und geisteswissenschaftlicher Methodenreflexion in der deutschen Philosophie zu betonen und dem Positivismus gegenüber durchzusetzen. Für diese Tendenz steht vor allem Dilthey mit seiner Schleiermacher-Biographie von 1870. Da er in enger persönlicher Beziehung zu Rudolf Haym, dem Hauptvertreter der zweiten der genannten Tendenzen, stand und da er fast gleichzeitig mit diesem mit einem größeren Werk über die Generation Schleiermachers und Friedrich Schlegels hervortrat, ist das Thema »Haym und Dilthey« zugleich ein Stück Rezeptionsgeschichte der deutschen Romantik.

2. »Beisetzung« und »Wiederverständnis« der Romantik (Rudolf Haym und Wilhelm Dilthey)

Die beiden großen Werke, mit denen Haym und Dilthey 1870 kurz nacheinander hervortraten, sind bei aller Verschiedenheit in Anlage und Titel doch unter dem Gesichtspunkt unserer Untersuchung vergleichbar. Hayms Buch *Die Romantische Schule* trägt den Untertitel »Ein Beitrag zur Geschichte des deutschen Geistes« und gibt eine Geschichte der romantischen Bewegung von den ersten Anfängen bei Tieck, Wackenroder und den Schlegels bis zur Auflösung des Jenaer Kreises. Diltheys Buch verbirgt hinter dem knappen Titel *Leben Schleiermachers* ein Unternehmen, das er in einem anderen Zusammenhang einmal bezeichnete als den Versuch, »die Entwicklungsgeschichte eines Philosophen in Zusammenstellung mit den gleichzeitigen Strebungen und deren Bedingungen aufgrund der gleichen Situation« so zu behandeln, daß damit die Vorbedingungen für die eigentlich philosophischen Problemlösungen geschaffen würden (*Dilthey* Bd. XVIII. 41 f.). Wenn damit auch eine selbstverständliche Konzentration auf Schleiermacher als dem Mittelpunkt des Ganzen gegeben war, so ergab sich doch aus dem gewählten Verfahren eine breit angelegte Darstellung des gesamten geisteswissenschaftlichen Zusammenhangs, in dem Schleiermacher darinnen stand.
Haym und Dilthey, die seit 1861 durch die Mitarbeit Diltheys an

den von Haym herausgegebenen *Preußischen Jahrbüchern* bekannt und befreundet waren, verständigten sich schon 1862 über ihre jeweiligen Pläne. Der 29jährige, noch nicht promovierte Dilthey schreibt dem 12 Jahre älteren »verehrtesten Herrn Professor und Freund«: »Die Schleiermacher-Frage trage ich allezeit auf dem Herzen und sobald ich im Stande bin, Ihnen ganz klar zu schreiben, wie ich mir meine Arbeit denke, schreibe ich sofort. Ich selbst habe das höchste Interesse dabei, sie so zu fassen, daß sie einen von dem Ihrigen abweichenden Weg geht; denn wie weit würde ich auf demselben Weg mit Ihnen, an Lebendigkeit und künstlerischer Form der Darstellung zurückbleiben – von Allem andren zu schweigen.«[12]

Als dann 1870 Diltheys Buch erschienen war, schrieb Haym in niedergeschlagener Stimmung an seinen Freund Wilhelm Schrader, wie schmerzlich es für ihn sei, daß Dilthey ihm nun doch mit der Veröffentlichung zuvorgekommen sei. »Er hat zum Teil dasselbe Material gehabt und aus diesem Material vielfach gerade dasselbe mitgeteilt wie ich. Es ist fast, wie wenn wir Zwei über dasselbe Thema geschrieben hätten, und ich kann mir nicht verhehlen, daß bei ihm vieles reichlicher und besser ist als bei mir. Also regt sich in meiner schlechten Seele etwas wie Eifersucht und etwas wie Ärger obenein, daß er früher losgeschossen hat als ich ... Ich glaube nicht, daß ich je wieder ein größeres Werk schreibe.«[13]

Über die freundschaftlichen Beziehungen, die in der Zeit zwischen diesen beiden Briefen gepflegt wurden, hat L. v. Renthe-Fink in seinem Buch *Geschichtlichkeit* berichtet. Er hebt auch das merkwürdige Faktum hervor, daß Dilthey, nachdem er 1860[14] im Zuge der Edition des Briefwechsels von Schleiermacher an die bis

12 *Briefe Wilhelm Diltheys an Rudolf Haym 1861-1873.* Hrsg. von E. Weniger. Berlin 1936. 17.

13 *Ausgewählter Briefwechsel Rudolf Hayms.* Hrsg. von H. Rosenberg. Stuttgart 1930. 275 f.

14 *L. v. Renthe-Fink: Geschichtlichkeit.* Ihr terminologischer und begrifflicher Ursprung bei Hegel, Haym, Dilthey und Yorck. Göttingen ²1968, 62 ff. Die Jahreszahl ist gegenüber Renthe-Fink, der 1861 angibt, zu korrigieren, vgl. *Der junge Dilthey*. Ein Lebensbild in Briefen und Tagebüchern, 1852-1870. Hrsg. v. C. Misch. Göttingen ²1960. 110. – Zum Folgenden vgl. a.a.O. 137, 171; *R. Haym: Aus meinem Leben.* Erinnerungen. Berlin 1902. 282 ff. *Der junge Dilthey*. 84 und

dahin streng gehüteten Papiere aus dem Nachlaß gekommen war, und die Aussicht bestand, weitere Romantiker-Nachlässe zu erschließen, »weit lieber ... eine Geschichte der romantischen Schule aus den ungedruckten Quellen« geschrieben hätte; und daß es Dilthey war, der, ohne selbst die Absicht einer Biographie ursprünglich zu haben, sich bei der Tochter Schleiermachers für Haym als möglichem Biographen eingesetzt hatte. So waren in der Tat die beiden Projekte aufs engste verbunden, und es muß bis zu dem Zeitpunkt, da Dilthey als erster »losschoß«, ein reger Gedankenaustausch im persönlichen Verkehr (u. a. auf einer gemeinsamen Schweizer-Reise im Sommer 1863) darüber stattgefunden haben. Daß das Verhältnis nicht spannungslos war, zeigt nicht nur der beschwichtigende Ton von Diltheys Brief, sondern lassen auch einige abschätzige Bemerkungen in seinen Tagebüchern und Briefen erkennen. Auch die Tatsache, daß Dilthey sich dem Plan zu widersetzen versucht hat, daß Haym Diltheys Buch in den *Preußischen Jahrbüchern* rezensierte, weil er dessen »kampfgerüstetes Herz« und die Verwicklung in eine ihm fatale Diskussion fürchtete, läßt darauf schließen. Daß diese Befürchtung unbegründet war, zeigt die wohlwollende Besprechung, die noch im Erscheinungsjahr der beiden Werke erschien[15], wie überhaupt Haym in der ganzen Angelegenheit einen denkbar noblen Eindruck macht.

Was ist nun – bei so viel Gleichzeitigkeit und freundschaftlicher Rivalität – das Unterscheidende und vielleicht Trennende an diesen beiden Büchern, die wir als repräsentativ für zwei verschiedene Tendenzen der Romantik-Forschung zu halten haben? Die hier gebotene Kürze erlaubt keine ausführliche textimmanente Entfaltung des spezifischen Unterschieds, sondern legt eine kurze, auch biographische Züge einschließende Charakterisierung nahe.

Zweifellos schafft schon ein Altersunterschied von 12 Jahren, sofern er den Jüngeren von der Teilhabe an bestimmten historischen Ereignissen ausschließt, die den Ältern entscheidend geprägt haben, eine erhebliche innere Distanz. Haym und Dilthey, die sich in den 60er Jahren als wirkliche Zeitgenossen und politische

271; vgl. *Renthe-Fink: Geschichtlichkeit.* 62 ff.; *Der junge Dilthey.* 288.

15 Die Dilthey'sche Biographie Schleiermachers. In: *R. Haym: Gesammelte Aufsätze.* Berlin 1903, 355-407.

Kampfgefährten für die Sache des Liberalismus betrachten konnten, waren doch durch die Revolution von 1848, an der Haym aktiv teilgenommen hat, in der verschiedensten Weise bestimmt. Haym hatte sich im Vormärz als Student in Halle für David Friedrich Strauss, Ruge und Feuerbach begeistert, sein erster Habilitationsversuch war am Widerstand konservativer Professoren gescheitert, und er war in all den Jahren mehr politischer Publizist als Gelehrter. Dies lag, als Dilthey 1852 zum Studium kam, bereits Jahre zurück, und Haym war um diese Zeit im Begriff, in den Schritten seiner größten Publikationen sich Klarheit über die Tendenzen und Aufgaben des Zeitalters zu verschaffen. Sein erstes großes Buch *Hegel und seine Zeit* (1857) stellte sich die Aufgabe, »aus dem lebendigen Bewußtsein der Gegenwart heraus uns völlig auseinanderzusetzen mit einem Zeitbewußtsein und einer Formel für dasselbe, die nicht mehr die unsrigen sind« (8). Dies war nicht nur eine gleichsam nationalpädagogische Aufgabe, die darin bestand, »das Geschehene zur Geschichte, die Geschichte zur verstandenen und erzählten Geschichte zu machen« und damit eine Art »Beisetzung« und Konservierung Hegels »in dem großen Bau der ewigen Geschichte« (7f.) zu vollziehen, sondern es war auch ein Akt der Distanzgewinnung und Selbstfindung einer Tradition gegenüber, der sich Haym in seinen Anfängen zugehörig fühlte.[16] Auch die *Romantische Schule* ist in diesem Sinne eine Beisetzung, und zwar zunächst dadurch, daß der Begriff des Romantischen seiner negativen politischen Implikation entkleidet werden kann, weil inzwischen die Macht der romantischen Reaktionäre, verkörpert durch Friedrich-Wilhelm IV., selbst schon Geschichte geworden ist: »Wie an einen Traum, den wir abgeschüttelt haben, denken wir an den Kampf der vierziger Jahre zurück« (*Haym*, 4). Eine Beisetzung auch in dem Sinn, daß die Romantiker nicht mehr, wie noch für Heine und Ruge, einen

16 Der Begriff der »Beisetzung« ist vor allem bekannt geworden durch den Aufsatz von E. Hirsch: *Die Beisetzung der Romantiker in Hegels Phänomenologie.* In: Deutsche Vierteljahresschrift f. Literaturwissenschaft u. Geistesgeschichte. 2 (1924), 510-532. Der Sache nach findet allerdings in dem Kapitel der *Phänomenologie* über die Moralität eine andere Art der »Beisetzung« statt als die von Haym intendierte. – Im übrigen erscheint es von dem oben untersuchten Wortfeld her nicht ganz so selbstverständlich, daß mit dem »Bösen« die Position Friedrich Schlegels gemeint ist.

Rest von lebendiger Gegenwart darstellten (man denke etwa daran, daß A. W. Schlegel erst 1845, Tieck 1853, Schelling 1854 starben!), sondern nun Gegenstand »geschichtlicher Erkenntnis« werden konnten, wie sie in der Einleitung des Hegel-Buches als Beisetzung dargestellt ist. Die *Romantische Schule* postuliert nun als eigentliche historische Aufgabe, »diese Werke nach rückwärts und vorwärts, nach ihrer Entstehung und ihren Wirkungen flüssig zu machen« und das, was geschieht, »in das Wie des Geschehens aufzulösen, um nicht sowohl Tatsachen zu verzeichnen, als Taten darzustellen« (*Haym*, 9). Es kann in diesem Zusammenhang als Frage angedeutet werden, ob nicht der Begriff der *Geschichtlichkeit* für die Mitte des 19. Jahrhunderts und Haym im besonderen noch einmal daraufhin untersucht werden müßte, was dieser Begriff als Kategorie des Epochen-Bewußtseins damals zu leisten hatte. Es wäre denkbar, daß geschichtliche Erkenntnis im Sinne einer Beisetzung jene Mitte zwischen Neutralisieren und Vis-à-vis-Setzen bedeutet, die im Umgang mit der gerade vergangenen Zeit diese überhaupt erst zu einer Epoche macht. Eine »Epochenschwelle«,[17] wie sie Haym in seinen Büchern bewußt artikuliert, würde es dann erforderlich machen, das jenseits der Schwelle Liegende als ein Geschichtliches zu sehen, d. h. als ein Nicht-mehr-Gegenwärtiges, das in seiner Alterität das Selbstverständnis der Gegenwart mitbestimmt. Was Geschichte geworden ist, ist darum nicht nur das Vergangene in seiner bleibenden Größe und Wirkung, sondern das aus dem unmittelbaren Bezug der Lebensinteressen Entlassene, das nunmehr erst die Qualität der Gegenständlichkeit für die historische Erkenntnis erlangt.
Wie immer diese hier nicht zu entscheidende Frage einmal zu beantworten sein wird –, der vergleichende Blick auf Haym und Dilthey zeigt, daß die intensive Erfahrung einer nun als vergangen empfundenen Zeit für Haym das Bedürfnis nach historischer Aufarbeitung und Bewältigung weckte, die seinem Hegel-Buch und in abgeschwächter Form auch der *Romantischen Schule* eine unverwechselbare Note geben. Dilthey stand in gänzlich anderen Bezügen zu jener Welt. Ohne die persönliche Erfahrung des vergeblichen Kampfes gegen die Allianz von politischer Reaktion

17 Vgl. *H. Blumenberg: Cusaner und Nolaner: Aspekte der Epochenschwelle.* In: ders.: *Die Legitimität der Neuzeit.* Frankfurt a.M. 1966, 433-585.

und »romantischem« Geist, vielmehr allmählich hineinwachsend in die Welt eines seiner Grenzen sich nur allzu bewußten Liberalismus, in seinen Sympathien vom äußersten linken Flügel der Konstitutionellen nach und nach zu Bismarck übergehend, bleibt Dilthey in seiner Beschäftigung mit der Romantik ohne erkennbares Bedürfnis nach einer Distanzierung oder Abgrenzung gegenüber dieser für ihn abgeklungenen Welt. Es ist vielmehr bei seiner Wendung zu Schleiermacher das Bedürfnis nach einer »modernen Analogie« zu seiner damaligen Haupt-Arbeit über die frühchristlichen Emanations-Systeme mit im Spiel und auch die Aussicht, daß hier »doch allein aus zureichenden Quellen durchschaut werden könne, was man in der älteren Zeit divinieren müsse«.[18] Auch Zufälle spielen eine Rolle, wie das Eingehen auf eine Preisaufgabe der Schleiermacher-Gesellschaft und die persönliche Bekanntschaft mit dem Schwiegersohn Schleiermachers, dem Diakon der Nicolaikirche in Berlin, Ludwig Jonas, nach dessen Tod (1859) Dilthey die Herausgabe des Briefwechsels von Schleiermacher allein fortführt. Dilthey ist in diese immer mehr sich ausweitende Arbeit an Schleiermacher wohl ohne festen Plan hineingeraten. Die Zusammenarbeit mit Jonas und die Vertiefung in die Preisarbeit[19] sind erste Schritte, die noch ganz in dem Bewußtsein getan werden, daß sie von der eigentlichen Arbeit (– »bei dieser ist nun doch mein Herz, obgleich ich sie für den Augenblick bei Seite liegen lasse« –) wegführen. Als dem Allein-Herausgeber des Briefwechsels gerät ihm dann in der für ihn typischen Arbeitsweise die geplante Einleitung für den von ihm besorgten dritten Band zu einer eigenen Abhandlung, die sich im Laufe der Jahre zu der großen Biographie ausweiten sollte. Aber auch hier waren wieder äußere Faktoren im Spiel, nämlich die Zurückhaltung der Erben Schleiermachers gegenüber einer allzu eingehenden Darstellung der Beziehungen zu den Schlegels. So kündigte Dilthey im Vorwort der Briefausgabe das Erscheinen der zu einer »Entwicklungsgeschichte« erweiterten, besonderen

18 *Der junge Dilthey*. 282; zum vorigen 168 f., 172, 178 f., 220 ff., 290 f.

19 Der ursprüngliche Titel lautete: Das eigentümliche Verdienst der Schleiermacherschen Hermeneutik ist durch Vergleichung mit älteren Bearbeitungen dieser Wissenschaft, namentlich von Ernesti und Keil, ins Licht zu setzen. – Zum Folgenden vgl. *Der junge Dilthey*. 77 und 137, 158 f. und 282.

Abhandlung für das Jahr 1862 an,[20] ein Versprechen, dessen nur teilweise Erfüllung durch den 1870 erschienenen ersten Band ihn sein ganzes weiteres Leben lang bedrücken sollte. Man kann also sagen, daß Dilthey entgegen seiner ursprünglichen Absicht in das große Unternehmen der Schleiermacher-Biographie hineingeraten ist. Dabei spielte die zufällige Konstellation, daß Jonas just in dem Stadium der Herausgabe starb, als es um die Beziehungen zum Kreis der Romantiker ging, eine entscheidende Rolle: Dilthey arbeitete sich in die Papiere der Schlegels ein und wurde durch äußerliche Rücksichtnahme gezwungen, seine Forschungsergebnisse in einem eigenen, im Laufe der Jahre immer mehr anschwellenden Manuskript niederzulegen.

Es wäre aber verfehlt anzunehmen, daß dieses Hineingeraten in die neue Thematik mit einer Art Halbherzigkeit verbunden gewesen wäre, wie sie die zitierte Briefstelle nahelegen könnte. Vielmehr hat sich Dilthey mit einer Arbeitswut des neuen Projekts angenommen, die zu einer zeitweiligen Zerrüttung seiner Gesundheit führte. Was ihn reizte, war die »große, wahrhaft philosophische Aufgabe«, zu erkennen, »wie ganz zerstreute Elemente der Kultur, welche durch allgemeine Zustände, gesellschaftliche und sittliche Voraussetzungen, Einwirkungen von Vorgängern und Zeitgenossen gegeben sind, in der Werkstatt des einzelnen Geistes verarbeitet und zu einem originalen Ganzen gebildet werden, das wiederum schöpferisch in das Leben der Gemeinschaft eingreift« (*Dilthey*. Bd. XIII/1. XXXIII; vgl. Bd. V. 40). In der ersten Auflage des *Schleiermacher* folgt dann in der Einleitung zum Ersten Buch eine weitere Aufgabenstellung, die den Vergleich mit Haym besonders nahelegt. Dilthey führt aus, daß trotz der mannigfachen, zur Zeit der Niederschrift noch lebendigen Wirkungen Schleiermachers doch in dessen innersten Leben, Denken und Fühlen »etwas dem gegenwärtigen Geschlecht völlig Fremdartiges« sei: »Er, seine Zeit, seine Genossen: das alles ist von dem heutigen Tag durch eine Umwandlung in den Gefühlen, Ideen und Bestrebungen geschieden, wie sie sich kaum jemals schneidender vollzogen hat. Ja diese Gegenwart hat zu der ganzen gro-

20 Aus *Schleiermachers Leben in Briefen*. Bd. 3. Schleiermachers Briefwechsel mit Freunden bis zu seiner Übersiedlung nach Halle, namentlich der mit Friedrich und August Wilhelm Schlegel. Zum Druck vorbereitet von Ludwig Jonas, nach dessen Tode hrsg. von Wilhelm Dilthey. Berlin 1861. IX.

ßen Epoche, welcher Schleiermacher angehörte, das reine Verhältnis verloren. Es gilt also den Zusammenhang ihrer Lebensergebnisse mit unseren heutigen Aufgaben herzustellen, dem Bleibenden in ihnen eine erneute Wirkung in der Gegenwart zu schaffen. Die Kontinuität unserer geistigen Entwicklung hängt davon ab, in welchem Maße uns das gelingt. Mit der eigenen Arbeit an den wissenschaftlichen Aufgaben der Gegenwart muß sich zu diesem Endzweck geschichtliche Forschung verbinden. Im Umfang dieser umfassenden Aufgabe liegt auch dies Leben Schleiermachers und seine Absicht.«[21]

Diese Aufgabe wird – allerdings eher beiläufig – auch mit dem Wort »Wiederverständnis« bezeichnet. Wir haben diese unübliche, auch von Dilthey sonst nicht verwendete Vokabel an den Anfang dieser Untersuchung gestellt, um die der Haymschen »Beisetzung« entgegengesetzte Intention damit zu bezeichnen. Zwar ist auch Haym von dem Verlust des »reinen Verhältnisses« zu jener Epoche ausgegangen: »Das ist keine Zeit mehr der Dichtung oder der Philosophie. Eine Zeit stattdessen, in welcher, dank den großen technischen Erfindungen des Jahrhunderts, die Materie lebendig geworden zu sein scheint« (*Hegel und seine Zeit*. 5). Aber Haym zieht, zumal im Hegel-Buch, den Schluß, daß »der allmächtig geglaubte Idealismus« sich als ohnmächtig erwiesen habe, und die lebendige Geschichte über ihn hinweggeschritten sei. Und so bleibt für ihn nur das Programm einer Beisetzung durch geschichtliche Erkenntnis. Ganz in diesem Sinn wird in der *Romantischen Schule* aus dem gegenwärtigen Geist des »nüchternen Verstandes und männlichen Entschlusses« die Aufgabe gestellt, »dem romantischen Wesen in rein historischer Haltung nachzugehen, das Entstehen der romantischen Schule zu erklären, den Gehalt und Wert, das Bleibende und das Vergängliche derselben unbefangen zu würdigen« (*Haym*, 4).

Die »rein historische Haltung«, die sich um eine erklärende Darstellung bemüht, hat Haym auch in seiner Besprechung von Diltheys Schleiermacher-Buch betont, teils dem Diltheyschen Verfahren zustimmend, teils auch in kritischer Absicht den Historiker gegen den Philosophen in Dilthey ausspielend. Haym findet eine Biographie umso vollendeter, »je mehr die Erzählung zur

21 *Dilthey: Leben Schleiermachers.* Bd. I. Berlin 1870. V. – Zum Folgenden: *Dilthey*, XIII/1, 229, vgl. 292.

natürlichen Hülle der entwickelten Ideen wird, je unmittelbarer und greiflicher uns aus der Darstellung eines wissenschaftlichen Lebens zugleich die Kritik seines Gedankengehaltes entgegenspringt.«[22] In dieser Beziehung vermißt er bei Dilthey eine letzte Ausgeglichenheit zwischen der – wir würden heute sagen: narrativen – Darstellungsform und der »kritisch philosophischen Endabsicht«. Er findet, daß der Selbstdenker in Dilthey den Erzähler oft zu sehr beiseite schiebe und sich statt dessen einer »ruhelos wühlenden Vertiefung« in die darzustellende Ideenwelt hingebe. Das Freilegen der ursächlichen Bedingungen und Zusammenhänge, die Beachtung der »realen Vermittlungen«, die »pragmatisch-genetische Darstellung« sollen abzielen auf Erklärung, auf »durchschauten Zusammenhang«, und wenn Haym dies dem Verfasser des *Schleiermacher* auch im wesentlichen als Intention und Leistung zuerkennt, so findet er ihn doch gelegentlich auf Abwegen und »gleichsam wider Willen dieser in der Richtung der Zeit gelegenen Schranke« sich fügend oder den festen Boden für eine »pragmatische Erklärung« unter den Füßen verlierend. Der leisen Klage Diltheys über die Einsamkeit und Bedrückung dessen, der in dieser Zeit an den Geisteswissenschaften arbeite, stellt er entgegen, daß es nur die Philosophie sei, die in Einsamkeit und Mißachtung gesunken sei. »Noch immer jedoch sind wir voll Eifer, die Natur des Geistes zu studieren; wir suchen ihr nur vor Allem durch entsagsame Vertiefung in die geschichtliche Erscheinungen, in deren ursächlichen Zusammenhang, in das Geheimnis ihres Werdens und Fortschreitens beizukommen«.

Die Differenz betrifft zu einem guten Teil die Darstellungsform, eben jenes Narrative, das Haym als selbstverständliches Mittel der Verflüssigung des historischen Stoffes und seiner Verwandlung in »durchschaute Zusammenhänge« in seinen eigenen Schriften sehr bewußt einsetzte. In seinen *Erinnerungen* erwähnt er, was ihn an der Arbeit für sein Hegelbuch besonders befriedigt habe: »Mich dabei in zwingendem Klarmachen auch für Andere zu üben, gewährte mir den größten Genuß, den des Findens und Zeigens, des Entdeckens und des Lehrens«. Den eigentlichen Schlüssel zu dieser Bewertung des Narrativen aber finden wir in den *Erinnerungen* dort, wo im Rückblick auf die biographische

22 *Haym: Gesammelte Aufsätze*, 361 f.; zum Folgenden vgl. 363 f., 356, 361, 377, 361.

Arbeit über Gentz gesagt wird: »Zum ersten Mal empfand ich die Pflicht und an der Arbeit selbst den Genuß, aus dem Studium der Akten, aus voller Kenntnis der Tatsachen heraus die Darstellung aufzubauen, und diese doch zugleich überschauend in höhere Bezüge aufzulösen und ihr dadurch den Reiz fesselnder Erzählung zu geben. Den Sinn für das pragmatisch Erklärende, für den Nachweis der kausalen Zusammenhänge hatten mir Macaulays historisch-biographische Essays geweckt.«[23]
Mit dieser Erwähnung Macaulays ist ein besonders empfindlicher Differenzpunkt berührt, über den es vermutlich keinen Meinungsaustausch gegeben hat. Es existiert aus der Zeit vor der persönlichen Bekanntschaft eine Tagebuchnotiz Diltheys, in der er festhält, einen förmlichen Ekel vor der Art und Weise zu haben, wie Haym in seinem Humboldt-Buch den englischen Stil nachahme. Er nimmt dies als Beispiel für den verderblichen Einfluß Macaulays in Deutschland. Macaulay verderbe die Gedanken durch die Manier seiner Schlagfertigkeit, und nur unhistorischen Naturen könne er imponieren.[24] Es mag Dilthey in diesem schwerwiegenden Vorbehalt Haym gegenüber bestärkt haben, daß dieser dann zehn Jahre später an seinem Buch jenen »Reiz der fesselnden Erzählung« über weite Strecken vermißte und die für den großen Essayisten und Herausgeber der *Preußischen Jahrbücher* charakteristische Bemerkung machte, große Partien des *Schleiermacher* seien für die Mehrzahl der gewöhnlichen Leser ungenießbar. »Lesen wir eine Biographie oder lesen wir ein philosophisches Werk?« Eine Alternative, auf die Dilthey sich nicht einlassen konnte und die er vielleicht noch im Ohr hatte, als er einige Jahre später schrieb: »Aber ich habe ja dort überhaupt den Untergrund meiner Darstellung, der in meiner philosophischen Ansicht der Geschichte liegt, nirgends durchscheinen lassen« (Dilthey, Bd. v. 36).

23 *Haym: Aus meinem Leben.* 256, 217.
24 *Der junge Dilthey.* 84. – Zum Folgenden vgl. *Haym: Gesammelte Aufsätze*, 358.

3. Die »Rettung« Friedrich Schlegels

Eine andere, gleichfalls tiefreichende Verschiedenheit zwischen Haym und Dilthey betrifft die Behandlung des Themas, von dem wir ausgegangen waren: Friedrich Schlegel. Hier ist zunächst die jeweils in die Studienjahre zurückreichende, völlig verschiedene Zugangsweise zu berücksichtigen. Dilthey hat in der Bearbeitung der Preisaufgabe über Schleiermachers Hermeneutik zum ersten Mal Texte von Schlegel ausführlich behandelt, und zwar nicht, wie es für die Biographie kennzeichnend ist, primär die Briefe aus den damals noch ungedruckten oder von ihm selbst herausgegebenen Nachlässen, sondern vor allem die kritischen Schriften, denen er eine zentrale Bedeutung für die Neubegründung der Hermeneutik zu Beginn des 19. Jahrhunderts beimaß. Schon dadurch, daß diese erste intensive Beschäftigung in einer für die Wirkungsgeschichte Schlegels untypischen Weise ganz ohne das *Lucinde*-Problem, ohne den Frechheitstopos und ohne Anspielung auf die Konversion auskommen konnte, ist das Verhältnis Diltheys zu diesem Umstrittensten der Romantiker gekennzeichnet. Das Kapitel über Schlegel in der Preisschrift lautet: »Friedrich Schlegel und die Anwendung dieser Ideen auf Kritik und Philologie« (*Dilthey*, Bd. XIV. 670 ff.). Unter diesen Ideen ist Fichtes Philosophie und ihr Einfluß auf Schleiermacher zu verstehen. Das Kapitel enthält Unterabschnitte, deren Titel das Gewicht andeuten, das Fr. Schlegel in der Abhandlung erhält: »Fr. Schlegel als Führer der Romantik«; »Der Gesichtspunkt der inneren Form«; »Der Plan einer Theorie der Produktion in seiner Beziehung zu Schleiermachers Hermeneutik«; »Schlegels hermeneutische Methode als Vorbereitung der in Schleiermachers *Platon* geübten« usw.

Man muß sich die völlig andere Situation verdeutlichen, in der auf der anderen Seite Haym wohl zum ersten Mal auf Friedrich Schlegel gestoßen ist: In seinem zweiten Semester in Halle erschien jenes Manifest (s. o. Anm. 9) des dortigen Privatdozenten Ruge. »Ich erinnere mich, ihn öfter auf Spaziergängen gesehen zu haben, da er denn seinem Freunde Echtermeyer oder einem anderen Begleiter aufs lebhafteste seine Meinungen vordemonstrierte. Was er da mündlich entwickelte, lasen wir in der nächsten Nummer der *Hallischen Jahrbücher*, und das war eigentlich die Quelle, aus der wir unsere Philosophie und unsere Kenntnis der Hegel-

schen Lehre schöpften ... Wir rissen uns um jede neu erschienene Nummer und leisteten den tapferen Führern, so oft sie mit klingendem Spiel gegen einen neuen Feind und in ein neues Gebiet vorrückten, willig Folge, überzeugt, daß an ihre Fahnen der Sieg geknüpft sei«.[25] So ist denn wohl auch der Ruge-Echtermeyersche Feldzug von 1839 für Hayms Verhältnis zu Friedrich Schlegel bestimmend gewesen und vielleicht für immer geblieben. Denn die behaglich-ironische Distanzierung von jenen tapferen Führern des Vormärz darf doch nicht darüber hinwegtäuschen, daß auch der Verfasser der *Romantischen Schule* dem Manifest noch verpflichtet war. So klingt in dem Bruchstück *Friedrich Schlegel und die Lucinde*, das Haym 1869 als Vorabdruck in den *Preußischen Jahrbüchern* veröffentlichte,[26] der moralisch indignierte Ton Ruges noch durch, freilich zu einem herablassenden Spott gemäßigt. Daß Dilthey dieses Stück nicht mochte und »literatenhaft« fand, hat er damals Hermann Usener geschrieben.
Es ist also nicht verwunderlich, daß sich die beiden Bücher von Haym und Dilthey vor allem im Hinblick auf die Bewertung Friedrich Schlegels und des von ihm repräsentierten romantischen Geistes unterscheiden. Für Dilthey stand fest: »So wird eine Biographie Schleiermachers von selber zur Rettung Friedrich Schlegels« (*Dilthey*. Bd. XIII/1.230). Haym fand diese »Rettung« nicht in allen Punkten überzeugend, konstatierte einen »Rest von Parteilichkeit« und bescheinigte Dilthey, »ein wenig doch mit den Augen Schleiermachers, des mild entschuldigenden Freundes, gesehen« zu haben.[27] Dies ist sicher richtig in dem Sinn, daß Schlegel, »dieser wunderbare Mann, in dessen genialer Natur jene ganz große dichterisch-wissenschaftliche Bewegung gärte« (*Dilthey*. Bd. XIII/1.228), mit allen Stärken und Schwächen seines Charakters als für Schleiermachers Entwicklung wichtigster persönlicher Einfluß verständlich gemacht werden soll. Von Parteilichkeit kann freilich kaum die Rede sein, wenn man bedenkt, welcher Wust von Vorurteilen damals noch zu beseitigen war. Auch heißt es von der beabsichtigten »Rettung«, sie könne und wolle das Bild, das wohl am nachhaltigsten gewirkt hat, »aus der

25 *Haym: Aus meinem Leben*, 104.
26 *Haym: Friedrich Schlegel und die Lucinde*. In: Preußische Jahrbücher. 24 (1869), 261-295; vgl. Haym, 493-519. – Zum Folgenden: *Der junge Dilthey*, 271.
27 *Haym: Gesammelte Aufsätze*, 381 f.

Seele des Lesers nicht verdrängen: Friedrich Schlegel, der Genosse der Verkündiger freier Individualität, der in ihrem Rechte bis zum Übermut geschwelgt hatte, in die Hand eines katholischen Priesters sein ererbtes Recht freien Denkens zurückgebend, unkräftig seitdem frei zu forschen und zu leben« (a.a.O. 230). Die *Lucinde* wird »sowohl unsittlich als dichterisch formlos und verwerflich« genannt: »Diese Einsicht bedarf keiner Begründung mehr. Ja, kommt man frisch von dem Buche, so erscheinen auch die herbsten Urteile matt und beinahe gutmütig« (a.a.O. 496). Aber es wird dem doch entgegengestellt, daß an der Aufrichtigkeit und Wahrhaftigkeit des Romans (als erster Bedingung des sittlichen Wertes eines Kunstwerks) nicht gezweifelt werden könne: »Daher ergriff Ethiker wie Fichte und Schleiermacher an der Lucinde zunächst ihre Wahrhaftigkeit« (a.a.O. 500).

Die eigentliche »Rettung« Schlegels bezieht sich also nicht auf dessen »rätselhafte Natur«: »Sie will die moralische Paradoxie in seinem Leben, in seinen Schriften nirgend verschleiern« (a.a.O. 230). Vielmehr geht es Dilthey um ein Wiederverständnis in dem Sinn, daß Schlegels Stellung in der Reihe der »vorahnenden, vorbereitenden Geister« richtig erkannt werde. Dies betrifft vor allem Schlegels geschichtliche Anschauung und die Frage ihrer Wirkung auf Schelling und Hegel. Hier stellt Dilthey Friedrich Schlegel eindeutig neben Schiller, ja, in einem entscheidenden Punkt, nämlich in der Bewertung des Aufsatzes *Über das Studium der griechischen Poesie*, sogar über ihn. Es darf hier als bekannt vorausgesetzt werden, daß dieser 1795 entstandene, aber erst zwei Jahre später erschienene Aufsatz Schlegels durch gewisse Parallelen zu Schillers 1795/96 erschienener Abhandlung *Über naive und sentimentalische Dichtung* lange Zeit als bloße Ausführung der Gedanken Schillers angesehen wurde.[28] Vor allem der Leitgedanke Schlegels, nämlich der Gegensatz zwischen dem »Schönen« und dem »Interessanten«, galt vielfach als kaum

28 Über die Beziehung der Abhandlungen von Schiller und Schlegel vor allem: *R. Brinkmann: Romantische Dichtungstheorie in Friedrich Schlegels Frühschriften und Schillers Begriffe des Naiven und Sentimentalischen.* Vorzeichen einer Emanzipation des Historischen. In: Deutsche Vierteljahresschrift f. Literaturwissenschaft u. Geistesgeschichte. 32 (1958), 344-371; ferner *P. Szondi: Poetik und Geschichtsphilosophie.* Bd. 1. Hrsg. von S. Metz u. H.-H. Hildebrandt. Frankfurt a.M. 1974, bes. 149-183.

mehr denn eine Art Paraphrase des Schillerschen Gegensatzes »Naiv – Sentimentalisch«. In der Beurteilung dieser Beziehung geht es im Grunde um drei verschiedene Fragen: um das Ausmaß des direkten Einflusses von Schiller auf Schlegel; um die Vergleichbarkeit der beiden Paare von Leitbegriffen; schließlich um die geschichtsphilosophische Virulenz der beiden Konzeptionen, nicht zuletzt im Hinblick auf Hegel. In allen Punkten gehen die Interpretationen Hayms und Diltheys auseinander.

Was die Frage des direkten Einflusses von Schiller betrifft, so ist Hayms Interpretation (*Haym*, 180ff.) von dem Gedanken bestimmt, daß die Reihe der frühen Aufsätze Schlegels über griechische Poesie durchgängig von Schillers ästhetischen Ideen abhängig sind, – »so freilich, daß die Schillerschen Gedanken eigentümlich modifiziert, verwischt, verdunkelt, verschoben erscheinen« (*Haym*, 183). Zwar weist Haym, wie auch Dilthey, aus den ihnen beiden zugänglichen Papieren nach, daß eine Abfassung des *Studium*-Aufsatzes unter dem unmittelbaren Eindruck der Lektüre der Schillerschen Abhandlung auszuschließen ist (*Haym*, 187; *Dilthey*. Bd. XIII/1 243 f.); aber es geht ihm doch darum, das Unselbständige und Unfertige dieser frühen Versuche Schlegels im vergleichenden Blick auf Schiller und Humboldt zu erweisen. Damit verbindet sich die Gleichsetzung des »Interessanten« mit dem »Sentimentalischen«. Haym sieht hier nur eine Steigerung des »immerhin ideologischen« Standpunktes von Schiller ins Doktrinäre durch Schlegel: »Und gegen diesen Doktrinarismus und diese Übertreibungen hätte Schiller nicht protestieren sollen?« (*Haym* 205). Was schließlich die geschichtsphilosophische Konzeption angeht, so ist Haym nur zu geneigt, Schlegel diese Intention zuzuerkennen. Aber für ihn, der inzwischen mit Hegel abgerechnet hatte, kann es sich dabei kaum um einen positiv zu wertenden Ertrag handeln, sondern um ein »Normalproblem für einen Mann, der mit einem heißhungrigen Wissenseifer eine entschiedene Neigung zur konstruierenden Formel und eine gewisse verworrene Begeisterung für Allgemeinheiten verband« (*Haym*, 187).

Dilthey geht im Unterschied zu diesem kritisch-distanzierenden Verfahren so vor, daß allen persönlichen Vorbehalten zum Trotz das Unverwechselbare der Konzeption des jungen Schlegel hervorgehoben wird. Ein entscheidendes Abhängigkeitsverhältnis wird nicht zu Schiller, sondern zu Winckelmann und Herder als den Häuptern der »großen Richtung der genialen Anschauung« (*Dilthey*, Bd. XIII/1.233) hergestellt, d.h. Schlegel wird wie Schleiermacher und ihre ganze Generation in den großen geistesgeschichtlichen Zusammenhang hineingestellt, der in dem Buch als die allmähliche Herausbildung der Methode der genialen Anschauung von Winckelmann, Herder und Goethe über die Romantik, Hegel und Schelling bis zur Historischen Schule entwikkelt wird. Die Größe dieser Aufgabe läßt Dilthey »die natürliche Neigung zügeln, überall Abhängigkeit zu wittern, wo derselbe neue Gedanke rasch hintereinander bei Verschiedenen hervortritt« (a.a.O. 243). Für Dilthey begegneten sich Schiller und Schlegel »nur wie zwei, die von weit auseinanderliegenden Ausgangspunkten aus in sich kreuzender Richtung denselben Weg durchlaufen« (a.a.O. 243). Nach Methode und Absicht seien die beiden Abhandlungen »gänzlich verschieden«, und Friedrich Schlegel wird eindeutig das Verdienst zugesprochen, als erster die großen geschichtlichen Epochen der Dichtung in Umrissen sichtbar gemacht zu haben. »So unvollkommen, ja gänzlich unreif sein Versuch war, so hat sich doch dieser geschichtliche Ansatz fruchtbarer erwiesen als der philosophische Schillers. Der Anfang der folgenreichen Unterscheidung klassischer und romantischer Dichtung lag in ihm« (a.a.O. 247).

Folgt man dieser differenzierteren Interpretation, dann erhält auch das Wort von der »Keckheit« einen Sinn, der es erlaubt, das Klischee von ehemals zu einem deskriptiven Begriff zu machen: »Keckheit« bezöge sich dann nicht auf das vorlaute Sich-anlegen mit Schiller, nicht auf den überzogenen Anspruch, ein zweiter Winckelmann zu sein; sie bezeichnete dann das in genialer Anschauung vorweggenommene, folgenreiche Erfassen von historischen Zusammenhängen, – freilich ohne die Kraft der systematischen Begründung und Entfaltung. Diese bliebe der »Gediegenheit« des Hegelschen Denkens vorbehalten.[29]

29 Das Problem der Vorwegnahme der Konzeption Hegels durch Fr. Schlegels *Studium*-Aufsatz behandeln u. a. *E. Behler: Friedrich Schlegel und Hegel.* In: Hegel-Studien. 2 (1963), 203-250; *P. Szondi: Poetik und Geschichtsphilosophie*, vor allem 362ff.

»Der Rhythmus des Lebens selbst«
Hegel und Hölderlin in der Sicht des späten Dilthey*

1.

Als Wilhelm Dilthey im Jahre 1906 die Aufsatz-Sammlung »Das Erlebnis und die Dichtung«[1] erscheinen ließ, schrieb er im Vorwort, daß er zu den drei älteren Aufsätzen über Lessing, Goethe und Novalis einen weiteren über Hölderlin »neu hinzugefügt« habe. Obgleich es auch zu diesem Thema eine ältere Arbeit von 1867 über »Hölderlin und die Ursachen seines Wahnsinns«[2] gab, hat Dilthey für die Aufsatz-Sammlung von 1906 eine gänzlich neue Darstellung geschrieben. Diese steht in offenkundigem Zusammenhang mit Diltheys gleichzeitiger Arbeit über die »Jugendgeschichte Hegels«, die er als Abhandlung Ende 1905 in der Preußischen Akademie der Wissenschaften vorgetragen hat.[3] Es war die Zeit, in der er aus der Beschäftigung mit dem Deutschen Idealismus neue Impulse empfing, die für die letzte Phase seines Schaffens wichtig wurden.

Gadamer hat in seiner Auseinandersetzung mit Dilthey von einer »ungewollten und uneingestandenen Nähe Diltheys zum spekulativen Idealismus« gesprochen und gesagt, »daß Dilthey sich in seinen späteren Jahren mehr und mehr an Hegel anlehnt und dort von *Geist* redet, wo er früher *Leben* sagte. Er wiederholt damit nur eine begriffliche Entwicklung, die Hegel selbst ebenso ge-

* Zuerst erschienen in: *Reports on Philosophy* 11, Krakow 1987, 3-13. Der Schluß des Aufsatzes wurde neu geschrieben.

1 *W. Dilthey: Das Erlebnis und die Dichtung.* Lessing, Goethe, Novalis, Hölderlin. Leipzig 1906. Zitiert wird nach der 16. Auflage, Göttingen 1985 mit der Abkürzung E und der einfachen Seitenangabe im Text.

2 *W. Dilthey: Hölderlin und die Ursachen seines Wahnsinns.* In: Westermanns Monatshefte 22 (1867), 155-165. Wiederabdruck in: XV, 102-116.

3 *W. Dilthey: Die Jugendgeschichte Hegels.* In: Abhandlungen der königl. Preuss. Akademie der Wissenschaften. Berlin 1905, 1-212. Wiederabdruck in: IV, 5-187.

nommen hatte.«[4] Gadamers Hauptargument ist hierbei der Hinweis auf die Verwendung des Begriffs »objektiver Geist« in Diltheys Spätschrift »Der Aufbau der geschichtlichen Welt in den Geisteswissenschaften«. Hierzu hat Helmut Johach angemerkt, daß Vieles an Gadamers Interpretation »in hohem Maße plausibel« sei, daß Dilthey jedoch »nur in einer vagen Analogie, keiner strengen Entsprechung zu Hegel« denke. »An keiner Stelle identifiziert Dilthey seinen eigenen Lebensbegriff mit dem kosmisch sich entfaltenden, unendlichen ›All des Lebens‹ der Jugendschriften.«[5] Nimmt man Diltheys Hegelarbeit, den Hölderlin-Aufsatz und den »Aufbau« zusammen, so kann man wohl sagen, daß gerade vom Begriff des objektiven Geistes her, wie Dilthey ihn gebraucht, eine wirkliche Nähe zu Hegel nicht wirklich vorliegt. Dilthey hält ja bis zuletzt am Lebensbegriff fest, um damit den Strukturzusammenhang zwischen Selbst und Milieu im Spiel der Wechselwirkung von Wirklichkeitsauffassung, Gefühlsbewertung, Impulsen, Zweckhandlungen und den hieraus entstehenden neuen Einwirkungen auf das Subjekt zu bezeichnen. »Das ist menschliches Leben«, – so heißt es nicht nur in früheren Fassungen dieses Gedankens (z. B. v, 200; xix, 99 etc.), sondern auch noch in der Spätschrift »Das Wesen der Philosophie« von 1907.[6] Dieser Lebensbegriff wird durch den des objektiven Geistes nicht ersetzt, sondern vielmehr ergänzt, indem die Geschichtlichkeit des Lebenszusammenhanges durch die Teilhabe des subjektiven Lebens an den Strukturen des überindividuellen »Mediums von Gemeinsamkeiten« (= objektiver Geist) dargetan wird. Erst dadurch, daß die individuelle psychische Struktur mit samt ihrem »erworbenen Zusammenhang des Seelenlebens« in diese überindividuellen Schichten des objektiven Geistes hineinverflochten ist, kann sie auch anderes »Leben« verstehen. »Leben« und »Geist« sind deshalb in Diltheys Spätwerk, wo es um den objektiven Geist geht, nicht austauschbare Begriffe.

4 *H.-G. Gadamer: Wahrheit und Methode.* Grundzüge einer philosophischen Hermeneutik. Tübingen 1960, 3. erweiterte Auflage 1972, 214.

5 *H. Johach: Handelnder Mensch und objektiver Geist.* Zur Theorie der Geistes- und Sozialwissenschaften bei Wilhelm Dilthey. Meisenheim am Glan 1974, 168 f.

6 *W. Dilthey: Das Wesen der Philosophie.* In: P. Hinneberg (Hrsg.): Die Kultur der Gegenwart. Bd. 1, 6: Systematische Philosophie. Leipzig 1907, 1-72. Wiederabdruck in: v, 339-416.

Dagegen hat Gadamer recht, wenn er unter Heranziehung bestimmter Formulierungen wie der von der »gedankenbildenden Arbeit des Lebens« eine solche uneingestandene Nähe konstatiert: »Was diese Wendung von Hegel unterscheidet, ist nicht leicht zu sehen. [...] Sofern es (das Leben, F.R.) auf die Gedanken, die es bildet, hin verstanden wird, wird es einem teleologischen Deutungsschema unterstellt und ist es als *Geist* gedacht.«[7] Dieser Geist ist nun allerdings nicht jener gleichsam sedimentierte Geist der Objektivationen in seinen statischen Strukturen, wie sie in Sitten und Gebräuchen, Institutionen, Sprachen und Kultursystemen vorliegen, sondern die in Prozessen geistiger Einheitsbildung sich vollziehende Dynamik dessen, was Dilthey auch »Schaffen« nannte. Hier ist in der Tat ein Unterschied zwischen ›Leben‹ und ›Geist‹ in der Sprache des späten Dilthey kaum zu sehen, und dies dürfte mit der neuerlichen Beschäftigung mit Hegel *und* Hölderlin von etwa 1900 ab zusammenhängen. Was Dilthey hier intensiver als in den frühen Arbeiten beschäftigt, ist das Problem der »Präsenz« früherer Erlebnisse im Fortwirken des individuellen Lebenszusammenhangs als Zeitgestalt. Dilthey kommt hier immer wieder auf die Musik als Paradigma für die »schaffende« Einheitsbildung des in der Zeit Ausgebreiteten zurück. In diesem Zusammenhang fällt auch das Wort vom »Rhythmus des Lebens selbst«, das wir dieser Studie vorangestellt haben.

2.

In Diltheys Interpretation von Hölderlins Roman »Hyperion« heißt es:

»Hyperion sagt einmal, daß im Leben die Perioden der Ausbreitung in Lebensfreude und Wirken und solche des Rückgangs in sich selbst einander ablösen. In diesem Rhythmus des Lebens fließt der Roman.« (E 276; vgl. 280)

Diese Formulierung spielt im Hölderlin-Aufsatz eine Art Schlüsselrolle. Schon in den Einleitungspartien wird gesagt, Hölderlin habe die prophetische Kunde »von den Möglichkeiten einer höheren Gestaltung der Menschheit« gehabt, »von einer Poesie, die

7 *Gadamer:* Ebd., 214.

den ewigen Rhythmus des Lebens selbst ausspräche, der uns unausgesprochen umgibt«. (E 243) In einem anderen Zusammenhang wird gesprochen von »jenem Grundbegriff vom Rhythmus des Lebens, der in der Dichtung zum Ausdruck gelangt.« (E 297) Schließlich finden wir in der Interpretation des Schluß-Hymnus an die Natur bzw. an das »einige, ewige, glühende Leben« des Hyperion folgende Formulierung:

»Die Rhythmen dieses Hymnus, in den der Roman ausklingt, gehen durch alle gehobenen Stellen des Hyperion hindurch. Es ist das eigenste Kunstmittel Hölderlins. Der Rhythmus in der Sprache, in der Gliederung der Tragödie ist für ihn Symbol für den letzten und höchsten Begriff seiner Philosophie – den Rhythmus des Lebens selbst. In ihm sah der Dichter den Ausdruck für das Gesetz in der Bewegung des Lebens, wie Hegel in dem dialektischen Fortschritt der Begriffe dies Gesetz gefunden hat. Wenn Hölderlin diese tiefgedachte Lehre von dem Rhythmus, der Alles bis zur Verszeile eines Dichters durchwaltet, auch erst später veröffentlicht hat: das Gefühl für diesen Zusammenhang war schon in ihm wirksam, als er den Hyperion abschloß, und er mochte sich auch schon Begriffe hierüber gebildet haben.« (E 285 f.)

Hier wird also ein unmittelbarer Zusammenhang zwischen dem »Rhythmus des Lebens« aus der Sicht Hölderlins und dem dialektischen Bewegungsgesetz des Lebens im Sinne Hegels hergestellt. Dies wird an anderer Stelle noch deutlicher ausgesprochen, und in diesen Formulierungen wird vielleicht auch die genetische Parallelität zwischen dem Hölderlin-Aufsatz und der »Jugendgeschichte Hegels« deutlicher:

»Die Übereinstimmung zwischen dem Dichter und dem Philosophen stammt aus der Verwandtschaft ihres Verfahrens. Auch Hegel geht damals vom Leben aus; vermittels der in dem Leben enthaltenen Kategorien bestimmt er das Absolute. Und so faßt er als Momente des Absoluten Einheit, Entgegensetzung, Reflexion auf sich selbst, Schmerz der Entgegensetzung, Steigerung des Bewußtseins in der Zusammenfassung.« (E 283)

Diese innere Verwandtschaft, die nichts zu tun hat mit einer begrifflichen Übereinstimmung expliziter Theoreme, sondern die »innere Form« des Denkens betrifft, wird dann in der »Jugendgeschichte Hegels« näher erläutert. Hegel wird dort »der Begründer der Geschichte der Innerlichkeit des menschlichen Geistes« genannt. »Hierzu brachte er Eigenschaften seltenster Art mit, vor allem jenes Zusammenhalten des Erlebten im Gemüt, worin er seinem Freunde Hölderlin so ähnlich war.« (IV, 157)

Hegel, so sagt Dilthey, »erfaßt in der Totalität aller seelischen Kräfte Welt und Geschichte.« »Trennung empfand er als Schmerz, in jeder Entgegensetzung fühlte er ein ihr eigenes Leid [...]. In dem logisch-metaphysischen Verhältnis der Transzendenz erfaßte er Trennung und Entgegensetzung im Gemüte, die den Zusammenhang der inneren Welt zerreißt. Begriffsordnungen deuten ihm so auf eine Seelenverfassung zurück; es ist, als ob mit den Begriffen ein Klang in der Seele mitvernommen würde. Durch sein ganzes Denken geht das Bewußtsein der Verwandtschaft der Kategorien mit den Seelenverfassungen.« (IV, 139 f.)

3.

Hier zeichnen sich nun zwei Möglichkeiten der Gewichtung oder der Akzentsetzung für die weitere Interpretation im Blick auf das Verhältnis Hegel – Dilthey ab: es ist einerseits möglich, die Linie Leben – Geist so nachzuzeichnen, daß man ausgeht von Diltheys Bezugnahme auf Hegels Systemfragment von 1800: »Er bestimmt dies Leben dann weiter als Geist.« (IV, 141) Im Sinne einer gängig gewordenen Dilthey-Exegese würde man dann sagen müssen, daß Dilthey selber diesen Schritt mitvollzogen habe und, wie wir schon gesehen haben, schließlich beim objektiven Geist angekommen sei. Diese Interpretation bleibt an der terminologischen Oberfläche.

Die andere Möglichkeit besteht in der Heraushebung dessen, was Dilthey am Hegelschen Lebensbegriff in seiner Beziehung zu Hölderlin primär interessiert hat und was dann vielleicht auf einen »heimlichen Hegelianismus« deuten könnte. Ich sehe ihn in einer von Dilthey hergestellten Beziehung zwischen Dialektik und Musik.

Eine Verwandtschaft zwischen Hegel und Höderlin sieht Dilthey darin, daß beide als »schwerblütige und tiefgründige Schwaben« (IV, 141) die Gabe hatten, das Erlebte im Gemüt zusammenzuhalten (IV, 157). Konkreter gesagt bedeutet dies für Hegel, daß diese Fähigkeit des »Zusammenhaltens des Erlebten im Gemüt« ein Bewußtsein dafür ermöglichte,

»wie nicht nur dieser oder jener Erwerb einer Zeit sich vererbt in die folgende, sondern die ganze geistige Verfassung als eine erlebte, aufbewahrte, aufgehobene die Bedingung des nächsten Zustandes ausmacht.

Und aus der zurückgehaltenen Tiefe eines Geistes, der sich nie an die Welt verzettelt hat, kam ihm eine Energie des Erlebens der geistigen Bewegungen um ihn her, welche das Vergangene bis in seine letzte Innerlichkeit wieder lebendig zu machen ermöglichte, – mit allem, mit Trennungen, mit Leid, mit Sehnsucht, mit Seligkeit. Das, was so an konkretem Verständnis der geschichtlichen Wirklichkeit damals von ihm erworben ist, bildet die Grundlage seiner Phänomenologie des Geistes: öfters bis in die Worte hinein hat es diese gewaltigste Schrift Hegels bestimmt.« (IV, 157)

Ich glaube dartun zu können, daß das, was Dilthey als das Gemeinsame an Hegel und Höderlin heraushebt, also die Fähigkeit des »Zusammenhaltens des Erlebten im Gemüt«, eine Art des ganzheitlichen Erfassens von Wirklichkeit ist, die aufs engste verwandt ist mit der Fähigkeit, melodische oder rhythmische Zusammenhänge als Ganze so zu erfassen, daß die Kontinuität innerhalb der einzelnen Momente eine Art künstlerischer Notwendigkeit des Weitergehens von einer Stufe zur nächsten darstellt. Dies ist vom Hölderlin-Aufsatz her deutlicher zu machen als von der Jugendgeschichte Hegels aus, wenngleich manche Akzente der Jugendgeschichte erst das ganz verdeutlichen, was im Hölderlin-Aufsatz als das philosophisch Wichtigste erscheint.
Man kann es als das Haupt-Thema des Hölderlin-Aufsatzes bezeichnen, die lyrisch-musikalische Genialität Hölderlins zur Darstellung zu bringen, die darin liegt, »Zusammenhang, Abfluß, inneren Rhythmus des seelischen Vorgangs auszudrücken« (E 312). »Alles dient so, den Ablauf des seelischen Vorgangs, seinen Zusammenhang und seine Gliederung auch metrisch auszudrücken.« (E 312). Hölderlin, so wird gesagt, arbeitete beständig daran, »den Rhythmus des Gefühlsverlaufs in seinen einfachen wesenhaften Zügen herauszuheben, seine Glieder fest aneinanderzubinden und im inneren Fluß der Sprache ihm Ausdruck zu geben« (E 307).
Hierbei handelt es sich nun in der Regel um eine besondere »Gesetzlichkeit« des inneren Gefühlsablaufs: Der lyrische Dichter macht vernehmbar, »wie ein anfänglicher Gefühlszustand sich in seinen Teilen entfaltet und schließlich in sich zurückkehrt, nun aber nicht mehr in seiner ersten Unbestimmtheit, sondern in der Erinnerung des Verlaufs zusammengenommen zu einer Harmonie, in welcher die einzelnen Teile zusammenklingen; wie unser Gefühl anschwillt und dann in einer Wendung des seelischen Verlaufs langsam sinkt; wie ein Kampf kontrastierender Gefühle

in uns sich löst oder wie der höchsten Steigerung eines allzu Schmerzlichen die Beruhigung folgt.« (E 307)
Wenn Dilthey die Kunstform des Romans »Hyperion« als »durch und durch symbolisch« (E 286) bezeichnet, so ist damit gemeint, was ich schon zu Anfang im Zitat hervorgehoben habe, was nun aber vielleicht besser verstanden werden kann: »Der Rhythmus in der Sprache, in der Gliederung der Tragödie ist für ihn Symbol für den letzten und höchsten Begriff seiner Philosophie – den Rhythmus des Lebens selbst« (E 285). Es ist dies die Stelle, an der Dilthey einen unmittelbaren Bezug zu Hegel herstellte, indem er so fortfuhr: »In ihm (d.h. dem Rhythmus des Lebens) sah der Dichter den Ausdruck für das Gesetz in der Bewegung des Lebens, wie Hegel in dem dialektischen Fortschritt der Begriffe dies Gesetz gefunden hat«.

4.

Ich kehre zu der Ausgangsfrage dieser Überlegungen zurück. Sie knüpfte an Gadamers These an, D. habe sich in seinem späteren Werk mehr und mehr an Hegel angelehnt, was vor allem durch die Verwendung des Begriffs »objektiver Geist« zum Ausdruck komme. Dieser These habe ich die andere entgegengestellt: wenn es eine Wirkung Hegels auf den späten Dilthey gab, dann bestand diese darin, daß Dilthey die teleologische Struktur des Lebens, die in der mittleren Zeit seines Schaffens vielleicht noch zu sehr auf die Wechselbeziehung Individuum-Milieu bezogen war, nunmehr stärker als früher als ein Schaffen von Einheit in der Zeitreihe auffaßte. Zwar gibt es auch aus früherer Zeit (1893) Sätze Diltheys wie diesen: »Die Melodie sagt uns mehr vom Leben als alle Definitionen desselben« (XIX 353). Aber die eigentliche Hinwendung zum Paradigma der Melodie bzw. zum Rhythmus als jener Art von Ganzheit, die ihre Teile zur Entfaltung bringt und wieder zu einem Ganzen zurücknimmt, in dem nun alles »aufgehoben« ist, scheint Dilthey in der Beschäftigung mit dem jungen Hegel und mit Hölderlin vollzogen zu haben. Darin liegt das, was ich seinen »heimlichen« Hegelianismus nenne.
Dieses Interesse Diltheys an der immanenten Teleologie von Wirkungszusammenhängen muß im Zusammenhang gesehen werden mit dem gleichzeitigen, verstärkten Interesse an Fragen der Mu-

sikästhetik. In jenen Jahren arbeitete Dilthey auch an den Kapiteln über Instrumentalmusik für die »Studien zur Geschichte des deutschen Geistes«[8], gleichzeitig aber auch an einer Theorie der »Kategorien des Lebens«[9], die in einer merkwürdigen Weise in diesen Themenkreis hineinreicht. Das Zusammenspiel dieser verschiedenen Gedankenmotive ergibt in etwa folgendes Bild:

a) Wie wir aus dem erst 1982 aus dem handschriftlichen Nachlaß veröffentlichten Fragment »Leben und Erkennen«[10] und aus anderen, noch unveröffentlichten Materialien wissen, war für Dilthey spätestens seit Anfang der neunziger Jahre das Problem der Einheitsbildung im Fluß heterogener Ereignisse, vor allem des biographischen Lebensverlaufs, in einer neuen, das Problem der Lebenskategorie betreffenden Weise von großem systematischem Interesse. In einer zunächst noch nicht festgelegten Terminologie werden in »Leben und Erkennen« die Stufen aufgezeigt, in denen die (mit Husserl gesprochen:) »primordiale« Erfahrung des Lebenszusammenhangs vom Erlebnis der »Selbigkeit« der Lebenseinheit über das der Wechselbeziehung zwischen Selbst und Milieu hinausgeht zu Erfahrungen des Zentriertseins unseres Lebens im ganzen. »Das Zentrum der Lebensstruktur, wie es so erlebt wird, im Gegensatz zu allem, was nicht Zentrum ist, spricht sich aus in den Kategorien von Wesen, Essentialität, Bedeutung, Sinn.« (XIX, 375) Hier finden wir den Begriff »Bedeutung« noch eingereiht zwischen ähnliche Begriffe, durch die jeweils der Charakter des Zentriertseins des biographischen Lebenszusammenhangs und die damit gegebene Abhebung des Wesentlichen vom Unwesentlichen ausgesprochen wird: »So schließt sich in sich die Lebenseinheit ab, mit einer Abstufung der Interessen vom Mittelpunkt zu der Peripherie der Interessen ringsum.« (XIX, 376)

b) Wenn Dilthey diesen Gedanken abschließt mit dem Satz: »Zwischen diesen verschiedenen Werten ist nicht nur Abstufung, sondern auch Beziehung, Zusammenhang«, so kommt hier zu der Komponente der Zentralität diejenige der Kohärenz, die dann in

8 *W. Dilthey: Von deutscher Dichtung und Musik.* Aus den Studien zur Geschichte des deutschen Geistes. Hrsg. v. H. Nohl und G. Misch. Leipzig 1932, 2. Aufl. Stuttgart 1957, 189-298. Im Folgenden zitiert als D.

9 Vgl. XIX, 333-388 und VII, 228-245.

10 *W. Dilthey: Leben und Erkennen.* Ein Entwurf zur erkenntnistheoretischen Logik und Kategorienlehre. In: XIX, 333-388.

späteren Fragmenten primär als eine solche der in der Zeitfolge auseinanderliegenden Erlebnisse aufgefaßt und allein durch die Kategorie der Bedeutung ausgedrückt wird. In einem bislang noch unveröffentlichten Fragment aus dem handschriftlichen Nachlaß[11] wird dies so dargestellt:

Bedeutung ist ein ideeller Zusammenhang, der frei zwischen Gliedern aufgesucht wird, unabhängig vom realen Zusammenhang in Raum, Zeit und Kausalität. Dieser verbindet Glieder, die zeitlich, räumlich, kausal gar nicht miteinander verbunden zu sein brauchen. In diesem Sinn ist ein Andenken, ein Eigentum einem Lebenszusammenhang angehörig, der nichts zu tun hat mit dem Stoff, aus dem ein Gegenstand gemacht ist, oder der Maschine, welche ihn hergestellt hat. Ebenso stehen Momente im Leben Luthers, die weit auseinanderliegen, dadurch in der Beziehung, daß sie bedeutungsvoll sind für dies Leben.
Bedeutung ist also eine Kategorie, welche am Leben auftritt. Nach dieser sind Momente des Lebens aufeinander zu einem Ganzen bezogen.
Unter ablaufenden Tönen hat ein Thema für ein musikalisches Ganzes und in demselben eine bestimmte Bedeutung. Es gehört einem ideellen Zusammenhang an, der nur zwischen Teilen des Lebens, Erzeugnissen des Geistes etc. auftritt.
Die Natur dieses Zusammenhangs ist dem teleologischen verwandt, aber er ist nicht wirklich teleologisch.
Der einfachste Fall dieses Zusammenhangs besteht zwischen den Gliedern einer Erzählung. Diese sind aus den unzähligen Tatsachen und Vorgängen, die in einem Geschehnis enthalten sind, ausgewählt, weil sie für dies Geschehnis bedeutsam sind.
Einen anderen Fall bilden die in der Phantasie geformten oder geschaffenen Glieder eines dichterischen Ganzen, die bedeutsam sind für das Ganze.
In dem Verlauf unseres Lebens hebt die Erinnerung das hervor, was dem rückwärts Blickenden als bedeutsam erscheint; daher gleicht jedes dichterische Geschehen in der Art der Verbindung seiner Teile dem erinnerten Erlebnis, weil es die in seinem Lebenszusammenhang bedeutsamen Momente heraushebt.

c) Obgleich in dem hier mitgeteilten Fragment eine terminologische Differenzierung zwischen »Bedeutung« und »Bedeutsamkeit« nicht explizit vorgenommen wird, können wir doch schon heraushören, daß »Bedeutsamkeit« die Qualität einzelner Glieder eines Ganzen ist, die eben durch diese Qualität ein Ganzes kon-

11 Dilthey-Nachlaß des Zentralen Akademie-Archivs der Akademie der Wissenschaften der DDR (Berlin) C 62: 149-174. Die Veröffentlichung erfolgt mit freundlicher Genehmigung.

stituieren; während »Bedeutung« die Tatsache des »ideellen Zusammenhangs« ausdrücken will, der zwischen den bedeutsamen Gliedern besteht. Dies wird in späteren Fragmenten, die in Band VII der Gesammelten Schriften publiziert wurden, genauer bestimmt: die Bedeutsamkeit eines einzelnen Geschehnisses innerhalb eines größeren Zusammenhangs ist die »Bestimmtheit der Bedeutung eines Teiles für ein Ganzes« (VII, 238 f.), während die Bedeutung selbst »das Verhältnis von Teilen des Lebens zum Ganzen« (VII, 233) darstellt. Sie ist die erlebbare Beziehung innerhalb dieses Ganzen oder die Struktur der »Zugehörigkeit zu einem Ganzen« (VII, 230).

d) Betrachtet man diese Beziehung allein in der diachronischen Ebene, so ergibt sich das Problem des Zusammenhangs des Früheren mit dem Späteren. »Wir haben diesen Zusammenhang nur vermittels der Erinnerung, in welcher wir den vergangenen Lebenslauf überblicken können. Dabei macht sich dann Bedeutung als die Form der Auffassung des Lebens geltend« (VII, 233). Damit kommen wir wieder zurück zu unserer Ausgangsfrage nach dem »Rhythmus des Lebens«. Denn das Bedeutungsgefüge der in der Zeit sich erstreckenden Zusammenhänge soll in seiner besonderen Struktur vom Beispiel der Musik aus illustriert werden: »Ich muß einen Ausdruck aufsuchen, der in der Zeit verlaufen kann, der nicht von außen gestört wird. Ein solcher ist die Instrumentalmusik. Wie sie auch entstanden sei, es gibt einen Verlauf, in welchem der Schöpfer ihren Zusammenhang in der Zeit überblickt von einem Gebilde zum anderen« (VII, 231).

e) Damit wird die Instrumentalmusik, also die nach Gesetzen der Entfaltung von Motiven, Themen usw. fortschreitende, »reine« Musik (der Klassik) sowie die Musikalität der Lyrik zu einem *Symbol des Lebens*, und zwar nicht nur im Schopenhauerschen Sinn der »rerum concordia discors«, sondern in der besonderen Weise, daß die Erlebnisse als die einzelnen Glieder des Lebenszusammenhangs in einer der Musik vergleichbaren Weise aufeinander bezogen sind: »Die Erlebnisse verhalten sich wie in einem Andante einer Sinfonie Motive auftreten, sie werden entwickelt (Explikation), und das Entwickelte wird zusammengenommen (Implikatikon). Die Musik spricht hierin die Formen eines reichen Erlebnisses aus« (VI, 316). In ähnlicher Weise wird die »Vollendung der inneren Teleologie des Strukturzusammenhangs der Gefühle in objektiven Gebilden« (VII, 57 ff.), dieser Wechsel von Explikation und Implikation, dargestellt: »Was implicite in einem Gesamtgefühle schon ist, wird explicite in einer gesetzmäßigen Aufeinanderfolge zu Bewußtsein gebracht, um dann wieder zu einer höheren Einheit zu werden.« Das kann – am Beispiel des Minnesangs entwickelt – dann auch so formuliert sein: »Diese Dehnung des Liedes fordert die Darstellung des Gesetzmäßigen des Seelenvorgangs in demselben, – Gefühl, das aus einer Situation hervorbricht, sich in seinen Momenten ausbreitet und dann so in der Mannigfaltigkeit seiner Momente am Schluß als reiche, volle Einheit ausgesprochen wird, – ein ansteigender Seelenzustand – ein sinkender.« (D 69) Für einige Gedichte Walthers von der Vogelweide wird gesagt, es werde eine Stimmung ausgesprochen, »die in allen ihren Momenten zum Bewußtsein erhoben wird, und das Ende kehrt in sie zurück, die nun reich und voll dasteht.« (D 90)

5.

Von hier aus können wir noch einmal zurückblicken auf den Hölderlinaufsatz. Auch dort wird gesprochen von einer »teleologischen Gesetzlichkeit« des inneren Vorgangs, die im lyrischen Gedicht zum Ausdruck komme. Wir haben schon davon gehört, daß es Hölderlins lyrisches Genie ausmachte, diese Gesetzlichkeit, die »leise dahinfließenden Rhythmen des Ablaufs unserer Gefühle«, in einer besonderen Weise vernehmbar zu machen. »Wie ein anfänglicher Gefühlszustand sich in seinen Teilen entfaltet und schließlich in sich zurückkehrt, nun aber nicht mehr in seiner ersten Unbestimmtheit, sondern in der Erinnerung des Verlaufs zusammengenommen zu einer Harmonie, in welcher die einzelnen Teile zusammenklingen.« (E 307)
Hier soll uns abschließend die Frage beschäftigen, welcher Art die »innere Teleologie« ist, die in all den Stellen angesprochen ist, an denen nicht nur vom Rhythmus des Lebens, sondern von einem Gefühls- oder Erlebnisverlauf die Rede ist, der am Ende »zusammengenommen«, »zu einer höheren Einheit« gebracht, »als reiche, volle Einheit ausgesprochen« wird. Es ist wiederum Hans-Georg Gadamer gewesen, der hier kritisch eingesetzt hat. Auf einige der hier herangezogenen Textstellen anspielend kommt er zu dem Ergebnis, daß Dilthey »der Objektivität der

Wissenschaft zuliebe mitunter geradezu absurde Dinge sagt«.[12] Gemeint ist der von Dilthey in so vielfältiger Weise herausgestellte Gedanke von einer abschließenden »Totalstimmung«, auf die eine Erlebnisreihe zugehen kann. Dilthey hat dies mehrfach (VI, 316, VII, 58, 74) am Beispiel der Betrachtung eines Kunstwerkes entwickelt. Das wiederholte Betrachten eines Gemäldes bildet eine Reihe von Erlebnissen, die im Sinne eines Bedeutungszusammenhangs ineinander eingehen und das ursprüngliche Erlebnis intensivieren.

Gadamer referiert dies in einer den entscheidenden Punkt leider nicht treffenden Weise, indem er Dilthey sagen läßt, »zuletzt habe man die ›wahre‹ Bedeutung«. Dies wird ergänzt durch das von Dilthey häufig parallel gebrauchte Beispiel der Musik, das Gadamer durch die Formulierung »Zum Schluß ist die Bedeutung des Ganzen da« wiederum in seiner eigentlichen Pointe nicht wirklich zu treffen scheint. Dilthey spricht nämlich nie davon, daß wir am Schluß einer solchen sich aufbauenden Erlebnisreihe die »wahre Bedeutung« des Ganzen eines Kunstwerks ergebnishaft erfaßt hätten. Wo es sich um das Beispiel wiederholter Museumsbesuche handelt, wird gesagt, daß mir »aus dem, was mir bedeutend war, jetzt, durch welche Zeit auch der heutige Besuch von dem früheren getrennt war, die ganze Fülle des jetzigen künstlerischen Erlebnisses« erwachse (VII, 74). Und wo dieser Sachverhalt durch das Beispiel der Musik verdeutlicht werden soll, steht für Dilthey wiederum am Schluß nicht die »wahre Bedeutung« im Sinne eines zusammenfassenden Ergebnisses, sondern ein reicher, voller, bewußter gewordenes Erlebnis: »Was implicite in einem Gesamtgefühl schon ist, wird explicite in einer gesetzmäßigen Aufeinanderfolge zu Bewußtsein gebracht, um dann wieder zu einer höheren Einheit zu werden. So mag es überhaupt die Aufgabe der Kunst sein, die in jedem Menschen vorhandenen oder angelegten strukturellen Gefühlseinheiten zu distinktem Durcherleben zu bringen.« (VII, 58 f.)

Man kann freilich verschiedener Meinung darüber sein, was es bedeutet, wenn Dilthey – wiederum im Beispiel des Galeriebesuchs – davon spricht, daß in der »ganzen Fülle des letzten Erleb-

12 *H.-G. Gadamer: Wilhelm Dilthey nach 150 Jahren.* (Zwischen Romantik und Positivismus. Ein Diskussionsbeitrag.) In: E. W. Orth (Hrsg.): Dilthey und die Philosophie der Gegenwart. Freiburg/München 1985. 171. – Zum Folgenden Ebd.

nisses« eine »Impliktion, ein Zusammennehmen sich realisiert und nun das volle Erlebnis konstituiert«. (VI, 316) Realisiert das »volle Erlebnis« die wahre Bedeutung, die am Schluß gleichsam als Resultat gewonnen wird? Dies würde ja doch, wie Gadamer mit Recht hervorhebt, Diltheys eigensten Intentionen widersprechen. Hat er hier wirklich »unter dem Druck des modernen Wissenschaftsbegriffs und seiner geheimen Ontologie« eine »Formel des Ergebnishaften in das Erlebnishafte hineinprojiziert«?
Nimmt man die Analogie zum musikalischen bzw. zum narrativen Bedeutungsverlauf ernst, so wird man kaum annehmen können, daß die Rede von der »ganzen Fülle des letzten Erlebnisses« etwas zu tun haben könnte mit der Erreichung eines ablösbaren Resultates. Gewiß zeigt die Analogie dort ihre Schwächen, wo vom Schema eines Schlußakkordes oder vom Ende einer Geschichte her die besondere Bedeutung eines »letzten« Gliedes einer Erlebniskette hervorgehoben wird. Man kann in der Tat fragen, ob es in der ästhetischen Erfahrung eines Kunstwerkes so etwas wie die Konstituierung eines letzten, »vollen« Erlebnisses geben kann. Ein real in der Zeit stattfindender Abschluß ist nur in dem Sinne vorstellbar, daß die »höhere Einheit« der zu distinktem Durcherleben gebrachten Gefühle sich in einem *Ausdruck* konkretisieren und artikulieren muß, der dann in der Tat wohl auch so etwas wie ein »Ergebnis« darstellt. Mit John Dewey könnte man dann von einer in rhythmischen Prozessen zustande kommenden, einheitlichen Erfahrung sprechen, die keine gestaltlose Gefühlszuständlichkeit ist, sondern eine konsummative Neuordnung von Bedeutungen und Werten, eine »Erfüllung in einer geordneten oder rhythmischen Erfahrung«.[13]
Dies führt weiter zu einer Reihe von Problemen, die sich dort ergeben, wo nach der Möglichkeit solcher konsummativ sich einstellenden »Erlebnis-Ausdrücke« gefragt wird, sofern sie Bestandteil methodisch geleiteter Interpretationen im Bereich der Geisteswissenschaften sind. Welche Art von Wahrheit können Aussagen beanspruchen, die sich als Artikulation solcher Bedeutsamkeitserfahrungen erweisen? Welche Konsequenzen ergeben sich aus dem so gestellten Problem des »Ausdrucks« für eine hermeneutische Theorie? Bedarf es einer grundsätzlichen Korrektur der sogenannten »traditionellen« Hermeneutik, um Erfah-

13 *J. Dewey: Kunst als Erfahrung*. Frankfurt 1980, 185.

rung dieser Art in eine Theorie der Interpretation einzubringen? Ist die zirkuläre Struktur, wie sie im rhythmischen Hin und Her von Implikation und Explikation zutage tritt, identisch mit dem ominösen »hermeneutischen Zirkel«? Auch die folgenden Überlegungen geben primär historische und keine systematischen Antworten. Aber diese gehören dem systematischen Zusammenhang an, wie er oben (S. 7 ff.) skizziert wurde.

»Erkenntnis des Erkannten«

August Boeckhs Grundformel der hermeneutischen Wissenschaften*

I.

August Boeckh hat in seinen Vorlesungen über »Encyklopädie und Methodologie der philologischen Wissenschaften«[1], die er zwischen 1809 und 1865 26mal gehalten hat, die bekannte, aber nicht immer richtig verstandene Formel aufgestellt, die Aufgabe der Philologie, verstanden im weitesten Sinn des Wortes, bestehe im »Erkennen des vom menschlichen Geist Producirten, d. h. des Erkannten« (S. 10). Von einer Enzyklopädie der philologischen Wissenschaften, an deren Spitze eine solche Formel steht, kann erwartet werden, daß sie in ihrem Aufbau dem Gesetz Rechnung trägt, das durch diese Formel ausgesprochen wird. Dieses Gesetz kann auch so formuliert werden: die Wissenschaften, die sich mit den Produktionen des menschlichen Geistes zu beschäftigen haben, leisten eine »Reconstruction der Gesammtheit des Erkennens« (S. 19), in der dasjenige, was rekonstruiert werden soll, als Wissen zugleich schon immer vorausgesetzt wird. Die Zirkelhaftigkeit dieser Aufgabe hält sich als Thema durch alle Abschnitte des Buches hindurch – zwar nicht im Sinne eines an die Spitze der jeweiligen Abschnitte gestellten Leitgedankens, sondern vielmehr so, daß von vielen einzelnen Punkten der Erörterung her immer wieder auf die grundlegende Struktur der Zirkularität verwiesen wird.

Als »Zirkel der Aufgabe« wird dieses Problem mit besonderer Deutlichkeit dort angesprochen, wo Boeckh für Hermeneutik und Kritik (die zusammen den *formalen* Teil der Theorie der

* Überarbeitete Fassung des gleichnamigen Beitrags zum Sammelband *Philologie und Hermeneutik im 19. Jahrhundert.* Hrsg. v. H. Flashar, K. Gründer und A. Horstmann. Göttingen 1979, 68-83.

1 Zitiert nach: *A. Boeckh: Encyklopädie und Methodologie der philologischen Wissenschaften.* Hrsg. v. E. Bratuschek, Leipzig 1877. – Die Abweichungen der Paginierung gegenüber dem nach der 2. Auflage von 1886 hergestellten Neudruck (Darmstadt 1966), der allerdings nur den Ersten Hauptteil enthält, sind geringfügig.

philologischen Wissenschaften bilden) das Verhältnis der wechselseitigen Bedingungen ihrer vier Hauptarten darzustellen hat. Er unterscheidet grammatische, historische, individuelle und generische Interpretation und entsprechend auch vier Arten der Kritik. Grammatische und historische Auslegung gehen aus von einem Verstehen »aus den *objectiven* Bedingungen des Mitgetheilten«: ein Text ist nur verständlich im Kontext der »Gesammtheit des gangbaren Ausdruckes« einer Sprache (grammatische Interpretation), aber auch nur im Zusammenhang mit den »gangbaren Vorstellungen der Zeit« (historische Interpretation). Individuelle und generische Interpretation vollziehen sich als Verstehen »aus den *subjectiven* Bedingungen des Mitgetheilten«: sie untersuchen die durch die Individualität des einzelnen Sprechers sich ergebende Modifikation einer Sprache (individuelle Interpretation), sowie die subjektiven Bedingungen (z. B. Zweck des Mitteilenden), unter denen die Mitteilung als zu einer bestimmten Redegattung gehörig zu verstehen ist (generische Interpretation). Entsprechendes gilt für die Kritik, die im Unterschied zur Hermeneutik allerdings die Objektivationen nicht an sich zu verstehen, sondern in ihren Relationen zu anderen zu beurteilen hat.

Es macht nun den »Zirkel der Aufgabe« aus, daß die vier Arten der Auslegung (und der Kritik) wechselseitig aufeinander bezogen sind und sich gegenseitig voraussetzen. »Man kann den Wortsinn an sich nicht verstehen, ohne die individuelle Interpretation zur Hülfe zu nehmen; denn jedes Wort, von irgend Jemand ausgesprochen, ist schon von ihm aus dem allgemeinen Sprachschatz herausgenommen und hat einen individuellen Beisatz. Will man diesen abziehen, so muss man die Individualität des Sprechenden kennen. Ebenso ist der allgemeine Wortsinn durch die realen Verhältnisse und durch die Redegattungen modificirt« (S. 83). Dies bedeutet: die einzelnen Interpretationsarten setzen »reale Kenntnisse voraus, und doch können diese erst durch die Auslegung des gesammten Quellenmaterials gewonnen werden« (S. 84).

Es ist Aufgabe dieses kurzen Überblicks, ein Stück weit den Konsequenzen nachzugehen, die Boeckh aus diesem Theorem der wechselseitigen Bedingtheit der vier hermeneutischen und der vier kritischen Methoden zieht und damit einen wichtigen Beitrag zur Theorie der interpretierenden Wissenschaften leistet.

Die Behandlung dieses »Zirkels der Aufgabe« durch Boeckh läßt gewisse Zweifel darüber aufkommen, in welchem Maße es sich hier um einen zwar unvermeidlichen, aber doch nach Möglichkeit zu meidenden, vitiösen Zirkel handeln soll. An einigen Stellen, die wir hier zunächst herausgreifen wollen, sieht es so aus, als ob das Verhältnis des wechselseitigen Sich-Bedingens und -Voraussetzens der Perspektiven, unter denen ein Auszulegendes erscheint, in ein Fundierungsverhältnis umgewandelt werden könnte, womit die Zirkularität aufgelöst wäre. So sagt Boeckh an einer Stelle von der grammatischen Interpretation, daß aus ihrer Funktion, nach dem Wortsinn eines Ausdrucks unter verschiedenen individuellen und realen Bedingungen zu fragen, allmählich die Sprachgeschichte und ihre Kodifizierung in Grammatik und Lexikon hervorgehe, was zu einer »Grundlage für die übrigen Arten der Auslegung und zugleich für die Constituierung der materialen Disciplinen überhaupt« (S. 84, vgl. S. 93) führe. Doch wird dieser Gedanke nicht systematisch ausgeführt, wie denn überhaupt die Tatsache der sprachlichen Vermitteltheit alles Überlieferten für Boeckh keine eindeutige Vorzugsstellung der grammatischen Interpretation bedeutet. Die Sache liegt vielmehr ähnlich wie bei Schleiermacher, der im ersten Entwurf seiner Hermeneutik von 1809[2] bei Erörterung des Verhältnisses von grammatischer und technischer Interpretation zwar einerseits erwägt, das grammatische Verstehen als »niedere Hermeneutik« zu bezeichnen, dies aber sofort einschränkt, die »mannigfaltige Oscillation zwischen beiden« betont und in der Gliederung dann der grammatischen Interpretation den ersten Platz gibt, »weil doch am Ende alles vorauszusezende und alles zu findende Sprache ist«, – eine Priorität, deren Begründung in der späteren Fassung der Hermeneutik Schleiermachers wieder abgeschwächt wird[3]. Dieses Schwanken in der Bewertung der grammatischen Interpretation bringt bei Schleiermacher wie bei Boeckh die Schwierigkeit zum Ausdruck, daß das Verstehen zwar bei der sprachlichen Überlieferung einzusetzen hat, aber

2 Vgl. *F. D. E. Schleiermacher: Hermeneutik.* Hrsg. v. H. Kimmerle, 2. Aufl. Heidelberg 1974, 56.

3 Vgl. ebd., 160. Ferner: *Schleiermacher: Hermeneutik und Kritik mit besonderer Beziehung auf das Neue Testament.* Hrsg. v. M. Frank, Frankfurt 1977, 99.

doch von Anfang an auf die beständige »Oszillation« zwischen grammatischen und nicht-grammatischen Interpretationsweisen angewiesen ist[4].

Es gibt allerdings – und auch darin kommen sich die Ansätze Schleiermachers und Boeckhs nahe – eine Instanz, die das Verstehen so eindeutig fundieren kann, daß das Geflecht wechselseitiger Voraussetzungen durchbrochen, oder, wie Boeckh selbst sagt, der Knoten zerhauen wird: das Gefühl. Dies »freilich keiner weiteren Rechenschaft fähige« Gefühl ist es, »vermöge dessen mit einem Schlage wiedererkannt wird, was ein Anderer erkannt hat, und ohne dasselbe wäre in der That keine Mittheilungsfähigkeit vorhanden« (S. 86). Die »lebendige Anschauung«, über die noch zu sprechen sein wird, erlaubt es dem genialen Erklärer, manche Äußerungen der fremden Individualität vollständig zu begreifen, und es ist nicht zufällig, daß in diesem Kontext auch die berühmte Formel erscheint, »dass der Ausleger den Autor nicht nur eben so gut, sondern sogar besser noch verstehen muss als er sich selbst« (S. 87). Diese Gefühlssicherheit als letzte Instanz gilt nicht nur für die Hermeneutik, sondern auch für die Kritik. Auch bei ihr liegt die letzte Entscheidung »in dem unmittelbaren Gefühl, das aus einem unbestechlichen Sinn für historische Wahrheit hervorgeht. Dies Gefühl zur möglichsten inneren Stärke und Klarheit zu bringen muss des Kritikers höchstes Streben sein; es bildet sich dann zu einem künstlerischen Trieb aus, der ohne Reflexion sicher das Richtige trifft, was die Alten εὐστοχία nennen« (S. 174). Besonders dort, wo der Kritiker vor der schier unlösbaren Aufgabe steht, bei Rekonstruktion und Emendation eines Textes das Fehlende aus noch nicht Begriffenem zu finden und das noch nicht Begriffene aus dem Fehlenden zu begreifen, ist er angewiesen auf das Orakel der »divinatorischen Kraft des Geistes«, welche die Schranken durchbricht und »weiss, was der Autor gemeint hat, sogar wenn jener selbst schuld an dem unrichtigen Ausdruck ist« (S. 184).

4 Eindeutigkeit gewinnt Boeckhs Aussage zu diesem Punkt nur in der strikten Verbannung der Disziplin Grammatik (die nicht zu verwechseln ist mit der grammatischen Interpretation) aus dem philologischen Organon. Vgl. dazu: *G. Pflug: Hermeneutik und Kritik.* August Boeckh in der Tradition des Begriffspaars. In: Archiv für Begriffsgeschichte 19, 1975, 138-196, hier: 144 f.

2.

Wollte man in der Interpretation der hermeneutischen Theorie Boeckhs allein von diesen Stellen ausgehen, müßte man zu dem Ergebnis kommen, daß die Formel vom »Erkennen des Erkannten« zwar das Problem des Gewebes wechselseitiger Bedingtheiten und Voraussetzungen impliziert und die Zirkularität dieser Erkenntnisbedingungen als im Prinzip unvermeidlich festschreibt, daß jedoch gleichzeitig die Bedingungen genannt sind, unter denen der Knoten zerhauen, die »Schranken des Geistes« durchbrochen werden und der geniale Interpret mit einem Schlage wiedererkennt, was ein anderer erkannt hat. Es läßt sich auch eine ganze Reihe von Belegen dafür anführen, daß Boeckh die Möglichkeit der Vermeidung des Zirkels, den er an einer Stelle ausdrücklich »hermeneutischen Cirkel« nennt (S. 102), diskutiert und damit, wenn schon nicht die prinzipielle Vermeidbarkeit, so doch die Mißlichkeit dieses Verfahrens ausspricht (vgl. S. 85, 99, 102, 108 usw.).

Hiergegen sind nun allerdings diejenigen Formulierungen zu stellen, in denen nicht das »Orakel« der divinatorischen Kraft beschworen wird und nicht die Aufforderung zum Zerhauen des Knotens erfolgt. Schon die in § 24 zu findende Aussage, es liege beim Verfahren der individuellen Interpretation, »ein offenbarer durch die hermeneutische Kunst zu vermeidender Cirkel der Aufgabe vor«, macht deutlich, daß nicht das hermeneutische Verfahren selbst in einem Zirkel befangen ist, aus dem es nur gewaltsam ausbrechen kann, sondern daß vielmehr die Aufgabe der Erkenntnis des Erkannten die *Gefahren* einer schlechten Zirkelhaftigkeit enthält, welche die hermeneutische Theorie zu markieren und die Praxis der Interpretation im Sinne einer »Lösung« des Zirkels zu bewältigen haben. Der schlechte Zirkel im Sinne der reinen petitio principii muß deshalb stärker, als Boeckh selbst dies tut, terminologisch von derjenigen Zirkularität unterschieden werden, die sich aus dem Verhältnis wechselseitiger Bedingtheit der Zugänge zum auszulegenden Text ergibt.

In der Sache selbst liegt für Boeckh denn auch gar keine Schwierigkeit: die Aufgabe der Hermeneutik kann »nur durch unendliche Approximation d. h. durch allmähliche, Punkt für Punkt vorschreitende, aber nie vollendete Annäherung gelöst werden« (S. 86). Indem wir dies hervorheben, korrigieren wir das vorerst noch einseitig gebliebene Bild vom Gefühl als oberster hermeneutischer Instanz. Das »mit einem Schlag« sich vollziehende Wiedererkennen des Erkannten ist nur der Extrem- und Ausnahmefall, dem am anderen Ende der Skala das geistlose Sich-Verlieren im geschlossenen Zirkel der petitio principii gegenübersteht. Die hermeneutische Arbeit liegt zwischen diesen Extremen. Das kann am Beispiel der individuellen Auslegung der einzelnen Sprachelemente deutlich gemacht werden. Der »Zirkel der Aufgabe« der individuellen Auslegung liegt darin, daß die Individualität des Autors aus einem Sprachwerk zu ermitteln ist, welches »doch erst aus der Individualität erklärt werden kann« (S. 139). Ein Abgleiten in einen schlechten Zirkel würde sich dabei aber nur dann ergeben, wenn aus einer Stelle, die erst von der Individualität des Autors her in ihrer grammatischen Besonderheit aufzuklären ist, diese Individualität bestimmt werden sollte. In der Praxis ist dieser Fall jedoch unwahrscheinlich. Vielmehr ist hier damit zu rechnen, daß der objektive Wortsinn schon ohne die individuelle Erklärung eine Basis für das weitere Verfahren abgibt, indem die Kenntnis vom Zusammenhang des Ganzen die Einheit des Werks und die Kompositionsweise wenigstens nach einigen Beziehungen überschaubar macht. Von hier aus ist eine wechselseitige Bestimmung von Ganzem und Einzelnem »nach und nach« möglich. Es ist also auch hier erkennbar, daß der »Zirkel der Aufgabe« nur dadurch zu lösen ist, daß im elementaren Sprachverständnis eine Artikulationsbasis für alle (im übrigen wechselseitig sich bedingenden) Auslegungsarten gegeben ist. Oder, um ein von Boeckh selbst nicht gebrauchtes Bild zu verwenden: der im Grundverhältnis wechselseitiger Voraussetzung angelegte Zirkel kann nur dadurch zur »Spirale« des expliziten approximativen Auslegungsprozesses werden, daß im elementaren sprachlichen Vorverständnis das Minimum einer Fundierungsleistung immer schon erbracht ist.

3.

Die Intentionen Boeckhs würden nur in sehr verkürzter Form zur Darstellung kommen, wollte man sich damit begnügen, das methodisch-technische Problem der Lösung des »Zirkels der Aufgabe« aufgewiesen zu haben. Vielmehr kann die Frage nach der Notwendigkeit oder Vermeidbarkeit der Zirkularität sinnvoll nur innerhalb des größeren Bezugsrahmens gestellt werden, den Boeckh selbst in der Enzyklopädie gegeben hat. Dies bedeutet, die Frage nach dem Sinn der Formel »Erkenntnis des Erkannten« noch einmal neu zu stellen, um den Bezug der speziellen Problematik von Hermeneutik und Kritik zur übergreifenden Struktur dessen, was Boeckh »Philologie« nennt, erkennbar zu machen.

Was hinter der Formel »Erkenntnis des Erkannten« zu suchen ist, läßt sich am besten dadurch verdeutlichen, daß man die beiden Substantive ersetzt durch die Wörter »Rekonstruktion« oder »Reproduktion« bzw. »Konstruktion« oder »Produktion«. So kann die Formel also auch lauten: »Nachconstruction der Constructionen des menschlichen Geistes in ihrer Gesammtheit« (S. 16) oder »Reconstruction der Gesammtheit des Erkennens« (S. 19) oder »Erkennen des vom menschlichen Geist Producirten« (S. 10) usw. Das »Produzierte« oder »Erkannte« wird in einem sehr weiten Sinne gefaßt. Gemäß der idealistischen Prämisse Boeckhs, daß jede geschichtliche Erscheinung, jede Tat, jede Institution, jedes Kunstwerk, jedes Phänomen des Staats- und Familienlebens von *Ideen* bestimmt ist und diese ausdrückt, ist alles geschichtlich Überlieferte eine »Konstruktion« nach dem Bauplan der ihm innewohnenden Idee oder Spur menschlichen Erkennens. Dementsprechend ist es Aufgabe der Philologie (oder, was für Boeckh gleichbedeutend ist: der Geschichtsschreibung), dieses Erkennen zu rekonstruieren, in seinem Konstruktionsprinzip wiederzuerkennen, also Erkenntnis des Erkannten zu leisten.

Die Problematik der Überbetonung der rein kognitiven Seite des Produzierten durch die Formel »Erkenntnis des *Erkannten*« hat schon Dilthey hervorgehoben, indem er »die falsche Voraussetzung, daß Erkanntes und Produziertes dasselbe sei«, für diese »Paradoxie« verantwortlich machte. »In Wirklichkeit wirken in der Produktion alle geistigen Kräfte zusammen, und in einer Dichtung oder einem Brief des Paulus ist mehr als Erkenntnis«[5]. Hier stößt der Interpret Boeckhs in der Tat auf eine große Schwierigkeit, und man wird sich zu entscheiden haben zwischen einer achselzuckenden Hinnahme dieser Paradoxie und dem Versuch, einer möglichen Intention nachzugehen, die der Dilthey-

5 *W. Dilthey: Ges. Schr.*, v, 336.

schen Position näher kommt, als es die zweifellos problematische Terminologie vermuten läßt. Ich wähle den letzteren Weg, der uns den Blick auf ein differenzierteres, wenngleich von Widersprüchen nicht freies Begriffsfeld ermöglichen soll.

Daß mit dem »Erkannten« nicht ausschließlich die Resultate begrifflicher Erkenntnis gemeint sind, hebt Boeckh selbst an mehreren Stellen hervor: »Unter dem Erkannten sind dabei auch alle Vorstellungen begriffen; denn häufig sind es nur Vorstellungen, die wiedererkannt werden, z. B. in der Poesie, in der Kunst, in der politischen Geschichte, worin nur theilweise, wie in der Wissenschaft Begriffe, im Uebrigen aber Vorstellungen niedergelegt sind, die der Philologe wiederzuerkennen hat« (S. 11). Dies wird in dem wichtigen Teil VI der Einleitung (»Entwurf unseres Planes«) näher ausgeführt: das Erkennen eines Volkes, so betont Boeckh, ist »nicht bloss in seiner Sprache und Literatur niedergelegt, sondern seine ganze nicht physische, sondern sittliche und geistige Thätigkeit ist ein Ausdruck eines bestimmten Erkennens; es ist in allem eine Vorstellung oder Idee ausgeprägt«. – »Sonach bildet das ganze geistige Leben und Handeln das Gebiet des Erkannten, und die Philologie hat also bei jedem Volke seine gesammte geistige Entwicklung, die Geschichte seiner Cultur nach allen ihren Richtungen darzustellen« (S. 55 f.). Es ist Boeckh also darum zu tun, die Durchgängigkeit bestimmter Strukturen einer Kultur (»nach allen ihren Richtungen«) als diejenige Eigentümlichkeit zu bestimmen, deren Herausarbeitung Aufgabe der philologischen Forschung ist. Ein bestimmter λόγος, so sagt er, sei in all diesen Richtungen, also gerade auch in den »praktischen Ideen« des handelnden Lebens, des Staats- und Familienlebens, enthalten und werde auch in dieser praktischen Färbung schon Gegenstand der Philologie.

Es ist dieser hier auftauchende Logos-Begriff, der uns die schwierige Boeckhsche Formel vielleicht näherbringen kann. Denn wenn Boeckh in der Weiterführung des hier referierten Gedankens dem sachimmanenten Logos denjenigen der bewußten Erkenntnis und Reflexion gegenüberstellt und von daher eine zweifach geschichtete philologische Betrachtung ableitet, so wird hieraus deutlich, daß das begrifflich Erkannte gleichsam nur die Spitze des Eisbergs darstellt. Der Philologie hat es aber nicht nur um die Rekonstruktion dieses offen zutage liegenden Wissens zu gehen, sondern vor allem um die tragenden Schichten des sinnlich

anschaulichen Lebens, in die derselbe gestaltende Logos »versenkt« ist, der auch in der wissenschaftlichen Reflexion lebt.
An der *Kunst* läßt sich dieser Zusammenhang natürlich am leichtesten entwickeln: »Dass die Kunst Ideen ausdrücke, zwar nicht begriffsmässig, aber versenkt in eine sinnliche Anschauung, ist klar« (S. 55). Die sinnliche Form hat nicht nur den aufnehmenden Sinn angenehm zu berühren, sondern muß zugleich auch »den Normen der geistigen Anschauung angemessen« sein, »welche durch den in dieselbe versenkten Begriff, den λόγος gegeben sind« (S. 450). Bezogen etwa auf das Beispiel der Baukunst bedeutet dies, daß diese in elementarster Weise die Raumformen anwendende Kunst »das Leben in seiner objectivsten Form, wie es die Kräfte der Natur bändigt und nach künstlerischem Princip ordnet«, zur Darstellung bringt (S. 453). Der hier in die sinnliche Form versenkte Logos ist nur anschaulich und nicht begrifflich gegeben, aber Boeckh rechnet die durch ihn bestimmte Konstruktion zum Bereich des Erkannten, weil hier schon eine über die Gesetze der Physis hinausgehende Ordnung zur Darstellung kommt, die nun in aufsteigender Reihe, in einer »Skala der Vergeistigung« steigerbar ist und von der Baukunst über die Plastik zur Malerei (bildende Künste), und von der Gymnastik über die Orchestik zur Musik (Bewegungskünste) führt (S. 449 ff.). »Vergeistigung« heißt auch hier nicht Zunahme an kognitivem Gehalt, sondern allmähliche Verlagerung des Mediums der Darstellung vom Konkret-Objektiven in Architektur bzw. Gymnastik zum Abstrakt-Subjektiven in Malerei bzw. Musik, oder, wie Boeckh sagt, Übergang von der Darstellung des »Lebens« zu der des »Gemüths« (S. 453).
Wenn hier also ein in die sinnlichen Formen versenkter Logos sich teils im Einzelnen ausspricht, teils der »Skala der Vergeistigung« im Ganzen ihren Zusammenhang gibt, ohne doch der Sphäre der Begrifflichkeit zu bedürfen, so haben wir hier den Musterfall einer »Konstruktion« des menschlichen Geistes, welche die Philologie nachkonstruierend wiederzuerkennen hat.
Der Logos-Begriff verweist jedoch nicht nur auf die innere Ordnung, Struktur und Kohärenz der geistigen Objektivationen, sondern zugleich auf ihre *kundgebende* Funktion. Diese wichtige Komponente macht überhaupt erst verstehbar, warum Boeckh bei aller Betonung des vorbegrifflichen Charakters vieler Bereiche des Erkannten doch auf dieser Formulierung beharrt. Das Produ-

zierte ist kraft des ihm innewohnenden Logos nicht nur Konstruktion (= innere Ordnung), sondern vor allem Kundgabe, die zu vernehmen ist, Zeichen, das es zu lesen gilt. Es ist unzweifelhaft, daß das Nachdenken über die Struktur des ἀναγιγνώσκειν, also über das Wesen der Beschäftigung mit Überliefertem, den Anstoß zu der berühmten Formel gegeben hat. Überlieferung, auch solche nicht-sprachlicher Art, will als Text wiedererkannt (= gelesen) werden, und dies legt den weiteren Schritt nahe, dem Wiedererkennen ein Erkennen als Objekt zuzuordnen. Erst in einem zweiten Schritt, so scheint es, hat sich Boeckh Gedanken darüber gemacht, ob denn das einfache γιγνώσκειν als Begriff dazu ausreiche, alle Phänomene, die zusammengenommen den Text der Überlieferung ausmachen, unter ihm zu begreifen. Dies war die sekundäre Frage gegenüber dem primären Thema des ἀναγιγνώσκειν, das für Boeckh ein zentrales anthropologisches Thema war; denn man kann es ja nicht einfach als Verstiegenheit belächeln, wenn die Philologie in diesem Zusammenhang als »eine der ersten Bedingungen des Lebens« bezeichnet wird, als ein Element, »welches in der tiefsten Menschennatur und in der Kette der Kultur als ein ursprüngliches aufgefunden wird« (S. 11). Vielmehr ist jenes Ursprüngliche, das Boeckh uns gleichsam als das philologische Urphänomen vorführt, durchaus ernst zu nehmen. Es ist das Thema des *objektiven Geistes* im Sinne Diltheys, der mit diesem Begriff bekanntlich nicht eine ontologisch-spiritualistische Bestimmung, sondern vielmehr die »Sphäre von Gemeinsamkeit« auszudrücken versuchte, die Voraussetzung alles geschichtlich kulturellen Lebens ist[6]. Aber während bei Dilthey die *einzelnen* Sphären von Gemeinsamkeit, die Horizonte jeweiliger Kulturgemeinschaften, im Begriff des objektiven Geistes stärker betont sind[7], hat Boeckh mit der Philologie als einer der ersten Bedingungen des Lebens die übergreifende, transzendentale Sphäre der Gemeinsamkeit im Auge, die auch als humanitas im Sinne des »nil humani a me alienum puto« verstanden werden kann. Der Philo-loge *strebt* nach dem Logos in dem doppelten Sinn, daß er sich vom Logos als »gegebener Kunde« ansprechen läßt (»λόγος ist eben Kunde, vorzüglich die durch Tradition erworbene« (S. 22)) und dieses Streben als eine unendliche Aufgabe

6 *Dilthey*, VII, 146 f.
7 Ebd., 208 f.

zu nehmen hat: »wo die Unendlichkeit aufhört, ist die Wissenschaft zu Ende« (S. 15).

4.

Wenn es auch festzuhalten gilt, daß der Begriff »Erkanntes« mißverständlich ist und erst von dem griechisch gedachten Verhältnis zwischen λόγος und wiedererkennender Aneignung im ἀναγιγνώσκειν her zu begreifen ist, so sollte doch deutlich geworden sein, daß diese wiederum nur approximativ zu leistende Aufgabe der Erkenntnis des Erkannten die umfassende Kreisbewegung darstellt, von der die Aufgabe der Philologie im ganzen ihre Struktur erhält. Daß es sich nicht um einen geschlossenen Kreis handeln kann, wird von Boeckh schon in der Einleitung mit der Abwendung des Mißverständnisses klargestellt, daß »Erkenntnis des Erkannten« soviel bedeuten könne wie »actum agere« oder »judicatum judicare« (S. 14f.). Die vollständige Lösbarkeit einer Aufgabe des reinen actum agere ist für ihn geradezu ein Kriterium der Unwissenschaftlichkeit, und erst aus der Unendlichkeit der Aufgabe ergibt sich der Charakter wissenschaftlicher Arbeit.
Was so mit der Formel »Erkenntnis des Erkannten« an die Spitze der Enzyklopädie gestellt ist, ist in der Geschichte der hermeneutischen Theorien insofern ein Novum, als diese Grundformel des *Verstehens* aus der Hermeneutik im engeren Sinne herausgenommen und zum Kernsatz des gesamten Systems der philologischen Wissenschaften gemacht ist. Daß das philologische Erkennen, das mit unserer Formel gekennzeichnet ist, dem Verstehen schlechthin gleichzusetzen ist, spricht Boeckh an mehreren Stellen (z. B. S. 53 und S. 75) klar aus. Das gesamte Werk enthält dem (allerdings nicht eingelösten) Anspruch nach eine zweiteilige Verstehenstheorie, die im formalen Teil die Theorie der Hermeneutik und Kritik, also die Darstellung des »eigentlichen Aktes« der Philologie, im materialen Teil »den gesammten von der Wissenschaft gestalteten Stoff« enthalten soll (S. 53). Das Verstehen nimmt also die zentrale Stelle innerhalb des Wissenschaftssystems im ganzen ein, und von hier aus erhält erst die Hermeneutik als Theorie der vier Interpretationsarten ihren Stellenwert als Teil des Ganzen. Neu ist an diesem Ansatz zweierlei: erstens, daß dem Verstehen gegenüber dem »einfachen« Erkennen eine solche zentrale Position ausdrücklich zuerkannt wird, und zweitens, daß

das Problem des Verstehens sich von der Auslegungslehre im engeren Sinn gelöst hat, oder umgekehrt gesagt, daß eine allgemeinere hermeneutische Struktur, die gar nicht mehr von der Hermeneutik allein beschrieben werden kann, zum formalen Prinzip der Philologie schlechthin geworden ist. Dies wird sich bei Droysen und Dilthey in abgewandelter Form wiederholen. Auch hier steht an der Spitze der Historik bzw. der Kritik der historischen Vernunft der Verstehensbegriff, von dem aus eine Systematik entworfen wird, innerhalb derer die Theorie der Interpretation ihren bestimmten Platz findet. Weder Droysen noch Dilthey, sowenig wie Boeckh selbst, hätten sich mit der Charakterisierung als »Hermeneutiker« zufrieden gegeben. Wenn Dilthey noch in seinen letzten Lebensjahren formulierte: »Heute tritt nun die Hermeneutik in einen Zusammenhang, der den Geisteswissenschaften eine neue bedeutsame Aufgabe zuweist... Gegenwärtig muß die Hermeneutik ein Verhältnis zu der allgemeinen erkenntnistheoretischen Aufgabe aufsuchen, die Möglichkeit eines Wissens vom Zusammenhang der geschichtlichen Welt darzutun und die Mittel zu seiner Verwirklichung aufzufinden«[8], so wird aus diesen Wendungen (»heute tritt nun...«, »gegenwärtig muß...«) deutlich, wie wenig selbstverständlich noch um 1910 Dilthey den Namen »Hermeneutik« mit einer allgemeinen Theorie der Geisteswissenschaften in Verbindung brachte. Dies war erst Sache der auf Dilthey folgenden Generation.

Es muß also festgehalten werden, daß Boeckhs Enzyklopädie-Vorlesungen in der Geschichte der hermeneutischen Theorien dadurch einen Markstein bedeuten, daß sie ein hermeneutisches Prinzip zum Kern der Systematik der Wissenschaften machen, ohne daß dies im Rahmen der Hermeneutik entwickelt wurde[9]. Dieses Prinzip läßt sich für die besondere Problemstellung Boeckhs charakterisieren als *Anerkennung der durchgängigen Voraussetzungshaftigkeit* im Verhältnis von allgemeiner und besonderer wie formaler und materialer Erkenntnis sowie der wechselseitigen Bedingtheit der Rekonstruktion des Ganzen aus den Teilen und der Teile aus dem Ganzen.

8 Ebd., 217f.

9 Dies ist vor allem der Darstellung bei J. Wach entgegenzuhalten, die sich auf ein Referat der Hermeneutik i.e.S. beschränkt. Vgl. *J. Wach: Das Verstehen.* Grundzüge einer hermeneutischen Theorie im 19. Jahrhundert. Bd. 1 Tübingen 1926, 168-226.

Es ist unverkennbar, daß Boeckh in der Entwicklung und Durchführung dieses Prinzips nicht ein methodologisches Spezialproblem, sondern das erblickte, was er seine »philosophischen Principien« (S. 68) nannte[10]. Sein philologisches Selbstbewußtsein der Philosophie gegenüber war ausgeprägt und kommt in Wendungen zum Ausdruck wie: »φιλοσοφεῖν kann auch das ungebildete Volk, nicht φιλολογεῖν« (S. 12), oder: »Hier ist mehr Production in der Reproduction als in mancher Philosophie, welche rein zu produciren vermeint« (S. 14). Es ging ihm jedoch nicht um ein polemisches Ausspielen der Philologie gegen die Philosophie, sondern um die konsequente Durchführung seines Prinzips, das sich durch eine Abgrenzung gegenüber der Philosophie am besten entwickeln ließ. Denn wenn es der in die Erscheinungen versenkte Logos, die »innere Ordnung«, ist, die in der philologischen Erkenntnis zu rekonstruieren ist, so liegt auf der Hand, daß die Grenzen von Philologie und Philosophie fließend werden.
Schroff abgewehrt wird denn auch nur die einseitige apriorische Deduktion, und zwar sowohl für die Gewinnung einer Idee des Ganzen der Erscheinungen, denen sich die (klassische) Philologie zuwendet, als auch für die Rekonstruktion der Einzelheiten. Beides, »die Idee, die das Gegebene mannigfaltig durchdringt, und das Ganze wirklich zur Einheit gestaltet« (S. 26), wie auch die Einzelheiten, dürfen nicht deduziert, sondern müssen »durch Induction aufgewiesen« werden bzw. »sollen hervorgehen aus einer allgemeinen Anschauung« (S. 56). Und so ist es denn nur natürlich, daß Philologie und Philosophie in ein enges, ja unauflösliches Wechselverhältnis treten: sie lösen sich förmlich ineinander auf, insofern als die Philosophie da endet, wo die empirisch forschende Philologie anfängt, nämlich bei den Einzelheiten, und umgekehrt die Philologie ihr Endziel im Begriff hat, von dem die Philosophie ausgeht (vgl. S. 17f.).
Nun ist dies allerdings keine nach Disziplinen zu trennende Duplizität mehr, und diese Erkenntnis spricht Boeckh selbst wenigstens zur Hälfte aus, wenn er sagt, daß in Philosophie und Philologie zusammen alle übrigen Wissenschaften wurzeln (S. 18). Was hier als das Gemeinsame aller Einzelwissenschaften erscheint, ist das Prinzip des beständigen Hin- und Hergehenmüssens zwi-

10 Vgl. auch *E. Rothacker: Einleitung in die Geisteswissenschaften.* Tübingen 1920, 131.

schen dem Allgemeinen und dem Besonderen, zwischen dem ordnenden Begriff und dem vorgegebenen historischen Material. So ist es denn auch sachlich viel zutreffender – wenn auch innerhalb des Textes ein Widerspruch –, wenn von der Philologie schließlich gesagt wird, sie setze den philosophischen Begriff voraus und wolle ihn zugleich erzeugen (S. 17). Damit haben wir die Quintessenz von Boeckhs philosophischem Prinzip auch schon ausgesprochen. Es ist, jetzt dargestellt als Wurzel der Einzeldisziplinen, das hermeneutische Prinzip des Vorausgesetztseins dessen, was Ziel der Forschung sein soll. Dies läßt sich für die Philologie, die bei Boeckh ja letztlich klassische Philologie bleibt, konkreter so fassen: es muß in jeder einzelnen Erforschung des klassischen Altertums eine allgemeine Anschauung, nämlich die »Idee des Antiken an sich« leitend sein, allerdings nicht im Sinne einer bloßen Abstraktion, »sondern es muss das Einzelne lebendig darin liegen als in einer concreten Anschauung; das Allgemeine und Besondere setzen dabei einander voraus und formiren einander approximativ« (S. 57).

5.

Wenn dieser kurze Überblick mehr sein soll als eine geraffte und an vielen Stellen stark verkürzende Interpretation der Hauptgedanken Boeckhs, dann könnte der Sinn dieser Beschäftigung darin liegen, auf bestimmte Strukturen aufmerksam zu werden, die uns heute durch die zu häufig gebrauchte Rede vom »hermeneutischen Zirkel« eher verdeckt als erschlossen werden. Schon die Tatsache, daß dieser Zirkel bei Boeckh nicht als Angelegenheit der Hermeneutik allein behandelt wird, sondern ein übergreifendes Gesetz derjenigen Wissenschaften darstellt, die es mit Überlieferung im weitesten Sinne zu tun haben, ist wissenschaftsgeschichtlich von Interesse. Ferner sollte festgehalten werden, daß dieses Gesetz wechselseitiger approximativer Formierung der einzelnen Methoden und Disziplinen von Boeckh zum Prinzip der *Systematik* der philologischen Wissenschaften gemacht wird. Verfolgt man dieses Grundgesetz im weiteren Aufbau der Enzyklopädie, so findet man in der Tat eine durchgehende Linie bis hinunter zu den schon aufgezeigten Zirkelproblemen der Hermeneutik und Kritik. Nicht nur Philosophie und Philologie stehen im Verhältnis wechselseitigen Bedingtseins auf höchster Ebene.

Als Rekonstruktion der Gesamtheit des Erkennens bedarf die Philologie der Erkenntnis der einzelnen Wissenschaften, wie umgekehrt diese auf die Erschließung ihrer geschichtlichen Dimension durch die Philologie angewiesen sind (vgl. S. 19). In ähnlicher Weise bedingen sich die beiden Hauptteile der Philologie, nämlich formaler und materialer Teil. Im formalen Teil, der als das Organon Hermeneutik und Kritik enthält, wird die philologische Tätigkeit betrachtet, »welche der Idee nach früher da ist als ihr Produkt« (S. 53). Da aber für die meisten Momente des Verstehens und Beurteilens schon eine große Anzahl gegebener Produkte vorausgesetzt wird, steht der materiale Teil, der den gesamten von der Wissenschaft gestalteten Stoff enthält, wiederum im Verhältnis der Wechselseitigkeit zum formalen Teil. Auch innerhalb des materialen Teils, der die durch die formale Tätigkeit ausgemittelte Erkenntnis des Erkannten im einzelnen enthält, ist eine wechselseitige approximative Formierung zwischen dem allgemeinen und dem besonderen Teil zu erkennen, zumal diese Teile nach dem Gesetz, daß das Allgemeine und Besondere ineinandergreifen und nicht auseinandergerissen werden können, ineinander »hinüberspielen« (S. 57). Dies gilt dann auch wieder für die einzelnen Abschnitte des allgemeinen wie des besonderen Teils (S. 62). Und so kommen wir schließlich wieder zurück zur Hermeneutik, denn auch sie steht einerseits im Verhältnis der Wechselseitigkeit zur Kritik, andererseits stehen, wie wir schon gesehen haben, alle vier Arten der Interpretation in diesem Verhältnis zueinander, was dann auch wieder für den Zusammenhang der vier Arten der Kritik gilt. Die wichtigsten Ausführungen sowohl zur Hermeneutik als auch zur Kritik sind diesem Thema des wechselseitigen Ineinandergreifens der einzelnen Prozeduren gewidmet, so daß man ohne unzulässige Vereinfachung sagen kann, daß von der allgemeinsten Formel an der Spitze des gesamten Werkes bis hinunter zur detaillierten Beschreibung methodischer Handgriffe das Thema des »Kreises, der in der Sache selbst liegt«, bestimmend bleibt. So gilt, was Boeckh über das Verhältnis der Hermeneutik zur Kritik sagt, für den gesamten Zusammenhang: »In dem großen Cirkel ... liegen dann wieder immer neue und neue, indem jede Art der Erklärung und Kritik wieder die Vollendung der übrigen hermeneutischen und kritischen Aufgaben voraussetzt« (S. 179).

Betrachtet man diese universale Struktur (die übrigens in der

Durchführung des materialen Teils weitgehend Postulat bleibt), so erscheint es angezeigt, nicht einfach von einer Ausweitung des hermeneutischen Zirkels auf die Systematik der historisch-philologischen Wissenschaften im ganzen zu sprechen, sondern eher von der Einbettung der Theorie der Auslegung in ein System von Erkenntnisleistungen, deren gemeinsame Struktur in den Akten des Interpretierens besonders augenfällig wird. Wenn sich uns aus heutiger Sicht auch das Wort »hermeneutisch« zur Charakterisierung dieses Zusammenhangs aufdrängt, so muß uns doch klar sein, daß wir damit einen Deutungsbegriff in die Interpretation einbringen, der im Text selbst nur andeutungsweise gegeben ist. Boeckh selbst kennzeichnet sein Prinzip (allerdings mit auffallender Zurückhaltung und eher beiläufig) als »Dialektik« (S. 56), und es ist in der Tat angemessen, diesen Begriff, allerdings mit bestimmten Einschränkungen, hier zu verwenden. Dies hat denn auch H. Steinthal in seiner Rezension[11] der Boeckhschen »Enzyklopädie« getan, in der er an verschiedenen Stellen die »fein durchgeführte Dialektik« im Aufweis der wechselseitigen Voraussetzungen hervorhebt. »Es leuchtet seine Freude an diesem dialektischen Spiel hervor – Spiel, sage ich, im höheren Sinne des Wortes natürlich, wonach es die Form der Bewegung der Denktätigkeit bezeichnet, insofern sie auch an sich, selbst noch ohne Rücksicht auf den Inhalt, etwas befriedigendes hat, einen ästhetischen Wert in sich schließt. Dieses Spiel zieht sich durch den größten Teil des Buches und verleiht ihm den eigentümlichen Reiz; ja schließlich liegt in ihm eben die Systematik selbst, und es ist ganz und gar objektiv« (S. 240). Zugleich aber schränkt Steinthal diesen Begriff der Dialektik ein: »Nur dies will ich zur Charakteristik der Boeckhschen Dialektik hervorheben. Die Begriffe verwandeln sich hier nicht und schlagen nicht wie bei Hegel und Schleiermacher unversehens ineinander um – oder vielmehr unversehens würden sie allerdings ineinander umschlagen; aber Boeckhs Verstand und Vorsehen läßt dies nicht zu; er beugt dem Irrtum vor, dem viele Andere verfallen sind. Bei ihm also behalten die Begriffe ihre Festigkeit und ihr unwandelbares Wesen in der Fülle und Mannigfaltigkeit ihrer Beziehungen: das ist der Beweis ihrer Wahrheit« (S. 241 f.).

11 *H. Steinthal: Rezension von Boeckhs »Encyklopädie«.* In: Zeitschrift für Völkerpsychologie und Sprachwissenschaft 10, 1878, 235-255.

Was Steinthal hier richtig betont, ist die bloß relative Geltung dieser Charakterisierung mit Hilfe des Begriffs Dialektik, da es Boeckh in der Tat nicht um das »Umschlagen«, sondern um das approximative wechselseitige Formieren geht. (Daß allerdings weder bei Hegel noch bei Schleiermacher die Begriffe »unversehens« ineinander umschlagen, müßte auch Steinthal gesehen haben!) Es ist zutreffend, wenn Steinthal hervorhebt, daß Boeckh nicht eine dialektische Bewegung des Gedankens darstellen will, um daraus den Erkenntnisprozeß als einen Vorgang des eigenen Sichaufhebens des einen Begriffs in den andern zu entwickeln. Die einzelnen Methodenbegriffe behalten tatsächlich ihre »Festigkeit« als Pole, zwischen denen ein beständiges Hin und Her stattfindet. Aber dies ist nicht einfach schlechte Dialektik im Sinne eines »subjektiven Schaukelsystems von hin- und herübergehendem Räsonnement«[12], sondern – um ein Lieblingswort Schleiermachers zu wiederholen – Oszillation. Bedenkt man nun, daß dieses Prinzip der »mannigfaltigen Oszillation« zwischen den einander voraussetzenden Operationen schon in Schleiermachers frühen Entwürfen der Hermeneutik[13] das leitende methodische Prinzip ist und dann in seiner Dialektik zum Fundament einer universalen Theorie des Wissens gehört[14], so zeigt schon diese Verbindung von Hermeneutik und Dialektik die große Schwierigkeit der angemessenen Charakterisierung eines systematischen und methodologischen Ansatzes, der demjenigen Schleiermachers so nahe verwandt ist. Größe und Schwierigkeit der Aufgabe, dieses Prinzip – sofern es zur methodischen Grundlage der Historischen Schule im ganzen gehörte – beschreibend und begründend zu entwickeln, ist zu ermessen im Blick auf Diltheys lebenslanges Sich-Abmühen an dem Unternehmen einer Kritik der historischen Vernunft. Gemessen an dem dort sich bekundenden Problembewußtsein nehmen sich Boeckhs methodologische Reflexionen eher bescheiden aus. Und doch sollte das Dilthey so schmerzlich bewußte Problem, »daß die Begründung des geschichtlichen Zusammenhangs immer auf ein logisch nie vollstän-

12 *G. W. F. Hegel: Enzyklopädie der philosophischen Wissenschaften im Grundrisse* (1830). Hrsg. v. F. Nicolin u. O. Pöggeler. Hamburg 1959, 103.

13 Vgl. Anm. 2.

14 Vgl. *F. D. E. Schleiermacher: Dialektik.* Hrsg. v. R. Odebrecht. Darmstadt 1976, vor allem 138-164.

dig darstellbares Ineinandergreifen von Leistungen angewiesen ist und daher niemals dem historischen Skeptizismus gegenüber durch unanfechtbare Beweise sich rechtfertigen kann«, vor dem Hintergrund auch der Theorien Boeckhs gesehen werden; denn Anklänge sind unüberhörbar, wenn an derselben Stelle gesagt wird: »Kritik, Auslegung und das Verfahren, welches die Einheit in dem Verständnis eines historischen Vorgangs herbeiführt, greifen ineinander. Das Charakteristische ist aber auch hier, daß nicht eine einfache Fundierung der einen Operation auf die andere stattfindet; sondern Kritik, Interpretation und denkendes Zusammennehmen sind ihrer Aufgabe nach verschieden; aber die Lösung einer jeden dieser Aufgaben fordert stets zugleich auf den andern Wegen gewonnene Einsichten.« Oder an anderer Stelle: »So werden wir die gegenseitige Abhängigkeit von Interpretation, Kritik, Verbindung der Quellen und von Synthese eines geschichtlichen Zusammenhanges anzuerkennen haben.«[15]

Projiziert man dieses Prinzip, das ich die »Komplementarität der Zugänge zur Sache« nennen möchte, zurück auf das methodische Hauptproblem Boeckhs, nämlich eine die Ergebnisse der Einzelforschung antizipierende »Gesammtanschauung des Alterthums« durch gleichzeitig erst induktiv aus der »Totalität der Thatsachen« zu entwickeln[16], dann wird die darin liegende Aufgabe der approximativen Vermeidung eines schlechten Zirkels verstehbar. Sie lautet in Diltheys Formulierung: »Jedesmal wenn das wissenschaftliche Denken die Begriffsbildung zu vollziehen unternimmt, setzt die Bestimmung der Merkmale, die den Begriff konstituieren, doch die Feststellung der Tatbestände voraus, die in dem Begriff zusammengenommen werden sollen. Und die Feststellung und Auswahl dieser Tatbestände fordert Merkmale, an denen ihre Zugehörigkeit zum Umfange des Begriffes konstatiert werden kann ... Dieses Verhältnis ist so der allgemeinste Zug der Struktur der Geisteswissenschaften«[17].

»Erkenntnis des Erkannten«, das Wort in einem auch mit Diltheys Position zu vereinbarenden Sinn genommen, ist nicht einliniges Aufdecken eines stets als eindeutig vorauszusetzenden Sinnes, sondern ein von vielen Seiten her gleichzeitig vorgehendes, in

15 *Dilthey,* VII, 161 u. 152.
16 *Boeckh, Encyklopädie,* 263 f.
17 *Dilthey,* VII, 153.

wechselseitiger Formierung der Ansätze zirkulär verfahrendes Sich-annähern an bestimmt-unbestimmte Sinnstrukturen, in deren approximative Artikulation auch das einzubringen ist, was oben (S. 68) als Erlebnis-Ausdruck bezeichnet wurde. Inwieweit damit eine Position der »traditionellen«, durch Phänomenologie und Fundamentalontologie überwundenen Gestalt der Hermeneutik bezeichnet ist, ist in den folgenden Überlegungen zu diskutieren.

Traditionelle und philosophische Hermeneutik

Bemerkungen zu einer problematischen Unterscheidung*

I.

Es ist eine fast allgemein akzeptierte Anschauung, daß die Geschichte der Hermeneutik gekennzeichnet ist durch den entscheidenden Einschnitt, der mit Heideggers Begriff des Verstehens als ursprünglichem Seinscharakter des menschlichen Daseins vollzogen wird, indem damit die hermeneutische Theorie von einer primär methodologischen zu einer fundamental-ontologischen Fragestellung ausgeweitet bzw. radikalisiert wurde. Mit Gadamers Versuch der Grundlegung einer philosophischen Hermeneutik in *Wahrheit und Methode* ist die Betonung dieses Einschnitts zum festen Bestandteil einer philosophiegeschichtlichen Darstellung des Verhältnisses von Philosophie und Geisteswissenschaften der letzten hundert Jahre geworden. Man hat sich unter dem Einfluß Gadamers daran gewöhnt, einen Unterschied zwischen der »traditionellen« und der »philosophischen« Hermeneutik zu machen. Im Rückblick auf die Entwicklung von den romantischen Anfängen über die historische Schule und Dilthey zu Heidegger schreibt Gadamer:

»Der Begriff des Verstehens ist nicht mehr ein Methodenbegriff, wie bei Droysen. Verstehen ist auch nicht, wie in Diltheys Versuch einer hermeneutischen Grundlegung der Geisteswissenschaften, eine dem Zug des Lebens zur Idealität erst nachfolgende inverse Operation. Verstehen ist der ursprüngliche Seinscharakter des menschlichen Lebens selber. Hatte Misch, von Dilthey ausgehend, die »freie Ferne zu sich selbst«[1] als eine Grundstruktur des

* Die erste Hälfte des Aufsatzes ist in englischer Sprache zuerst erschienen unter dem Titel *Dilthey, Gadamer and »Traditional« Hermeneutics* in: Reports on Philosophy 7 (Krakow 1983), 3-12. In die überarbeitete Fassung wurden Teile des Aufsatzes *Diesseits der Pragmatik* eingearbeitet, der (in gekürzter und überarbeiteter Fassung) diesen Band beschließt.

1 Vgl. *G. Misch: Lebensphilosophie und Phänomenologie.* A.a.O., 76.

menschlichen Lebens anerkannt, auf der alles Verstehen beruht, so galt die radikale ontologische Besinnung Heideggers der Aufgabe, durch eine »transzendentale Analytik des Daseins« diese Struktur des Daseins aufzuklären. Er enthüllte den Entwurfscharakter alles Verstehens und dachte das Verstehen selbst als die Bewegung der Transzendenz, des Überstiegs über das Seiende«.[2]

Wenn auch in diesem Entwicklungsgang, der in den zitierten Worten Gadamers in aller Kürze resümiert wird, ein Element der Annäherung, ein allmähliches Sich-Hinbewegen der verschiedenen Positionen auf die Philosophie Heideggers hin angedeutet zu sein scheint, so liegt doch die eigentliche Betonung auf der radikalen Neubesinnung, die mit Heidegger einsetzte und die in Gadamers gesamtem Werk zu der immer wieder hervorgehobenen Dichotomie führte, die mit den Begriffen »philosophische« versus »traditionelle« Hermeneutik gekennzeichnet ist. Gadamer spricht mehrmals davon, daß der radikale Neuansatz für die traditionelle Hermeneutik geradezu eine *Zumutung* bedeuten müsse[3], und er verweist dabei auf die »fast empörte Polemik«, die Emilio Betti in seinen grundlegenden Schriften diesem Neuansatz gegenüber geübt habe[4].

»Die traditionelle Hermeneutik«, so lautet Gadamers abgrenzende Formulierung, »hat den Problemhorizont, in den das Verstehen gehört, in unangemessener Weise verengt«[5]. In größerer Ausführlichkeit gesagt bedeutet dies, daß in der traditionellen Hermeneutik, also in ihrer Entwicklung von Schleiermacher bis Dilthey und darüber hinaus zu Emilio Betti, die Verstehenstheorie im Sinne eines Objektivismus und Psychologismus eingeschränkt sei auf die Möglichkeit des methodisch gesicherten Erfassens objektivierter Sinnintentionen. Demgegenüber gelte es, so Gadamer, die das allgemeine Weltverhältnis des Menschen betreffende Struktur der hermeneutischen Erfahrung herauszuarbeiten. Der Begriff »Hermeneutik« werde deshalb (in Anknüpfung an

2 *H.-G. Gadamer: Wahrheit und Methode.* A.a.O., 245 f.

3 Ebd., 246 u. 293.

4 Ebd., 246; vgl. *E. Betti: Allgemeine Auslegungslehre als Methodik der Geisteswissenschaften.* Tübingen 1967; vgl. *ders.: Die Hermeneutik als allgemeine Methodik der Geisteswissenschaften.* 2. Aufl. Tübingen 1972.

5 *Gadamer:* Ebd., 246 f.

den frühen Heidegger) nicht mehr im Sinne einer Methodologie gebraucht, »sondern als eine Theorie der wirklichen Erfahrung, die das Denken ist«[6].

Unter dem Eindruck der Kritik, die an dieser Theorie von Seiten der »traditionellen« Hermeneutik, etwa von Emilio Betti und E. D. Hirsch[7], später auch von Thomas Seebohm[8] geübt wurde, hat Gadamer in verschiedenen Erläuterungen und Zusätzen die Schärfe des Gegensatzes abzumildern versucht. Er betonte, daß sein eigener Ansatz so weit von einer Methodologie der Geisteswissenschaften entfernt sei, daß eine Kritik auf methodologischer Ebene ihn eigentlich gar nicht treffen könne. Sein Fragen nach dem, »was über unser Wollen und Tun hinaus mit uns geschieht«[9], beansprucht also von vornherein eine andere Dimension. Auch weist er mit Entschiedenheit den Vorwurf von Habermas und Apel auf der einen Seite, aber auch von Albert auf der anderen Seite zurück, seine hermeneutische Reflexion bedeute eine Aufweichung der wissenschaftlichen Objektivität[10].

Aber hier bleibt doch eine offenkundige Ambiguität. Wenn Gadamer auch betont, daß er eine Methodologie der Geisteswissenschaften nicht im Sinne gehabt habe und damit eine Vergleichbarkeit der Ansätze eigentlich ausschließt, so bleibt doch sein eigener Ansatz beständig kritisch, ja manchmal beinahe polemisch bezogen auf jene Position, von der sich seine eigene hermeneutische Reflexion als eine *philosophische* (im Gegensatz zur erkenntnistheoretisch-methodologischen) abhebt. Der Unterschied, auf den es hier ankommt, kann nun *entweder* so gefaßt werden, daß man zwei gänzlich verschiedene Reflexionsebenen unterscheidet, nämlich die erkenntnistheoretisch-methodologische der »traditionellen« Hermeneutik und die fundamental-ontologische der philosophischen Hermeneutik, wobei dann – wenn beide sich wechselseitig als berechtigte, aber weit auseinanderliegende Reflexionsmöglichkeiten anerkennen, eine Diskussion gar nicht möglich ist. *Oder* man unterscheidet zwischen zwei Stadien in-

6 Ebd., XXIV.

7 *E. D. Hirsch: Prinzipien der Interpretation.* München 1972.

8 Th. H. Seebohm: Zur Kritik der hermeneutischen Vernunft. Bonn 1972. – 1977 erfolgte die für die Bewertung Schleiermachers besonders wichtige Kritik von *Manfred Frank,* vgl. oben S. 7f.

9 *Gadamer:* Ebd., XVI.

10 Ebd., 517f.

nerhalb einer Entwicklung der hermeneutischen Theorie. Dann wird als selbstverständlich vorausgesetzt, daß das spätere Stadium eine höhere Reflexionsstufe darstellt, auf welcher die frühere Stufe »überwunden« ist.

Für die erste Möglichkeit der Unterscheidung sprechen alle jene Stellen, an denen Gadamer das Recht der wissenschaftlichen Methode und Dignität der Objektivität anerkennt und es als ein »plattes Mißverständnis« bezeichnet, »wenn man die Parole ›Wahrheit und Methode‹ mit der Anklage belastete, daß hier die Methodenstrenge der modernen Wissenschaft verkannt werde«[11]. Für die zweite Möglichkeit spricht – neben dem offenkundig pejorativen Gebrauch der Begriffe »Methodologismus«, »Objektivismus« usw. – der Aufbau des historischen Teiles von »Wahrheit und Methode« und die dort herausgearbeitete Pointe. Sie besteht in dem Gedanken, daß es einer »*Überwindung* der erkenntnistheoretischen Fragestellung durch die phänomenologische Forschung« bedurfte, um die eigentlich philosophische Dimension des Verstehensproblems zu gewinnen[12]. Was hier im geschichtlichen Gang der Wende vom 19. und 20. Jahrhundert als Erkenntnisfortschritt aufgewiesen wird, ist die historische Vorbereitung des von Gadamer realisierten Programms, »den beschränkten Interessenhorizont der wissenschaftstheoretischen Methodenlehre zu überschreiten« und in philosophischer Fragestellung »auch noch die Bedingungen und Grenzen der Wissenschaft im Ganzen des menschlichen Lebens« thematisch zu machen[13].

Für den Begriff einer »traditionellen Hermeneutik« ergibt sich damit die Frage, in welchem Maße durch ihn der Anspruch ausgedrückt ist, daß durch die fundamentalontologische Reflexion die erkenntnistheoretisch-methodologische Verstehenstheorie *obsolet* geworden ist. Dies ist der Punkt, über den in der Diskussion zwischen Gadamer und seinen Kritikern keine Eindeutigkeit erreicht wird. Auf der einen Seite kann und will Gadamer den einzelnen geisteswissenschaftlichen Disziplinen das Recht auf erkenntnistheoretische und methodologische Reflexionen nicht bestreiten. Auf der anderen Seite läßt er keinen Zweifel

11 Ebd., 513.
12 Ebd., 229.
13 Ebd., 514.

darüber, daß er eine hermeneutische Theorie, die den Schritt vom historischen zum wirkungsgeschichtlichen Bewußtsein nicht mitvollzogen hat, nicht ernstzunehmen bereit ist. Dieses Postulat hat weitreichende ›Wirkungen‹. Ich möchte einige davon am Beispiel der Frage nach der Aktualität der Philosophie *Diltheys* aufzeigen.

2.

Wenn man sich ein Bild davon machen will, welche Wirkung von Gadamers Dilthey-Interpretation ausgegangen ist, empfiehlt es sich, einen Blick in die um 1970 erschienenen Schriften der damals in die allgemeine Hermeneutik-Diskussion eintretenden jungen Philosophen, die z.T. Gadamers Schüler waren, zu werfen. So finden wir z.B. in einem frühen Aufsatz von R. Bubner *Über die wissenschaftstheoretische Rolle der Hermeneutik*[14] die These Gadamers wiederholt, daß Dilthey wie Hegel gekennzeichnet sei durch die »Gewißheit einer mit allem vermittelten und dadurch mit sich selbst zusammengeschlossenen philosophischen Absolutheit in Gestalt der uns im Verstehen erschlossenen Universalität«. Bubner fährt fort: »Gerade hier liegt der Punkt der Abkehr Gadamers von Diltheys Auffassung der Hermeneutik. Die alte Selbstgewißheit umfassender philosophischer Einsicht kehrt wieder im Gewande der Methodologie, mit der sich die Geisteswissenschaften als legitime und ursprüngliche Erkenntnisweisen etablieren, in der aber ebenso das naive Vorurteil des Methodenbewußtseins virulent wird, mit der Sicherung des Verfahrens auch über den Zugang zur Wahrheit zu verfügen. Mit einem Worte, die neuere Hermeneutik verdächtigt Diltheys Methodologie eines falschen Absolutheitsanspruchs und, gegenteiligen Behauptungen zum Trotz, der mangelnden Anerkennung der Endlichkeit des Wissens im Rahmen des historischen Menschenlebens«[15]. In ähnlicher Weise spricht J. Habermas 1967 davon, Gadamer habe nachgewiesen, daß Dilthey »der trügerischen Genialität einer allesverstehenden Reproduktion der nur irgend ob-

14 *R. Bubner: Über die wissenschaftstheoretische Rolle der Hermeneutik.* Ein Diskussionsbeitrag. In: *Ders.: Dialektik und Wissenschaft.* Frankfurt a. M. ²1974, 89-111.

15 *Bubner:* Ebd., 91 ff.

jektivierten Sinngehalte verhaftet bleibt«[16]. In einer »Methodendiskussion« jüngerer Tübinger Germanisten von 1971 wird gesagt, Gadamer beschreibe »den Irrweg, den das historisch-hermeneutische Denken von Schleiermacher bis Dilthey gegangen ist und der in der Sackgasse eines positivistischen Historismus endete«[17]. Die Reihe der Beispiele ließe sich fast beliebig fortsetzen. Was den Topos der »Überwindung« angeht, so spricht auch K.-O. Apel von der »von Gadamer eingeleiteten Überwindung der psychologischen Theorie Schleiermachers und Diltheys«[18] oder von dem durch Gadamer beendeten »Umweg über Schleiermachers und Diltheys Theorie des identischen Nachlebens«[19], wie Apel denn überhaupt – bei manchen prinzipiellen Vorbehalten Gadamer gegenüber – die Stärke der philosophischen Hermeneutik »in der Kritik des objektivistischen Methodenideals des Historismus« sieht[20].

Gadamer selbst hat sich in späteren Jahren um eine differenziertere Darstellung dieser Zusammenhänge bemüht, die auch den Begriff der »Überwindung« selbst einschließt. Im Nachwort zu seiner Stuttgarter Hegel-Rede von 1979 hebt er, auf Heidegger sich beziehend, den Gedanken hervor, daß eine philosophische Überwindung auch eine untrennbare Zusammengehörigkeit des Neuen mit dem Alten bedeuten kann. Das Alte ist dann nicht einfach das, was hinter uns liegt, sondern ein Partner, gegen den man sich zu profilieren vermag. Gadamer schließt dieses Nachwort mit der für unseren Zusammenhang wichtigen Bemerkung: »Ich brauche wohl nicht hinzufügen, daß ich meinem eigenen Versuch von *Wahrheit und Methode* ähnlich profilierend (und einseitig) verfahren bin. Mit Schleiermacher, dessen Hermeneutik ich von seiner Dialektik trennte, mit Dilthey, den ich an den

16 *J. Habermas: Zur Logik der Sozialwissenschaften.* Materialien. Frankfurt a. M. ⁴1977, 265.

17 *J. Hauff, A. Heller, B. Hüppauf, L. Köhn, K.-P. Philippi: Methodendiskussion.* Arbeitsbuch zur Literaturwissenschaft. Bd. 2. Frankfurt a. M. ²1972, 18.

18 *K.-O. Apel: Transformation der Philosophie. Bd.* I: Sprachanalytik, Semiotik, Hermeneutik. Frankfurt a. M. 1973, 51.

19 Ebd. *Bd.* II: Das Apriori der Kommunikationsgemeinschaft. Frankfurt a. M. 1973, 206.

20 Ebd., 117.

Konsequenzen Heideggers und Nietzsches maß (...)«[21]. Auch der große Artikel *Hermeneutik* im Historischen Wörterbuch der Philosophie[22] setzt die Akzente im Blick auf Dilthey differenzierter und läßt eine pauschale Zusammenfassung der traditionellen Hermeneutik im Sinne eines »Irrwegs« oder auch nur »Umwegs« kaum noch zu. Die (vielleicht unvermeidliche) Einseitigkeit war auch schon im *Nachwort* zur 3. Auflage von *Wahrheit und Methode* eingestanden worden, nicht zuletzt unter dem Eindruck neuer Fragestellungen, die in der Dilthey-Forschung zu einem neuen Interesse an dem Programm einer »Kritik der historischen Vernunft« geführt haben[23].

So kann man, was die »Überwindung« der traditionellen Hermeneutik durch die philosophische angeht, sagen, daß Gadamers profilierende Abhebung der eigenen Position von der hermeneutischen Reflexion Schleiermachers und Diltheys nicht zu einer abschließenden Erledigung, sondern zur Gewinnung neuer Fragehorizonte geführt hat. Eine Beschäftigung mit Dilthey wird an den von Gadamer aufgeworfenen Fragen nicht vorbeigehen können; doch ist umgekehrt eine solche Beschäftigung mit Dilthey durch Gadamers Buch nicht überflüssig gemacht.

3.

Zu den zentralen Themen der Auseinandersetzung Gadamers mit der »traditionellen« Hermeneutik in der spezifischen Form des Diltheyschen Ansatzes gehört die »Ambiguität« des Wissenschaftsbegriffs von Dilthey. Gadamer präsentiert dieses Problem in der folgenden Weise: Die lebensphilosophische Tendenz in Diltheys Philosophieren komme in der Betonung der Reflexivität des Lebens, d.h. des im Leben selbst gelegenen Wissens, zum Ausdruck. »Der Zusammenhang von Leben und Wissen ist also nach Dilthey eine ursprüngliche Gegebenheit.«[24] Jedoch könne

21 *H.-G. Gadamer: Das Erbe Hegels.* In: *Ders. u. J. Habermas: Das Erbe Hegels.* Zwei Reden aus Anlaß des Hegel-Preises. Frankfurt a.M. 1979, 33-84, hier: 84.

22 *H.-G. Gadamer: »Hermeneutik«.* In: Historisches Wörterbuch der Philosophie. Hrsg. v. J. Ritter. Bd. 3. Basel 1974, Sp. 1061-1073.

23 *Gadamer, Wahrheit und Methode.* A.a.O., 526ff.

24 Ebd., 223.

Dilthey dieses Theorem von der lebensimmanenten Besinnung in seiner erkenntnistheoretischen Grundlegung der Geisteswissenschaften nicht durchhalten. Vielmehr relativiere er es durch die Hervorhebung des Gegensatzes zwischen der Unergründlichkeit des Lebens und der durch Wissenschaftlichkeit erreichbaren Sicherheit gültigen Wissens. In diesem letzteren Gegensatz, der die produktive Spannung von Leben und Wissen aufgebe zugunsten eines an den Naturwissenschaften orientierten Wissenschaftsideals, setze sich bei ihm der Einfluß der romantischen Hermeneutik durch, die gleichfalls von der Möglichkeit objektiver Gültigkeit der Verstehensleistungen ausging. Nach dem Vorbild der Naturwissenschaften »soll von dem menschlichen Geist, der sich um Schutz und Sicherheit bemüht, der ›Unergründlichkeit‹ des Lebens, diesem ›furchtbaren Antlitz‹, die wissenschaftlich ausgebildete Fähigkeit des Verstehens entgegengesetzt werden.«[25] Dieses aus einem unaufgelösten Cartesianismus stammende aufklärerische Ideal führe Dilthey in letzter Konsequenz dazu, »die Erforschung der geschichtlichen Vergangenheit *als Entzifferung und nicht als geschichtliche Erfahrung*« zu denken.[26]
Zunächst ist an Gadamers Darstellung die Hervorhebung der Ambiguität des Diltheyschen Wissenschaftsbegriffs positiv zu unterstreichen. Hier liegt in der Tat eine der großen Schwierigkeiten der Dilthey-Interpretation, die übrigens schon die engsten Schüler und Herausgeber seiner Schriften, wie Georg Misch und Bernhard Groethuysen, gesehen haben. Stark verzeichnet erscheint jedoch diese Ambiguität, wenn sie unter der Voraussetzung eines rein negativen Begriffs von Unergründlichkeit zu einer Alternative »Sicherheit – Unergründlichkeit« und schließlich zur Preisgabe der produktiven Spannung von Leben und Wissen zugunsten einer Sicherheit durch Wissenschaft umstilisiert wird. Hier wäre die Nähe Diltheys zu dem in *Wahrheit und Methode* so eigentümlich zu kurz gekommenen Goethe zu betonen gewesen, um deutlich erkennbar zu machen, wie wenig selbstverständlich es ist, die »Unergründlichkeit des Lebens« als Bedrohung zu fassen. Daß die Weiterführung des im Begriff der Unergründlichkeit *und* der immanenten Reflexivität des Lebens angelegten Gedankens in der Dilthey-Schule für Gadamer nur ein Stück Dil-

25 Ebd., 226. Vgl. o. S. 7.
26 Ebd., 228.

they-Interpretation, nicht jedoch eine in das Fundament der philosophischen Hermeneutik aufzunehmende Konsequenz dieses Denkens geworden ist, hat zu der fast gewaltsamen Betonung der Diskontinuität in der Tradition der Hermeneutik zwischen Dilthey und Heidegger und damit zur Überbetonung des radikalen Neuanfangs durch Heidegger geführt.
Jedoch ist die »traditionelle Hermeneutik« bei Gadamer auch schon dadurch unvollständig dargestellt, daß dieses Prinzip der produktiven Unergründlichkeit, wie es von Schleiermacher und dann von August Boeckh durch die Betonung der *Unendlichkeit* der Verstehensaufgabe und ihrer immer nur *approximativ* bleibenden Ergebnisse formuliert wurde, nicht gesehen ist. So konnte es geschehen, daß das Prinzip der Offenheit, das die philosophische Hermeneutik für das wirkungsgeschichtliche Bewußtsein reklamiert, ohne erkennbare Wurzeln in der Romantik und der historischen Schule geblieben ist. Wie stark es bei Dilthey selbst im Begriff des Erlebnisausdrucks und des Verstehens von Erlebnisausdrücken angelegt war, ist seit Georg Mischs Hevorhebung des Prinzips der »schaffenden Explikation«[27] so häufig betont worden, daß die Ausblendung dieses von Schleiermacher her in die philosophische Hermeneutik hineinreichenden, wirkungsgeschichtlichen Zusammenhangs merkwürdig berührt.
Die Kritik an der verkürzenden Darstellung der »traditionellen Hermeneutik« durch Gadamer läßt sich in folgender These zusammenfassen: Spätestens seit Dilthey, in Ansätzen jedoch schon bei Schleiermacher und Boeckh, ist die hermeneutische Reflexion gekennzeichnet durch die Anerkennung des Prinzips der produktiven Unergründlichkeit und ihres methodischen Korrelats, der approximativ-unendlichen Verstehensaufgabe. Die Diskreditierung der aus dieser hermeneutischen Reflexion erwachsenen Methodenprobleme als »Methodologismus« verdunkelt den lebensweltlichen Erfahrungscharakter, der auch in der Verstehenskonzeption der »traditionellen Hermeneutik« angelegt ist.

27 *Misch, Lebensphilosophie und Phänomenologie.* A.a.O., 164; vgl. *Dilthey:* VII, 232.

4.

Diese Betonung des vorwissenschaftlichen Erfahrungscharakters des Verstehens und seiner allmählichen Aufklärung in den methodisch weiterfragenden Geisteswissenschaften auf dem Boden der »traditionellen Hermeneutik« ist notwendig, um das Kontinuum artikulierender Leistungen, wie es in einer Funktionsbestimmung der hermeneutischen Wissenschaften zu skizzieren ist, als einen solchen Zusammenhang von lebensimmanenter Besinnung und methodisch gesicherter Aneignung von Überlieferung erkennbar zu machen. Eine Funktionsbestimmung der Geisteswissenschaften muß deshalb den Anschluß an die in Mißkredit geratene ältere hermeneutische Tradition da wiederzugewinnen versuchen, wo von ihr Zusammenhänge aufgezeigt sind, die auch für die heutige Methodendiskussion noch erschließenden Charakter haben können und von der »philosophischen Hermeneutik« nicht in ihrer Tragweite gesehen worden sind.

Dies gilt, was den hier erörterten Problemzusammenhang angeht, vor allem für den komplizierten Schritt vom *Bedeutungsbegriff* der Dilthey-Schule, wie er in den Fragmenten Diltheys zum *Aufbau der geschichtlichen Welt in den Geisteswissenschaften* skizziert und dann von Georg Misch aufgenommen wurde, zum lebensphilosophischen *Ausdrucksbegriff*. Was bei Dilthey und Misch unter »Bedeutung« verstanden wird, hat mit der rein semantischen Relation des »Etwas bedeuten« im Grunde nur den Charakter des Relationalen, nicht aber das bestimmte »Etwas«, das bedeutet wird, gemein. Mit dieser »Kategorie für den unzerlegten Lebenszusammenhang«[28] ist die Tatsache des Beziehungshaften überhaupt gemeint, die dem Leben des Einzelnen wie der Geschichte erlebbare und verstehbare Struktur verleiht. Daß es in der menschlich-geschichtlichen Welt überhaupt Zusammenhang zeitlich auseinanderliegender Geschehnisse oberhalb der rein naturhaften, mechanisch-biologischen Kausalketten gibt, wird durch jene Beziehungshaftigkeit geleistet, die in der Lebenskategorie der Bedeutung herausgehoben ist. Es war für Dilthey keine Selbstverständlichkeit, sondern ein »merkwürdiger Sachverhalt«, eine uns »in Verwunderung setzende« allgemeine Eigenschaft des Lebens, daß »jeder Teil desselben im Bewußtsein mit den andern

28 *Dilthey:* Ebd., 237. Vgl. o. S. 65.

Teilen durch ein irgendwie charakterisiertes Erlebnis von Kontinuität, Zusammenhang, Selbigkeit des so Ablaufenden verbunden ist«.[29] Diese erlebbare Beziehung von Teilen zum Ganzen ist das, was die Bedeutung der einzelnen Glieder innerhalb des Zusammenhangs ausmacht. »Bedeutung« also besagt »nichts als Zugehörigkeit zu einem Ganzen«[30], »nichts als solches Hindeuten, nichts als diese im Verstehen enthaltene Beziehung der Geschehnisse auf einen inneren Zusammenhang, durch den sie verstanden werden«[31]. Damit wird die Lebenskategorie der Bedeutung zu der umfassenden Kategorie, indem sie das Urphänomen des geschichtlichen Lebens, nämlich seine erlebbare Kontinuität und Kohärenz, von der aus erst die weiteren kategorialen Erfassungen möglich sind, zum Ausdruck bringt: »Darin aber, daß der Zusammenhang des Lebensverlaufes nur durch die Kategorie der Bedeutung der einzelnen Teile des Lebens in bezug auf das Verstehen des Ganzen auffaßbar ist, daß ebenso jeder Ausschnitt am Leben der Menschheit nur so verständlich ist, davon sind alle anderen [Kategorien] abhängig. Bedeutung ist die umfassende Kategorie, unter welcher das Leben auffaßbar wird.«[32]
Für die im engeren Sinn hermeneutische Theorie Diltheys hat diese Hervorhebung der Lebenskategorie der Bedeutung eine wichtige Konsequenz. Es gibt über die unreflektierte Kontinuitätserfahrung hinaus, wie sie Voraussetzung aller Wertgebungen und Zwecksetzungen ist, bestimmte ausgezeichnete Weisen der Erfahrung von Zusammenhang und Ganzheit des Lebens. Man kann sie allgemein als Formen der »Selbstbesinnung des Menschen über seinen Lebensverlauf«[33] bezeichnen. »Solche Selbstbesinnung aber erneuert sich in irgendeinem Grade in jedem Individuum. Sie ist immer da, sie äußert sich in immer neuen Formen.« Und darüber hinaus: »Nur sie macht geschichtliches Sehen möglich. Die Macht und Breite des eigenen Lebens, die Energie der Besinnung über dasselbe ist die Grundlage des geschichtlichen Sehens.«[34] Dieser Zusammenhang von Leben und Wissenschaft

29 Ebd., 228 f.
30 Ebd., 230.
31 Ebd., 235.
32 Ebd., 232. Für den weiteren Zusammenhang von Bedeutung und Ausdruck vgl. u. S. 141 f.
33 Ebd., 200.
34 Ebd., 201.

wird geradezu zu einem Abgrenzungskriterium zwischen Naturwissenschaften und Geisteswissenschaften. Während dort lebensweltliche Praxis und wissenschaftliche Abstraktion immer weiter auseinanderstreben, bleibt hier die »gedankenbildende Arbeit des Lebens« Grundlage für das wissenschaftliche Schaffen: »So bildet der Ausgang vom Leben und der dauernde Zusammenhang mit ihm den ersten Grundzug in der Struktur der Geisteswissenschaften«.[35]

Für diesen Zusammenhang von Leben und Wissenschaft gilt nun aber nicht, wie Gadamer meint, der unauflösliche Zwiespalt von Unergründlichkeit und Sicherheit, sondern vielmehr, »daß das Wissen von der Unergründlichkeit des Lebens als verbindlich für die Theorie des Wissens selber erkannt ist«.[36] Dies bedeutet nicht romantisches Raunen vom irrationalen Abgrund des Lebens, sondern folgerichtige Explikation des in der Kategorie der Bedeutung Angelegten. Denn so, wie in der Selbstbesinnung der Bedeutungszusammenhang des Lebens nicht von einem Einheitspunkte aus, der jenseits der Erlebnisse läge[37], erfaßt wird, sondern als »eine Beziehung, die niemals ganz vollzogen wird«, wodurch das Leben nur in einer beständigen Annäherung verstanden werden kann[38], so gelingt auch den auf der Basis des vorwissenschaftlichen Lebensverständnisses sich aufbauenden geisteswissenschaftlichen Leistungen nicht die Herausarbeitung eines ein für alle Mal tragfähigen Fundamentes ingestalt einer inhaltlichen Aussage über die Bedeutung von Leben und Geschichte. Auch die hermeneutischen Wissenschaften folgen dem Gesetz vorwissenschaftlicher Selbstbesinnung, welchem gemäß die von ihnen herausgearbeiteten Bedeutungsbeziehungen »niemals ganz vollzogen« werden können. Sie können zwar Faktisches (unter Einschluß überschaubarer Kausalbeziehungen) als ein für alle Mal gesichert feststellen, bleiben jedoch hinsichtlich der Auswahl und der

35 Ebd., 136f.

36 *Misch:* Ebd., 233; vgl. 51. – *Ders.: Vorbericht des Herausgebers.* In: *W. Dilthey. Ges. Schr.* V. CXVI. – Vgl. den Abschnitt »Der Gedanke des Unergründlichen und seine Stellung in der Philosophie von Misch« bei: *J. König: Georg Misch als Philosoph.* Nachrichten der Akademie der Wissenschaften in Göttingen. I. Philologisch-historische Klasse. Jahrgang 1967, Nr. 7. Göttingen 1967.

37 Vgl. *Dilthey:* Ebd., 237.

38 Ebd., 233 u. 236.

Interpretation relevanter Phänomene zurückgebunden an das »Leben« in Gesellschaft und Geschichte, das zu beständig neuer »schöpferischer Explikation« vorhandener Beziehungsgefüge fähig und »mächtig« ist. So ist, mit Georg Misch zu sprechen, »die Feststellung der Geschichtlichkeit als solcher« das Ziel der in der Linie der Selbstbesinnung weiterfragenden Wissenschaften, womit gemeint ist die »Aufklärung des die geschichtliche Wirklichkeit selbst betreffenden [...] Grundverhältnisses, von dem aus bestimmte Entwicklungsabläufe in Gang kommen, irrationale Faktizitäten und geistige Mächte verschiedener Herkunft durch Bindung an ihren Ort in einem Ganzen Bestimmtheit der Bedeutung (›Bedeutsamkeit‹) in einer Wertordnung gewinnen, das immanente, nie starre, sondern zu weiterführendem Schaffen freie Gefüge sich in der Individuation aus der grenzenlosen Reihe der Wirkungen zu wirkungsmächtiger Einheit zusammenzieht«[39]. Geschichtlichkeit als solche, in diesem Sinne aufgefaßt, ist also die in der reflexiven Struktur des Lebens angelegte Gestaltungsmöglichkeit in Bedeutungszusammenhängen. Wäre das Leben nur »motus perpetuus, Impuls, Streben, Ablauf« und nicht zugleich ein Durchlaufen mit Bewußtsein und damit »bewußter Besitz und Streben nach Festigkeit«[40], müßte auch die Berührung mit Überlieferung geschichtslose Barbarei bleiben.

Leben und Wissenschaft sind also in diesem Ansatz so eng verbunden, daß eine Konfrontation von »traditioneller« und »philosophischer« Hermeneutik als wenig erhellend erscheint. Heidegger selbst hat in seinen Anfängen diesen Zusammenhang geradezu emphatisch betont. Der Weg, der ihn vorübergehend in große Nähe zu Dilthey geführt hat, soll im folgenden Kapitel ein Stück weit verfolgt werden.

39 *Misch:* Ebd., 168 f.
40 Ebd., 172.

Die Bedeutung Diltheys für die Konzeption von »Sein und Zeit«

Zum Umfeld von Heideggers Kasseler Vorträgen (1925)*

I.

»Die vollzogene Auseinanderlegung des Problems der Geschichte ist aus der Aneignung der Arbeit Diltheys erwachsen«.
Mit diesem Satz beginnt der § 77 von *Sein und Zeit,* – jener Paragraph, in dem Heidegger Rechenschaft zu geben schien über den Einfluß, den Dilthey und noch mehr Yorck von Wartenburg auf die in *SuZ* entwickelte Konzeption von Geschichtlichkeit ausgeübt hat.[1]
Das Kapitel ist enttäuschend, wenn man etwas erfahren will über das, was in Diltheys Schriften Heidegger bewegt haben könnte. Es ist nicht viel mehr als eine Aneinanderreihung von Zitaten aus den Briefen Yorcks, wobei denjenigen Stellen, an denen Yorck eine Grenze zwischen sich und Dilthey zieht, eine gewisse Dominanz gegeben wird. Das Kapitel endet mit dem Hinweis darauf, daß »die vorbereitende existenzial-zeitliche Analytik des Daseins entschlossen ist, den Geist des Grafen Yorck zu pflegen, um dem Werke Diltheys zu dienen.« (404) Dies ist in der Regel so verstanden worden, daß es da, wo es der existenzialen Analytik des Daseins um die Nähe zur geschichtlichen Lebensphilosophie

* Zuerst erschienen in: Dilthey-Jahrbuch für Philosophie und Geschichte der Geisteswissenschaften 4 (1986/87), 103-122. – Die im Text verwendeten Siglen beziehen sich auf folgende Nachschriften von Vorlesungen Heideggers:
GrPh = *Grundprobleme der Phänomenologie* (WS 1919/20)
PhAA = *Phänomenologie der Anschauung und des Ausdrucks* (SS 1920)
HdF(WB) = *Ontologie (Hermeneutik der Faktizität)* (SS 1923)
KV = *Wilhelm Diltheys Forschungsarbeit und der gegenwärtige Kampf um eine historische Weltanschauung.* (Kasseler Vorträge 16.4.-21.4.1925)
Ein ausführlicher Quellennachweis befindet sich im Dilthey-Jahrbuch, a.a.O., 11 f.

1 Vgl. *M. Heidegger: Sein und Zeit* (im folgenden abgekürzt *SuZ*). Tübingen [7]1953, 397-404.

geht, mehr auf Yorck als auf Dilthey ankomme. In diesem Sinne genommen bedeutet der § 77 eine wichtige Weichenstellung innerhalb der Wirkungsgeschichte Diltheys. Die Nachzeichnung des Weges vom historischen zum wirkungsgeschichtlichen Bewußtsein bei Gadamer und die Akzentuierung des von Yorck ausgehenden Impulses für die philosophische Hermeneutik ist dafür ein wichtiges Zeugnis.[2] Fritz Kaufmanns Habilitationsschrift von 1925 über *Die Philosophie des Grafen Paul Yorck von Wartenburg,* die erst 1928, also ein Jahr nach *SuZ*, im Husserlschen Jahrbuch erschienen ist, aber nach eigenem Bekunden Kaufmanns unabhängig von *SuZ,* wenn auch Heidegger »tief verpflichtet« (5), entstand, ist ein weiterer Beleg dafür, welche Wirkung ein paar Dutzend Briefe des Grafen – der handschriftliche Nachlaß war ja noch nicht zugänglich – damals im Umkreis Heideggers und Husserls haben konnten.[3]

Wenn man auch nicht so weit zu gehen brauchte wie Gerhard Nebel, für den Dilthey »nur ein nicht einmal ganz gelungenes Ornament zur kernigen Substanz seines Freundes Yorck«[4] war, so ist doch, weitgehend bestimmt von der in *SuZ* vorgenommenen Wertung, Dilthey aus dem Schatten Yorcks nie mehr ganz herausgetreten. Dies hatte auch Rückwirkungen auf die wirkungsgeschichtliche Beurteilung: die Frage, wie weit Heidegger in den Anfängen seines eigenen, sowohl vom Neukantianismus wie von Husserl sich freimachenden Denkens von Dilthey beeinflußt war, ist nie wirklich gestellt, geschweige denn beantwortet worden. Was aber hatte es auf sich mit jener »Aneignung der Arbeit Diltheys«, aus der die Auseinandersetzung des Problems der Geschichte in *SuZ* erwachsen sein soll?

2 Vgl. *H.-G. Gadamer: Wahrheit und Methode.* A.a.O., 237-240.

3 *F. Kaufmann: Die Philosophie des Grafen Paul Yorck von Wartenburg.* Halle a. d. S. 1928. – Vgl. auch *F. J. Brecht: Auffassung und Analyse der Antike in der Philosophie des Grafen Paul Yorck von Wartenburg* (1930). In: *Ders.: Vom lebendigen Geist des Abendlandes.* Aufsätze und Vorträge. Wuppertal 1949, 264-326.

4 Zitiert bei *K. Gründer: Zur Philosophie des Grafen Paul Yorck von Wartenburg.* Aspekte und neue Quellen. Göttingen 1970, 29.

2.

Dieser Zusammenhang hellte sich etwas auf durch die Edition der Marburger Vorlesung vom Sommersemester 1925 (*Prolegomena zur Geschichte des Zeitbegriffs*), die 1979 von Petra Jaeger herausgegeben wurde.[5]

Diese Vorlesung ist, wie die Herausgeberin im Nachwort mit Recht sagt, eine »frühe Fassung von *Sein und Zeit*, wenn auch die eigentliche Zeitlichkeitsthematik hier noch fehlt«. (444)

Sie enthält mehrere ausführliche Bezugnahmen auf Dilthey, und zwar im historischen Einleitungsteil, in dem einerseits »die Forderung Diltheys nach einer eigenständigen Methode für die Geisteswissenschaften« sowie »die Trivialisierung der Diltheyschen Fragestellung durch Windelband und Rickert« behandelt wird, andererseits »Diltheys Versuch einer ›personalistischen Psychologie‹, seine Idee des Menschen als Person« und Husserls »Aufnahme der personalistischen Tendenz im Logos-Aufsatz« kurz gestreift werden. Sieht man einmal davon ab, daß man Diltheys Ansatz in den *Ideen über eine beschreibende und zergliedernde Psychologie* nur in einem sehr eingeschränkten Sinn personalistisch nennen kann und die »Aufnahme« dieser Tendenz im Logos-Aufsatz Husserls im Hinblick auf Dilthey ein höchst problematisches Unternehmen war, so kann doch festgehalten werden, daß die Vorlesung des SS 1925 eine bestimmte Wertung der Position Diltheys vornimmt, die sich etwa durch folgende Punkte bestimmen läßt:

1) Im Gegensatz zu der rein wissenschaftstheoretischen Orientierung des Neukantianismus und zu einer naturwissenschaftlich orientierten Psychologie sieht Dilthey in dem, was er »Leben« nennt, die Grundstruktur derjenigen Wirklichkeit, die Gegenstand der historischen Disziplinen ist.

2) Sein Versuch der Grundlegung einer neuen Psychologie ist auf eine Wissenschaft vom Menschen gerichtet, »die den Menschen primär erfaßt, so wie er als Person, als handelnde Person in der Geschichte existiert.« (163)

3) Dilthey behält deshalb nicht nur gegenüber der Marburger Schule, sondern vor allem gegenüber Windelband und Rickert,

5 *M. Heidegger: Prolegomena zur Geschichte des Zeitbegriffs.* GA Bd. 20, Frankfurt a. M. 1979.

die seine Fragestellung trivialisierten, eine »ausgezeichnete Stellung«, weil er »mit einer Tendenz zum Radikalismus versuchte, rein aus den Sachen selbst zu philosophieren«. (19 ff.).
4) Diese Tendenz der Philosophie Diltheys blieb verdeckt teils durch die unzureichenden begrifflichen Mittel der traditionellen anthropologischen Psychologie, teils durch Diltheys Unsicherheit und Schwanken hinsichtlich seiner eigensten philosophischen Intention.
5) Diesen Einschränkungen gegenüber bleibt »sein Vorstoß ins eigentliche Gebiet gegenüber traditioneller Fragestellung das Entscheidende«. (21)

3.

Da wir nach heutiger Kenntnis der Quellenlage in dieser Vorlesung des Sommersemesters 1925 die letzte ausführliche Stellungnahme zu Dilthey vor den mehr oder weniger abschließenden Formulierungen in *SuZ* haben, erscheint es sinnvoll, von diesem relativen Endpunkt aus zurückzufragen nach den einzelnen Schritten jener »Aneignung«, die in *SuZ* bereits als abgeschlossen erscheint und die eine sich als so wirkungsvoll erweisende Verschiebung des Akzents von Dilthey zu Yorck enthält.
Diese Frage kann heute noch etwas präziser gestellt werden, nachdem nicht nur aus den Nachschriften der frühen Vorlesungen Heideggers wichtige Aufschlüsse gewonnen werden konnten,[6] sondern auch durch die Auffindung eines bisher in der Heidegger-Diskussion völlig unbekannten Textes das Thema »Heidegger und Dilthey« von neuen Voraussetzungen her behandelt werden kann.
Es handelt sich bei diesem Text um die Nachschrift von zehn Vorträgen, die Heidegger vom 16. bis 21. April 1925 in Kassel gehalten hat über das Thema: *Wilhelm Diltheys Forschungsarbeit und der gegenwärtige Kampf um eine historische Weltanschauung.*[7]

6 Vgl. vor allem die in Bd. 4 (1986/87) des Dilthey-Jahrbuchs veröffentlichten Arbeiten von *Fr. Hogemann, Chr. Jamme und Th. Kisiel.*
7 Das Wort »gegenwärtige« fehlt in der Nachschrift, steht aber in allen offiziellen Ankündigungen und in Heideggers handschriftlicher Thema-Formulierung im Brief an J. Boehlau vom 7. September 1924.

Diese *Kasseler Vorträge,* wie sie im folgenden genannt werden sollen, sind bisher in der Heidegger-Literatur weder als biographisches Faktum noch als Text erwähnt oder behandelt worden. Dies ist umso erstaunlicher, als es sich dabei um öffentlich angezeigte Vorlesungen im Rahmen des Vorlesungsprogramms der in Kassel renommierten »Kurhessischen Gesellschaft für Kunst und Wissenschaft« handelte und als solche in den 1928 und 1935 erschienenen Verzeichnissen der seit 1912 von der Gesellschaft veranstalteten Vorlesungen und Vorträge aufgeführt sind.[8]
Die »Kurhessische Gesellschaft für Kunst und Wissenschaft« ist ein 1912 vor allem auf Betreiben des damaligen Direktors des »Fridericianum«, Johannes Boehlau (1861-1941), gegründeter Verein, dessen Hauptzweck in den ersten Jahrzehnten seines Bestehens war, durch die Organisation von Vortragsreihen die allgemeinbildenden Möglichkeiten einer (am Ort ja fehlenden) Universität zu ersetzen. Solche Vortragsreihen bestanden (neben Einzelvorträgen) in der Regel aus fünf Vorlesungen eines einzelnen Gelehrten, die in Gestalt eines Kurses an fünf aufeinanderfolgenden Abenden in einem Bibliotheks- oder Museumshörsaal gehalten wurden. Im Rahmen dieses Programms sprachen in Kassel u. a. die Philosophen Löwith, Rosenzweig und Simmel, die Germanisten Kluckhohn, Viëtor und Walzel, ferner M. Born, R. Bultmann, H. Driesch, P. Friedländer, L. Frobenius und viele andere.
Die Vorgeschichte der Vorträge Heideggers läßt sich aus den Akten der »Kurhessischen Gesellschaft« entnehmen. Heidegger muß im Frühsommer 1924 aufgefordert worden sein; denn er entschuldigt sich am 1. Juli für die Verzögerung seiner Antwort: Er habe »inzwischen eine Aufforderung erhalten, unter sehr gün-

8 Vgl. Kurhessische Gesellschaft für Kunst und Wissenschaft: Verzeichnis der 1921-1928 gehaltenen Vorlesungen und Vorträge. Kassel 1928, 9 u. 11. – Aus den Akten der Gesellschaft mitgeteilt von Herrn Dr. Peter Gercke, Staatliche Kunstsammlungen Kassel, wofür an dieser Stelle noch einmal gedankt sei. Herrn Dr. Gercke verdanke ich auch den Hinweis darauf, daß Heidegger später noch einmal in der »Kurhessischen Gesellschaft« gesprochen hat: Er hielt im Dezember 1953 den Vortrag *Dichterisch wohnet der Mensch.* Vgl. hierzu auch E. Viettas Bericht in den »Hessischen Nachrichten« vom 10. 12. 1953. Dem Leiter des Stadtmuseums Kassel, Herrn Karl-Hermann Wegner, danke ich für die entscheidende Hilfe bei der Erschließung der Quellen.

stigen [Bedingungen] für 3 Jahre nach Japan zu gehen im nächsten Frühjahr.« Obwohl er noch keine Entscheidung getroffen habe, wolle er doch vorläufig zusagen. Als Thema schlägt er zunächst vor: »Geschichtliches Dasein und historische Erkenntnis (Einführung in Wilhelm Diltheys Forschungen).« Anfang September 1924 sagt Heidegger definitiv zu und ändert das Thema um in: *Wilhelm Diltheys Forschungsarbeit und der gegenwärtige Kampf um eine historische Weltanschauung*. Im Frühjahr 1925 bittet Johannes Boehlau Heidegger um eine »nicht zu umfangreiche Notiz für unsere Zeitungen«, die ihm Heidegger Anfang April geschickt haben muß. Dieser 3 Schreibmaschinenseiten umfassende Text liegt nicht in Heideggers Handschrift, sondern nur in der maschinenschriftlichen Fassung vor, wie sie von Boehlaus Sekretariat an die Presse gegangen ist und dort (z. B. in der »Kasseler Post« am 15.4.1925) ungekürzt erschienen ist. Wir werden auf diesen Text zurückkommen.[9]

Es war auch dafür gesorgt, daß es zu einer schriftlichen Überlieferung der Vorträge kam. Durch Boehlaus Sohn, der in Marburg Jura studierte und Heidegger persönlich bekannt war, wurde der damals 22-jährige Walter Bröcker zu der Veranstaltung eingeladen, der eine Mitschrift anfertigte. Wir verdanken Walter Bröcker auch einen ausführlichen mündlichen Bericht über die Kasseler Veranstaltung, die nach den Gepflogenheiten der »Kurhessischen Gesellschaft« in Gestalt von 5 Doppelvorträgen stattfand. Heidegger las pro Abend jeweils etwa 2 Stunden, unterbrochen durch eine viertelstündige Pause. Hieraus erklärt sich, daß die Nachschrift nicht fünf, sondern zehn Vorträge enthält; es erklärt sich daraus auch der relativ kurze Text der einzelnen Vorträge.

Bemerkenswert ist auch das weitere Schicksal der Nachschrift. Bröcker hat die stenographische Mitschrift jeweils unmittelbar nach den Vorträgen handschriftlich transkribiert. Diese Ausarbeitungen hat er später zusammen mit Nachschriften anderer Vorlesungen Heideggers an Herbert Marcuse gegeben, der maschinenschriftliche Abschriften mit mindestens einem Durchschlag anfertigte und die handschriftlichen Originale an Bröcker

9 Briefe Heideggers an J. Boehlau vom 1. Juli und 7. September 1924; Briefe Boehlaus vom 6. September 1924, 24. März und 10. April 1925 (Akten der Kurh. Gesellsch., a.a.O.). – Eine ausführliche Besprechung der Vorträge erschien im »Kasseler Tageblatt« vom 29. 4. 1925.

zurückgab. Diese Originalskripten sind bis auf eine Ausnahme[10] im Hause Bröcker vermutlich beim Wegräumen von anderen Papieren versehentlich zum Altpapier geraten und sind jedenfalls mit Sicherheit nicht mehr vorhanden. Von den Marcuse'schen Transkriptionen in Gestalt von Durchschlägen hat sich jedoch vor einigen Jahren ein Konvolut mit fünf Nachschriften[11] im Besitz von O. F. Bollnow gefunden, der diese Bestände vor einiger Zeit dem Archiv der Bochumer Dilthey-Forschungsstelle geschenkt hat. Unter ihnen befindet sich auch die Kasseler Nachschrift, die von Walter Bröcker 1985 als die maschinenschriftliche Fassung der verlorengegangenen handschriftlichen Ausarbeitung identifiziert wurde. Durch den Hinweis auf Marcuse konnte dann 1986 auch das maschinenschriftliche Original – zusammen mit 15 weiteren Skripten von Heidegger-Vorlesungen – im Marcuse-Archiv der Stadt- und Universitätsbibliothek Frankfurt aufgefunden werden.

Nach Auskunft der Verwalter und Betreuer des handschriftlichen Nachlasses von Heidegger gibt es in dem im Deutschen Literatur-Archiv zu Marbach deponierten Nachlaß kein Manuskript der Kasseler Vorträge. Dies könnte damit zu tun haben, daß Heidegger in den Jahren 1923-25 in verschiedener Weise mit Dilthey und Yorck beschäftigt war und für die Vorträge auf Notizen aus seinen damaligen Arbeiten zurückgreifen konnte. Der von Gadamer[12] bezeugte, nachhaltige Eindruck des 1923 erschienenen Briefwechsels zwischen Dilthey und Yorck führte, wie mir weiter mitgeteilt wird, zu dem Projekt einer Besprechung des Briefwechsels, die dann in die Abhandlung von 1924 *Der Begriff der Zeit* und schließlich teilweise noch in das Manuskript von *SuZ*

10 *Phänomenologische Interpretationen zu Aristoteles* (WS 1921/22); vgl. GA Bd. 61, Frankfurt a. M. 1985.

11 Es handelt sich um die Nachschriften folgender Vorlesungen und Vorträge: *Ontologie (Hermeneutik der Faktizität)* (SS 1923); *Grundbegriffe der aristotelischen Philosophie* (SS 1924); *Grundbegriffe der Metaphysik (Welt, Endlichkeit, Vereinzelung* (sic!) (WS 1929/30); *Hegels Phänomenologie des Geistes* (WS 1930/31); *Wilhelm Diltheys Forschungsarbeit und der [gegenwärtige] Kampf um eine historische Weltanschauung* (Kassel 16.4.-21.4.1925).

12 Vgl. *H. G. Gadamer: Erinnerungen an Heideggers Anfänge.* In: Dilthey-Jahrbuch 4 (1986/87), 14.

eingegangen ist.[13] Die Abhandlung von 1924 zeigt den thematischen Zusammenhang, der auch für die Kasseler Vorträge gilt: das Anknüpfen bei Dilthey/Yorck und die Exposition der Begriffe Zeitlichkeit und Geschichtlichkeit.[14] Schließlich ist noch einmal auf die Vorlesung vom SS 1925 *Prolegomena zur Geschichte des Zeitbegriffs* zu verweisen, die unmittelbar nach der Kasseler Veranstaltung stattfand und dieselbe Thematik, wenn auch in anderen Proportionen, noch einmal aufnahm.

Dies alles kann das Fehlen eines eigenen Vortragsmanuskriptes für den Kasseler Zyklus erklären. Weniger erklärlich ist die Tatsache, daß mit Ausnahme von Käte und Walter Bröcker keiner der noch lebenden Heidegger-Schüler aus der Marburger Zeit (wie auch die Verwalter und Betreuer des Nachlasses) von den Kasseler Vorträgen gewußt hat. Offenbar ist im Umkreis Heideggers von dieser Veranstaltung später nicht mehr die Rede gewesen. Dies hat für die Rezeption der Philosophie Diltheys nicht unerhebliche Folgen gehabt; denn die Festschreibung der Bedeutung Diltheys für Heideggers Konzeption der Geschichtlichkeit ist in *SuZ* mit anderen, weniger positiven Akzenten versehen als in den früheren Vorträgen und Vorlesungen. Unter diesem Gesichtspunkt betrachtet leiten uns die Kasseler Vorträge zurück nicht nur zu dem Impuls, der um 1923/24 vom Briefwechsel Dilthey/Yorck und möglicherweise von den damals in rascher Folge erscheinenden Bänden der Dilthey-Ausgabe ausgegangen sein muß,

13 Herrn Prof. Dr. F.-W. v. Herrmann (im Einvernehmen mit dem Nachlaßverwalter, Herrn Dr. Hermann Heidegger), Freiburg, verdanke ich die Information, daß es sich beim 1. Kapitel der im Prospekt der Gesamtausgabe genannten Abhandlung *Der Begriff der Zeit* (1924) um eine Besprechung des Briefwechsels Dilthey/Yorck handelt, während in den folgenden Kapiteln dieser Abhandlung der Hauptgedanke des ersten und zweiten Abschnitts von *Sein und Zeit* erstmals zur Darstellung gelangt. Aus dem 1. Kapitel »Die Fragestellung Diltheys und Yorcks Grundtendenz« hat Heidegger später die jetzt den § 77 von *Sein und Zeit* bildenden Passagen, mit Ausnahme der ersten fünf und der beiden letzten Absätze, entnommen und in das Manuskript von *Sein und Zeit* eingefügt. – Zum weiteren Schicksal dieses Manuskriptes vgl. *Th. Kisiel: Why the First Draft of Being and Time Was Never Published.* In: Journal of the British Society for Phenomenology. Bd. 20, H. 1 (1989).

14 Vgl. den Verlagsprospekt »Martin Heidegger. Gesamtausgabe. Ausgabe letzter Hand. Stand: April 1987«, 14.

sondern bis zu jenem um das Jahr 1919 anzusetzenden, in den frühen Freiburger Vorlesungen greifbaren Neubeginn des Heideggerschen Denkens, für den auch Dilthey von Bedeutung gewesen ist.

4.

Wir gehen für die weitere Darstellung davon aus, daß Heidegger sich in mindestens zwei verschiedenen Stadien mit Dilthey intensiv beschäftigt hat, von denen das eine in der geplanten Dilthey/Yorck-Rezension, den Kasseler Vorträgen und der zeitlich wie inhaltlich daran sich anschließenden Vorlesung des SS 1925 dokumentiert ist, während das andere durch die Vorlesungen von den Jahren 1919/20 ab belegt werden kann.

Auf die Bedeutung dieser frühen Vorlesungen wird unter anderen Gesichtspunkten in den Beiträgen zum Dilthey-Jb. 4 eingegangen. Ohne die Hauptgedanken hier wiederholen zu wollen, möchte ich hier zunächst nur die Position markieren, die Heidegger um 1919 Dilthey gegenüber einnimmt. Oder, um es genauer zu sagen: die Position Heideggers der Philosophie seiner Zeit gegenüber, in der das Denken Diltheys für ihn eine nur mit wenigen anderen Philosophen vergleichbare Rolle spielte. Das zentrale Thema des Ausgangs vom faktischen Leben, das immer auch geschichtliches Leben ist, ist in den Vorlesungen jener Jahre in der Regel verbunden mit einer kritischen Sichtung der Hauptströmungen der Philosophie. Und hierbei wird Dilthey ein Platz jenseits verschiedener in den Vorlesungen durchgespielter Dichotomien zugewiesen.

Diese Zuweisung finden wir in der einen oder anderen Form seit der Vorlesung über *Grundprobleme der Phänomenologie* vom Wintersemester 1919/20. Heidegger geht schon hier, wie auch in den Vorlesungen der folgenden Jahre, von dem Gegensatz aus, den Husserl im Logos-Aufsatz von 1911 aufgestellt hatte: es ist der Gegensatz zwischen Philosophie als strenger Wissenschaft und bloßer Weltanschauungsphilosophie. Heidegger hält diese Antithese für falsch, sofern sie verlangt, sich entweder auf die eine oder die andere Seite zu schlagen. Sein eigener Weg einer Phänomenologie als »Ursprungswissenschaft« ist von dieser Alternative auch nicht in dem Sinn bestimmt, daß es um eine Vermittlung zwischen diesen Extremen gehen könnte. Er versucht vielmehr – und dies wird in der Vorlesung des Sommersemesters 1920 über *Phänomenologie der Anschauung und des Ausdrucks* mit Nachdruck wiederholt, diesen Gegensatz möglichst konkret zu bestimmen und zu verschärfen. Er ist bezogen auf den »Grundbegriff des Lebens«; denn das Leben findet als »zentrales Urphänomen« gänzlich verschiedene Auslegungen. Auf der einen Seite steht die systematische Philosophie der »transzendentalphilosophischen Gruppe« (»Marburg; Rickert-Windelband; Husserl in seiner neuesten Entwicklung«), in der das Leben »im Hinblick auf letzte Werte, Ziele, Normen« betrachtet wird. Auf der anderen Seite steht die Tendenz, »Leben selbst in seiner Fülle, Dunkelheit und Intimität« zu erfahren und die theoretische Einstellung als nur eine mögliche Erfassungsweise zu sehen. (*PhAA*, 36) Es geht nun darum, diese Spannung nicht durch einen Kompromiß zu überbrücken. Vielmehr: »Es gilt, den Gegensatz zwischen Philosophie als strenger Wissenschaft und Weltanschauungsphilosophie zu lösen und zu sehen, ob die Philosophie ihrer Idee nach einen Bezug zur ›Weltanschauung‹ hat.« (*PhAA*, 13) Den Weg dieser Lösung versucht eine phänomenologische Philosophie zu gehen, die nicht geschichtsvergessen ist, sondern durch ihren Einsatz beim faktischen Leben eine Dimension der Zeitlichkeit gewinnt, die zugleich Geschichtlichkeit ist. Zielpunkt des Gedankengangs ist deshalb auf allen Stufen zwischen 1920 und 1925 die Herausarbeitung der Sorge-Struktur, die 1920 allerdings noch »Bekümmerung« heißt. Die »Beunruhigung des eigenen Daseins« ist das ursprüngliche Motiv der Philosophie, die deshalb weder Wissenschaft noch Weltanschauungslehre sein kann. Sie gewinnt diese Kraft des Unsichermachens durch die Erfahrung der Grundwirklichkeit der ursprünglichen Faktizität, und zwar nicht im Sinne einer Kenntnisnahme, sondern »als lebendiges Beteiligtsein, Bekümmertsein, so daß der sich Bekümmernde selbst ständig von der Bekümmerung mitbetroffen ist.« (*PhAA*, 41)

In ähnlicher Weise geht die Vorlesung über *Hermeneutik der Faktizität* vom Sommersemester 1923 aus von der Gesamtsituation der Philosophie, die gekennzeichnet ist von dem Gegensatz zwischen zwei Richtungen für die Auslegung des Heute: (*HdF (WB)*, 4)

1) das geschichtliche Bewußtsein des Heute, wofür vor allem Spengler steht;

2) die »Philosophie im Heute«, die auch als »Platonismus der Barbaren« bezeichnet wird. Mit großer polemischer Schärfe wird hier vor allem Bezug genommen auf Sprangers Artikel zu Rickerts 60. Geburtstag mit der Formulierung: »Wir alle, Rickert, die Phänomenologen, die an Dilthey anknüpfende Richtung, treffen uns in dem großen Ringen um das Zeitlose im Historischen oder über dem Historischen, um das Reich des Sinnes und seinen geschichtlichen Ausdruck in einer gewordenen konkreten Kultur, um eine Theorie der Werte, die über das bloß Subjektive hinausführt zum Objektiven und Geltenden.«[15]

Heidegger merkt bissig an: »Die eigentliche Tendenz Diltheys ist nicht die, als die sie hier angegeben ist; und bei den Phänomenologen bitte ich mich hier auszunehmen!« (*HdF (WB)*, 6)

Die beiden extremen Positionen, von denen Heidegger hier wieder ausgeht, heißen jetzt Formen der *Neugier*.

Heidegger stellt hier gegeneinander (*HdF (WB)*, 9 ff.):

1) eine »gezogene, vom Gegenstand geführte Neugier«, worunter er in erster Linie ein morphologisch-stilgeschichtliches Nachzeichnen der Geschichte versteht, wie er es durch Spengler repräsentiert sieht;

2) eine »freiständige, sich selbst führende absolute Neugier«, also die Neugier der wissenschaftlichen Philosophie, die nach dem Prinzip verfährt: »Etwas ist erkannt, wenn festgestellt ist, wohin es gehört.«

In beiden Fällen sieht Heidegger primär das Bemühen um die Sicherung eines objektiven Bestandes. Entscheidend ist, »daß die Sicherung in der Weise des Sich-habens erscheint, – in dem Charakter des ›objektiv‹. Dasein begegnet in den beiden Auslegungsweisen als standpunktfrei; als so gewesen (in der Geschichte) und als immer so seiend (in der Philosophie). Dasein ist gefaßt in höchstmöglicher Gegenwart«. Auch hier wird nun die Lösung, für die auch die bisherige Phänomenologie nicht ausreicht, von einer radikaler ansetzenden Phänomenologie erwartet, die jetzt »Hermeneutik der Faktizität« heißt. (*HdF (WB)*, 19)

Was uns in diesem kurzen Überblick allein interessieren soll, ist die Stellung Diltheys in den jeweiligen Schemata. Diese Frage war ja im Grunde schon zwischen Dilthey und Husserl in ihrer auf den Logos-Aufsatz folgenden Korrespondenz von 1911 offenge-

15 *E. Spranger: Rickerts System.* In: Logos 12 (1923/24), 198.

blieben. Nicht offen gelassen hat sie Rickert, der in seiner eigenen Auseinandersetzung mit der Lebensphilosophie 1920 betonte, Husserl habe »in schlagender Weise Diltheys Historismus mit dem schlichten Hinweis darauf bekämpft, daß das geschichtliche Denken über die Wahrheit oder die Unwahrheit eines Gedankens nie entscheiden könne und daher in der Philosophie ebensowenig maßgebend sei wie in der Mathematik«.[16]

Wie weit Heidegger, Schüler von Rickert und Husserl, von dieser Position entfernt ist, ist schon genügend betont worden. Über Rickert finde ich kein einziges positives Wort in den mir bekannten Vorlesungen aus jenen Jahren. Dennoch wäre es möglich, daß die philosophiegeschichtliche Anordnung, die Heidegger in den frühen Vorlesungen vornimmt, um seinen eigenen Ansatz kritisch von seinen Vorgängern und Zeitgenossen abzuheben, auch Dilthey auf die Seite des einen Extrems, sozusagen auf die Spengler-Seite verwiese.

Es zeigt sich hier jedoch eine ganz auffallende Zurückhaltung gegenüber einer solchen erledigenden Verortung. Schon in der genannten Vorlesung vom Wintersemester 1919/20 über *Grundprobleme der Phänomenologie* finden wir in einer Skizzierung der Hauptströmungen der Philosophie folgende Charakterisierung: »Ganz vereinzelt Wilhelm Dilthey. Er kommt seiner geistigen Herkunft nach ebenfalls vom deutschen Idealismus her, aber anders als der Neukantianismus: er macht sich den Sinn dieser Bewegung klar an Schleiermacher, Romantik, Hegel. Kein System. Und trotzdem der stärkst wirkende Philosoph für die nächsten Jahrzehnte.« (*GrPh*, 3)

In der Vorlesung des Sommersemesters 1920 heißt es dann: »Da, wo man heute die Grenzen Diltheys sieht, liegt seine eigentliche Stärke. Er *scheute* sich vor abgesetzter begrifflicher Vergewaltigung, diese *Scheu*, nicht dies Unvermögen, bewahrte er [...] Die Beschäftigung mit Dilthey nicht mißzuverstehen als Kampf gegen die Lebensphilosophie. Vielmehr soll sie gerade als notwendige Form oder Station der Philosophie gezeigt werden, die erst wieder einmal echte Probleme in den leeren Schematismus der Transzendentalphilosophie brachte.« (*PhAA*, 32 ff.) Zum Vorwurf des Historismus und Relativismus, fügt Heidegger an: solche Ge-

16 *H. Rickert: Die Philosophie des Lebens.* Darstellung und Kritik der philosophischen Modeströmungen unserer Zeit. Tübingen 1920, 50.

spenster seien nicht mehr ernst zu nehmen. »Wir sind uns klar, daß Dilthey an die ihn umgebende Philosophie Zugeständnisse macht und machen mußte. Diese Momente scharf greifbar herauszustellen, um nachher sein Ursprüngliches zu verstehen.« (*PhAA*, 33) Schließlich wird auch in der *Hermeneutik der Faktizität* vom Sommer 1923 hervorgehoben, daß bei allen zeitgebundenen Schwächen die Tendenz der Lebensphilosophie doch im positiven Sinne genommen werden müsse »als Durchbruch einer radikaleren Tendenz des Philosophierens«. (*HdF (WB)*, 16)

Dilthey – das ist das vorläufige Ergebnis, gehört in den Vorlesungen ab 1919/20 nicht zu denjenigen Philosophen, die – eingeordnet nach der einen oder der anderen Seite – zurückgelassen werden, um im Sinne einer radikal ansetzenden Hermeneutik der Faktizität den wirklichen Durchbruch zur Geschichtlichkeit zu leisten. Während die Distanz zu Husserl immer deutlicher hervortritt und den Extremen Rickert und Spranger auf der einen, Spengler auf der anderen Seite echte Bissigkeiten verabfolgt werden, bleibt der Tenor Dilthey gegenüber immer der: man müsse ihn nur recht verstehen, man müsse gleichsam aus dem Schutt einer traditionellen Terminologie und Fragestellung die Radikalität seines eigentlichen Fragens herausarbeiten. Auch in der Jaspers-Rezension von 1920/21 wurde in diesem Sinne ja gesagt: »Die Lebensphilosophie, vor allem eine solche von der Höhenstufe Diltheys, der alle nachkommenden als schlechtere Ableger unter Verkennung seiner eigentlichen, auch bei ihm selbst kaum sichtbaren Intuitionen, das Entscheidende verdanken, muß auf ihre positiven Tendenzen befragt werden, daraufhin, ob in ihr nicht doch, wenn auch ihr selbst verdeckt und mit traditionell aufgerafften, statt ursprünglich geschöpften Ausdrucksmitteln, eine radikale Tendenz des Philosophierens sich vorwagt.«[17]

Dies wird erst dort relativiert, wo – in der Dilthey/Yorck-Rezension und in den Kasseler Vorträgen – Yorck von Wartenburg auftritt, von dem es dort heißt, daß er von der Notwendigkeit historischer Besinnung »vielleicht noch mehr Ahnung als Dilthey« gehabt habe (*KV*, 29).

17 *M. Heidegger: Anmerkungen zu Karl Jaspers' Psychologie der Weltanschauungen* (1920/21). GA, Bd. 9, 13 f.

5.

Diese Zuweisung jenseits der Extreme findet auch wieder in den Kasseler Vorträgen statt. Das Thema »Geschichte« macht eine noch schärfere Scheidung der Geister möglich. Auf der einen Seite wird, wie schon in der Vorlesung vom Sommersemester 1923, die »Geschichtslosigkeit der Phänomenologie« konstatiert. Es verdient vielleicht hervorgehoben zu werden, daß Heidegger 1925 in Kassel öffentlich erklärte, eine echte und radikale Tendenz der Philosophie, die Phänomenologie, zeichne sich durch Geschichtslosigkeit und -feindlichkeit aus, »weil sie glaubte, das Gewesene als irrelevant von sich abstoßen zu können und von sich aus zu den Sachen kommen zu können, dabei aber in traditioneller Fragestellung hängen blieb.« (*KV*, 28) Auf der andern Seite steht wieder Spengler als Beispiel einer Art des historischen Bewußtseins, die Heidegger für verfehlt hält. Denn: »Erst wenn Geschichte so gesehen wird, daß die eigene Wirklichkeit in diesen Zusammenhang mithineingesehen wird, kann man sagen, daß das Leben um die Geschichte, in der es steht, weiß, daß ein historisches Bewußtsein da ist. Die eigene Epoche wird erfahren als Situation, in der die Gegenwart selbst steht, und das nicht nur gegenüber der Vergangenheit, sondern zugleich als Situation, in der sich die Zukunft entscheiden wird bzw. entschieden hat.« (*KV*, 2) Das Wissen um die Geschichte bestimmt also die Auffassung von Welt und Dasein.

Es wäre denkbar, diese Fragestellung durchaus als Weiterführung des Ansatzes von Spengler zu verstehen. Daß dies nur in einem ganz eingeschränkten Sinn so gemeint sein kann, geht vor allem aus Heideggers Erläuterung seiner Vorträge für die Kasseler Tageszeitungen hervor. Es heißt dort:

O. Spengler hat in seinem *Untergang des Abendlandes* der Frage nach der Bedeutung der Geschichte für die Weltanschauung einen umfassenden und faszinierenden Ausdruck gegeben. Neben der mehr sensationell wirkenden These vom Verfall und Untergang des Abendlandes wird seine Theorie der Kulturen vielfach als das erlösende Wort empfunden. Jede Kultur ist ein in sich geschlossener Organismus von begrenzter Lebensdauer. Die Schöpfungen, Erkenntnisse, Werte und Normen einer jeweiligen Kultur sind nur sinnvoll und gültig für ihre Zeit. Alle Wahrheit ist zeitbedingt und relativ auf die jeweilige Kulturlage. Wird ein solches Wissen um die Relativität des Kulturschaffens in einer lebendigen Gegenwart wirksam, dann hat es bei den Müden und Schwachen Resignation zur Folge. Alle produktive Arbeit ist gehemmt durch ein ständiges Hinschielen[18] auf das schon Geleistete und erlahmt im Sichvergleichen mit vergangenen Kulturschöpfungen. Im Felde der Erkenntnis kommt der Zweifel zur Herrschaft, und der versteckte Grundzug alles Lebens ist die Verzweiflung. Die überhastete Flucht zu bindenden Dogmen, die Tendenzen auf Erneuerung vergangener Kulturen (Mittelalter z. B.) oder entfernter Kulturkreise (indische Weisheit), die Pflege des Okkultismus sind die deutlichsten Symptome der geistigen Hilflosigkeit der Zeit. Es sind die negativen Erscheinungen des Kampfes um einen Sinn des geschichtlichen Daseins. Soll dieser Kampf zu klaren Entscheidungen kommen, dann bleibt nur der Weg der wissenschaftlichen Besinnung auf das Wesen der Geschichte. Seit dem Zusammenbruch der Hegelschen Philosophie hat Dilthey zum ersten Male und zwar zugleich mit Rücksicht auf die historischen Geisteswissenschaften die Frage nach der Geschichte grundsätzlich gestellt und vielseitig bearbeitet. Deshalb greift die Vorlesung zur Bewältigung der oben gekennzeichneten Aufgabe auf die *Forschungsarbeit Diltheys* zurück.[19]

Daß Spengler für Heidegger immer in erster Linie ein Ärgernis, wenn auch ein faszinierendes, gewesen ist, geht nicht nur aus der Fülle kritischer Randbemerkungen in Heideggers Handexemplar des *Untergangs* hervor,[20] sondern läßt sich auch aus den frühen Vorlesungen belegen. In der Vorlesung vom Wintersemester 1919/20 heißt es: »Unsere gebildete und verwilderte Welt fällt fakultätsweise solchen prätentiösen Herren zu.« (*GrPh*, 1) Die Komik der großen Geste in Spenglers Buch werde zur Posse, wenn sich die literarischen Wichtigtuer solcher Bücher bemächtigten und damit Lärm schlügen. (*GrPh*, 9) Vermutlich ist auch Spengler gemeint, wenn Heidegger sagt, die Strukturbegriffe der Geschichte ließen sich nicht im grandiosesten Dilettantismus behandeln, sondern nur in strenger Methodik. (*GrPh*, 15) Allerdings finden wir auch die einschränkende Bemerkung, daß weder das Ressentiment der Fachgelehrten noch das Banausentum der Philosophen diesem Buch beikommen könnten. Spengler ist für Heidegger offenbar eine der großen Provokationen gewesen, die

18 Im gedruckten Text und in der maschinenschriftlichen Fassung steht »Hinschieben«.

19 »Kasseler Post« vom 15. April 1925. – »Kasseler Neueste Nachrichten« vom 16. April 1925.

20 Nach mündlich erteilter Auskunft von Herrn Prof. Dr. F. W. v. Herrmann, Freiburg.

ihm das Problem der Geschichte näher gebracht haben als es die Geschichtstheorien des Neukantianismus vermocht hatten.

In diesem Sinne geht Heidegger in den Vorträgen aus von dem »Fundamentalproblem der ganzen abendländischen Philosophie«, – dem Problem des Sinnes des menschlichen Lebens, und weist der Arbeit Diltheys eine zentrale Stelle in der Geschichte der Frage nach dem Sein des Menschen zu, da er sie zu einer Frage nach dem Sinn des *geschichtlichen* Seins gemacht habe. »Der Kampf um eine historische Weltanschauung spielt sich also nicht ab in den Auseinandersetzungen über das historische Weltbild, sondern über den Sinn des historischen Seins selbst.« Diltheys vielgestaltige Produktion werde im Innern zusammengehalten nicht durch ein System von Begriffen, sondern durch diese lebendige Frage nach dem Sinn der Geschichte und des menschlichen Seins. (*KV*, 7)

Heidegger unterscheidet drei Wege, einen wissenschaftsgeschichtlichen, einen erkenntnistheoretischen und einen psychologischen Weg, auf denen Dilthey sich den Zugang zur Geschichte im Sinne einer Frage nach dem Sinn ihres Seins gebahnt hat. In allen drei Fällen, so betont Heidegger, ist die Frage nach dem Begriff des Lebens zentral. Sie geht in der Psychologie über in die Frage nach dem *Begreifen* des Lebens, also nach den Möglichkeiten, »Leben ursprünglich zugänglich zu machen, um es danach begrifflich zu fassen«. Die äußerste Position, die er im Begriff des Lebens erreicht habe, sei es, die Strukturen des Psychischen nicht als bloße Ordnungsschemen seiner Erfassung, sondern »als primäre lebendige Einheit des Lebens selbst« zu nehmen. Den Tendenzen der naturwissenschaftlich-konstruktiv orientierten Psychologie gegenüber sei es Dilthey darauf angekommen, »zunächst einmal den seelischen Zusammenhang zu sehen. Dieser Zusammenhang ist ihm das Primäre, das Ganze des Lebens selbst. Der Zusammenhang ist immer schon da, nicht erst aus Elementen aufzubauen. Er ist als erstes festzuhalten, und aus ihm sind seine Glieder herauszulösen«. Für den seelischen Zusammenhang als Ganzheit gelten die drei Grundbestimmungen, daß er sich entwickelt, frei und geschichtlich ist. (*KV*, 10)[21]

21 Heidegger bezieht sich hier vor allem auf folgende Stelle aus Diltheys *Ideen:* »Den lebendigen Zusammenhang der Seele haben wir nicht allmählich versuchend gewonnen. Er ist das Leben, das vor allem

Man würde einen falschen Eindruck von diesem Dilthey-Bild vermitteln, wenn man nicht betonte, daß die Kasseler Vorträge die kritische Frage an Dilthey stellten, »wie weit in Diltheys Arbeit selbst die Frage nach dem Wesen der Geschichte radikal gestellt ist und gestellt werden konnte«.[22] »Wir fragen, ob er das Problem gelöst hat, ob seine philosophischen Mittel überhaupt so waren, daß er es lösen konnte. Wir fragen also über ihn hinaus, und zwar auf dem Boden der Phänomenologie«. (*KV*, 4) Dies bedeutet einerseits die Anerkennung, daß Dilthey »ein eigentlich radikales Bewußtsein um dieses Problem hatte«; (*KV*, 3) es bedeutet aber doch zugleich auch die Betonung, daß er über bestimmte Grenzen nicht hinausgekommen ist. Diese Grenzen sieht Heidegger in der Frage nach der Geschichtlich*keit.* »Es kommt darauf an, das Sein des Geschichtlichen herauszuarbeiten, Geschichtlichkeit, nicht Geschichtliches, Sein nicht Seiendes, Wirklichkeit nicht Wirkliches... Dilthey ist zu der Realität vorgedrungen, die im eigentlichen Sinne *ist* (Hervorhebung F. R.) im Sinne des Geschichtlichseins, zum menschlichen Dasein. Dilthey gelangt dazu, diese Realität zur Gegebenheit zu bringen. Er bestimmt sie als lebendig, frei und geschichtlich. Er stellt aber nicht die Frage nach der Geschichtlichkeit selbst, die Frage nach dem Seinssinn, nach dem Sein des Seienden. Diese Frage klarzustellen, sind wir erst imstande seit der Ausbildung der Phänomenologie«. (*KV*, 12)

Daß Heidegger hier nicht Husserls Position meint, wird klar aus dem Satz, daß sich Descartes' Versäumnis, nach dem Seins-Sinn des Ich-bin zu fragen, als Unklarheit bis in die Phänomenologie fortgepflanzt habe, denn auch Husserl stelle nicht die Frage nach dem Sein des Bewußtseins. (*KV*, 29) Gemeint ist also die eigene, radikalere Phänomenologie, jene »Ursprungswissenschaft«, die er als »Ursprungsverstehen des faktischen Lebens und der Geschichte« schon in der Vorlesung vom WS 1919/20 entworfen hatte. Vor der Kontrastfolie, daß Dilthey nicht die Frage nach dem Wirklichkeitscharakter des Lebens selbst, nicht die Frage: Welches ist der Sinn von Sein unseres eigenen Daseins? gestellt habe, expliziert Heidegger seine eigene Fragestellung, die dieje-

Erkennen da ist. Lebendigkeit, Geschichtlichkeit, Freiheit, Entwicklung sind seine Merkmale.« (Ges. Schr. v, 196).

22 »Kasseler Post«, a.a.O.

nige von *SuZ* ist und einige der wichtigsten Begriffe dieses Werkes bereits enthält: Dasein, Umwelt, Alltäglichkeit, Besorgen, Umsicht, das Man, die Sorge, der Tod als äußerste Möglichkeit des Daseins, das Vorlaufen, Entschlossenheit, Gewissen, Schuld und Verantwortung. So kann Heidegger diese Skizze des sich ankündigenden Werkes abschließen mit der Einführung der Zeitproblematik: »Dasein ist nichts anderes als Zeit-Sein. Die Zeit ist nichts, was draußen in der Welt vorkommt, sondern was ich selbst bin. Im Vorlaufen, Schuldig-werden und Handeln ist die Zeit selbst da. Die Zeit bestimmt die Ganzheit des Daseins.« (*KV*, 22) Nach einem Überblick über das Zeitproblem der Relativitätstheorie kommt Heidegger abschließend noch einmal auf Dilthey zurück: er habe gezeigt und betont, daß der Grundcharakter des Lebens Geschichtlich-Sein sei. »Er ließ es bei dieser Feststellung bewenden, er hat nicht gefragt, was Geschichtlich-sein sei, noch gezeigt, inwiefern Leben geschichtlich ist.« (*KV*, 26) 3

6.

Heidegger bezieht sich in seinem Referat im wesentlichen auf Diltheys *Ideen* von 1894. Diese waren schon Hauptquelle der ausführlichen Darstellung in der Vorlesung vom SS 1920. Während dort aber auch auf das Spätwerk *Der Aufbau der geschichtlichen Welt in den Geisteswissenschaften* und auf frühe Schriften zurückgegriffen wird, bleibt die Darstellung in den Kasseler Vorträgen beschränkt auf das Referat der *Ideen*, von dem aus dann zur Entwicklung des eigenen Ansatzes, also einer Skizzierung von *SuZ* weitergegangen wird. Verglichen mit den Kasseler Vorträgen ist die Auseinandersetzung des Jahres 1920 differenzierter, so daß wir sagen können: die wichtigste Quelle für unsere Kenntnis von Heideggers Verhältnis zu Dilthey ist die Vorlesung von 1920. Die Kasseler Vorträge stellen zwar Dilthey eindeutiger ins Zentrum und gehen – offensichtlich auf der Basis von Georg Mischs Vorbericht[23] auf das Ganze der Lebensarbeit Diltheys im Sinne einer allgemeinen Charakterisierung ein. Aber die differenzierte Abwägung dessen, was in Diltheys Denken von Tragweite für die eigene, radikalere Fragestellung sein kann, findet schon

23 *G. Misch: Vorbericht des Herausgebers,* in: *W. Dilthey, Ges. Schr.* v.

1920 statt und wird in den Vorträgen von 1925 nur teilweise wiederholt.

Zu erwähnen ist schließlich, von welchen Zufällen die Rezeptionsgeschichte auch hier abhängt: die Tatsache, daß zu diesem Zeitpunkt, also in den Jahren des definitiven Schreibens von *SuZ*, zwar der Band 5 der Dilthey-Ausgabe, nicht aber Band 7 erschien, bedeutete vielleicht eine Weichenstellung.[24] Heidegger wurde durch den Band 5 noch einmal nachhaltig auf Diltheys mittleres Werk zurückverwiesen. Dies läßt sich aus den Kasseler Vorträgen als ein eigentlich bedauerlicher Ertrag festhalten. Welche anderen Perspektiven der Band 7 eröffnet hätte, kann an Landgrebes Dilthey-Buch gezeigt werden, das nur 3 Jahre später erschien und das inzwischen edierte Spätwerk in der Fassung des siebten Bandes voll rezipierte (und dementsprechend auch zu einem anderen Dilthey-Bild kam).[25]

Es ist müßig, darüber zu spekulieren, wie *SuZ* ausgesehen hätte, wenn die zweite Phase von Heideggers Dilthey-Lektüre (1924/5) auch schon den 7. Band mit den Fragmenten über die Lebenskategorien hätte miteinbeziehen können. Als Ergebnis kann nur festgehalten werden, daß die entscheidende Berührung mit Diltheys Philosophie schon um 1920 stattgefunden hat. Was später durch die Dilthey-Ausgabe an neuerlichem Interesse hinzugekommen sein mag, – die Kasseler Vorträge markieren doch eher eine absteigende Interessenkurve, und wenn man die kritischen Bemerkungen aus § 10 von *SuZ* hinzunimmt, kann man sogar davon sprechen, daß *SuZ* einen abschließenden »Tiefpunkt« dieses Rezeptionsvorgangs darstellt. Doch sollte man auch hier auf die Zwischentöne achten, etwa wenn Heidegger davon spricht, daß sich in Diltheys Frage nach dem »Leben« die Grenzen seiner Problematik und der Begrifflichkeit, »in der sie sich zum Wort bringen mußte«, zeigten.[26] Dieses »Müssen« soll offenbar auch

24 Vgl. dazu auch *F. Rodi und H.-U. Lessing: Einleitung zu: Materialien zur Philosophie Wilhelm Diltheys.* Frankfurt a. M. 1984, 22. Die dort vorgenommene Bewertung der Dilthey-Ausgabe für Heideggers Entwicklung muß freilich im Lichte der neueren Forschung revidiert werden.

25 *L. Landgrebe: Wilhelm Diltheys Theorie der Geisteswissenschaften.* Analyse ihrer Grundbegrriffe. Halle a. d. S. 1928, vor allem von § 18 ab.

26 *SuZ*, 47.

hier, wo die kritische Distanz zu Dilthey wohl am stärksten hervortritt, auf die Beeinträchtigungen hinweisen, die Diltheys ursprüngliche Intention durch die Zeitlage erfahren hat. Das philosophisch Relevante wird weiterhin darin gesehen, »daß er bei all dem *vor* allem unterwegs war zur Frage nach dem ›Leben‹«.
Freilich darf hierbei ein neu hinzukommender Akzent nicht überhört werden: Heidegger spricht bei diesem Abwägen des philosophisch Relevanten in deutlicher Distanzierung von Diltheys »geisteswissenschaftlicher Psychologie«, die auf das »Ganze des Lebens« und die »Gestalten« ziele. Nun hat Dilthey den Begriff »geisteswissenschaftliche Psychologie« nicht gebraucht; wohl aber Spranger, dessen *Psychologie des Jugendalters* zu den Erfolgsbüchern jener Jahre zählte.[27] Es ist anzunehmen, daß auch dies zu Akzentverschiebungen führte: daß sich damals eine »geisteswissenschaftliche« Richtung in Psychologie und Pädagogik durchsetzte, die sich – bei allen Verschiedenheiten etwa zwischen Spranger, Nohl und Rothacker – als Dilthey-Schule verstehen konnte. Von hier aus gesehen ging es nicht mehr darum, Dilthey vor der »Trivialisierung« durch die südwestdeutsche Schule des Neukantianismus zu bewahren. Vielmehr bedurfte es nun eines Gegengewichtes gegen jede »auf Gestalten abzielende«, stiltypologisch orientierte Richtung, die sich auf Dilthey berufen konnte. In diesem Sinne ist es wohl zu verstehen, wenn Yorck von Wartenburg so ausführlich mit seinen Argumenten gegen das ästhetische Haften an der Gestalt zu Worte kommt: »Aus sicherem Instinkt für die ›Differenz des Ontischen und Historischen‹ erkennt Y., wie stark die traditionelle Geschichtsforschung sich noch in ›rein okularen Bestimmungen‹ hält, die auf das Körperliche und Gestalthafte zielen.«[28]
Die »Aneignung der Arbeit Diltheys« ist hier schon so weit abgeschlossen, daß eine »Beunruhigung« für den Autor von *SuZ* von diesem Denken nicht mehr auszugehen scheint. In dem Maße, in dem der um 1920 noch als Außenseiter verstandene Dilthey zum etablierten Haupt einer »Schule« wird, scheint es Heidegger wichtig zu sein, die Beunruhigung des Philosophierens von einem neuen Außenseiter her zu gewinnen: Yorck. Ihm wird nun das

27 *E. Spranger: Psychologie des Jugendalters.* – Das 1924 erschienene Buch lag 1926 bereits in 8. Auflage vor!
28 *SuZ*, 400.

Wort gegeben, und Husserl hatte sicher recht, wenn er in seinem Exemplar von *SuZ* die Formel »den Geist des Grafen Yorck zu pflegen, um dem Werke Diltheys zu dienen« mit einer skeptischen Randbemerkung versah.[29]

Aus welcher Distanz Heidegger von etwa 1929 ab über Dilthey redete, darüber berichtet unter anderem Kenzo Katsube in seinem Dilthey-Buch. Dilthey und seine Schüler seien nicht einmal zu der schon von Fichte erreichten Höhe des deutschen Idealismus gelangt, heißt es in der Vorlesung des SS 1929 über *Der deutsche Idealismus und die philosophische Problemlage der Gegenwart.*[30] Ob dies im Zuge jener Abrechnung gesagt ist, die Heidegger in einer seiner Vorlesungsstunden mit dem Buch *Lebensphilosophie und Phänomenologie* von Georg Misch vorgenommen hat, kann wohl erst nach Erscheinen von Band 28 der Heidegger-Gesamtausgabe festgestellt werden. Sicher ist bisher nur, daß das Thema Dilthey von jener Zeit ab für Heidegger abgeschlossen war.

29 Ich verdanke diese Information einer mündlichen Mitteilung von Herrn Dr. Guy van Kerckhoven, Bochum.

30 *K. Katsube: Wilhelm Diltheys Methode der Lebensphilosophie.* Hiroshima 1931, 168.

Der Logos des »getreuen Ausdrucks«
Georg Mischs Kritik der »Logik-Ontologie« von Husserl und Heidegger*

Georg Misch, der Schüler und Schwiegersohn Diltheys, hat in seinem in jeder Hinsicht schwer zugänglichen Buch »Lebensphilosophie und Phänomenologie«[1] einen wohl noch immer nicht voll gewürdigten Versuch unternommen, die zwischen Dilthey und Husserl kurz vor Diltheys Tod in Gang gekommene Auseinandersetzung aufzuarbeiten und fortzuführen. In einer Reihe von Publikationen, die zwischen 1923 und 1926 erschienen,[2] hatte er sich darum bemüht, die Position der »Diltheyschen Richtung« so herauszuarbeiten, daß von hier aus die in LPh vorgenommene

* Zuerst erschienen unter dem Titel *Dilthey, die Phänomenologie und Georg Misch* in: Dilthey und die Philosophie der Gegenwart. Hrsg. v. E. W. Orth. Freiburg/München 1985, 125-155.

1 *Georg Misch, Lebensphilosophie und Phänomenologie.* Eine Auseinandersetzung der Dilthey'schen Richtung mit Heidegger und Husserl, Bonn 1930, Darmstadt ³1967 (im folgenden als *LPh* mit bloßen Seitenangaben zitiert). Zwei zentrale Partien dieses zur Zeit vergriffenen Buches sind jetzt wieder zugänglich im II. Kapitel, Dilthey-Schule und Phänomenologenkreis, der von F. Rodi u. H.-U. Lessing hrsg. *Materialien zur Philosophie Wilhelm Diltheys,* Frankfurt a. M. 1984: *Georg Misch, Die Auseinandersetzung zwischen Dilthey und Husserl,* ebd. 121-131 (entspricht LPh, 180-190) und *Georg Misch, Das Problem der Methode:* Hermeneutik und Ontologie, ebd. 184-194 (entspricht LPh, 30-41). – Zum Ganzen der Philosophie Mischs vgl. *Josef König, Georg Misch als Philosoph* (Nachrichten der Akademie der Wissenschaften in Göttingen, I. Philologisch-historische Klasse [1967] Nr. 7), Göttingen 1967. – Zur »hermeneutischen Logik« Mischs vgl. *Otto Friedrich Bollnow, Studien zur Hermeneutik, Bd. II:* Zur hermeneutischen Logik von Georg Misch und Hans Lipps, Freiburg/München 1983.

2 *Georg Misch, Vorbericht des Herausgebers,* in *GS V,* S. VII-CXII; *ders., Der Weg in die Philosophie.* Eine Philosophische Fibel, Leipzig/Berlin 1926; *ders., Die Idee der Lebensphilosophie in der Theorie der Geisteswissenschaften,* zuerst in: Österreichische Rundschau XX (1924), aufgenommen in: Vom Lebens- und Gedankenkreis Wilhelm Diltheys, Frankfurt a. M. 1947, 37-51, jetzt in: F. Rodi u. H.-U. Lessing (Hrsg.), *Materialien zur Philosophie Wilhelm Diltheys,* a.a.O. 132-146 (nach dieser Ausgabe wird im folgenden zitiert).

Auseinandersetzung als ein von aller Polemik freier Anfang eines Gesprächs erscheinen konnte, bei dem es nur auf eines ankam: »... dazu beizutragen, daß die gegenwärtige philosophische Bewegung sich zu ihrem gemeinsamen Ziel hinfinde«, wie Misch im Vorwort zur ersten Auflage schrieb (LPh, S. IV). Veranlaßt wurde die Abhandlung einerseits durch die Aufforderung, sich an der Husserl-Festschrift von 1929 zu beteiligen; dann aber vor allem durch das Erscheinen von Heideggers »Sein und Zeit«, das Misch in dem von Plessner herausgegebenen »Philosophischen Anzeiger« besprechen wollte; und schließlich durch das fast gleichzeitige Erscheinen des 7. Bandes von Diltheys »Gesammelten Schriften«, das Misch die Möglichkeit gab, auf der Linie seines großen »Vorberichts« zum 5. Band seine Dilthey-Interpretation fortzuführen. So wirkten zwei Hauptmotive zusammen, die Misch in seinem Vorwort so charakterisierte: »Die durch Heideggers Eingreifen in die philosophische Bewegung entstandene Situation drängte zu einer prinzipiellen Auseinandersetzung und steigerte zugleich das Bedürfnis, Diltheys Richtung zu größerer Klarheit zu bringen.« (LPh, S. III) Die »prinzipielle« Auseinandersetzung schloß die mit Husserl ein, wie denn der Begriff »Phänomenologie« in einem sehr weiten Sinn gebraucht wird und zur Kennzeichnung derjenigen Position dient, die Misch auch »Logik-Ontologie« nennt. Das Wesentliche des Gegensatzes, den Misch zwischen dieser – Husserl und Heidegger gemeinsamen – Position und der von ihm als »Lebensphilosophie« vertretenen Diltheyschen Richtung sah, soll im folgenden einfacher und weniger differenziert herausgearbeitet werden, als dies in dem komplizierten Buch möglich gewesen ist. Dabei wird die Darstellung gegenüber Mischs bisweilen zerfasernd-weitschweifigem und allusivem Stil das andere Extrem, nämlich ein verkürzend-kontrastierendes Verfahren, nicht scheuen dürfen.

I.

Zur Kennzeichnung der Position, die Misch selbst als »Lebensphilosophie« bezeichnet, muß hier ein stark abkürzendes Verfahren ausreichen, das in wenigen Sätzen die Hauptbegriffe, von denen wir ausgehen können, vorführt. Zu diesem Zweck setze ich ein mit einem Begriffspaar, das schon Dilthey, und zwar von der mittleren Phase an, gelegentlich verwendete, um damit die jedem Lebenszusammenhang immanente Spannung zu charakterisieren: Unergründlichkeit und Gedankenmäßigkeit, oder – mit anderer Akzentsetzung gesagt – Irrationalität und bildende Gewalt.[3] Dilthey wollte damit ausdrücken, daß in jeder Erscheinung des geschichtlich-gesellschaftlichen Lebens eine der rationalen Analyse Grenzen setzende Verbindung aus Bestimmtheit und Unbestimmtheit bestehe, die davon herrühre, daß das menschliche Leben insgesamt zwar ›gedankenmäßig‹, d. h. begrifflich faßbar und repräsentierbar, und doch zugleich unergründlich sei. Dieses Wissen um die Unergründlichkeit hat trotz mancher Anklänge wenig zu tun mit dem bekannter gewordenen dionysischen Wissen Nietzsches, wie es z. B. im »Tanzlied« Zarathustras ausgesprochen wird: »In dein Auge schaute ich jüngst, o Leben! Und ins Unergründliche schien ich mir da zu sinken.«[4] Vielmehr klingt bei Dilthey die in der Ästhetik des 18. Jahrhunderts vertiefte Einsicht an in den Zusammenhang von Einheit und Mannigfaltigkeit oder Leben und Gestalt. Die Polarität, die in solchen Begriffen ausgedrückt werden soll, wird als eine produktive Spannung aufgefaßt. Dies ist auch der Sinn einer kleinen Notiz des späten Dilthey, von der Misch in seiner Auseinandersetzung ausgeht, um die lebensphilosophische Position zu charakterisieren. Es wird dort dem Diktum von Hobbes, daß Leben »motus perpetuus« sei, der andere Pol entgegengestellt: »Das Grundverhältnis ist, daß vita motus perpetuus, Impuls, Streben, Ablauf, und doch zugleich ... bewußter Besitz und Streben nach Festigkeit, das eben aus dem Verlauf hervorgeht. Beides zusammen: ›Gestaltung‹.«[5]

3 *GS* XIX, 307, 329, 350, 359, 361, 373 u. ö. Vgl. *Otto Friedrich Bollnow, Studien zur Hermeneutik* II, a.a.O. 32 ff.

4 *Friedrich Nietzsche, Also sprach Zarathustra,* in: Kritische Gesamtausgabe, hrsg. von G. Colli u. M. Montinari, Berlin/New York 1967 ff., Bd. VI/1, 136.

5 LPh, 116; Misch bezieht sich hier auf eine bisher unveröffentlichte Notiz Diltheys, die er LPh, 172 f. im vollen Wortlaut mitteilt. Es darf dabei allerdings nicht übersehen werden, daß er in seiner Interpretation den Charakter der polaren Spannung zwischen Unergründlichkeit und Gedankenmäßigkeit sehr viel mehr betont, als dies bei Dilthey in der Mehrzahl der oben angeführten Stellen geschieht. In dieser Betonung liegt wohl die eigentlich »lebensphilosophische« Weiterführung des

Es ist für Georg Mischs gesamtes Philosophieren charakteristisch, daß er dieses »Grundverhältnis« – darin weit über Diltheys Intentionen hinausgehend – vor dem Hintergrund der griechischen, insbesondere der vorsokratischen Philosophie zu explizieren versucht und sich dabei nicht nur auf den klassischen Gegensatz von ›apeiron‹ und ›peras‹ bezieht, sondern auf den Logos-Begriff des Heraklit: »Denn das Wort ›Logos‹ hat, mit dem vollen Gewicht genommen, wie es von Heraklit zu einem Urwort der abendländischen Philosophie geprägt worden ist, eine doppelsinnige Bedeutung, die eben jenes Grundverhältnis von Gedankenmäßigkeit, Bedeutsamkeit und Unergründlichkeit betrifft: es bezeichnet in seiner Beziehung auf Maß, Gesetz und Ethos die Gedankenmäßigkeit des Lebens als etwas in seiner allgemeinen Verbindlichkeit Erkennbares und verstattet doch zugleich ... die metaphysische Bestimmung, wonach die Unergründlichkeit der Seele gerade auf der Tiefgründigkeit des Logos in ihr beruht – οὕτω βαθὺν λόγον ἔχει –.«[6] Misch greift in diesem Zusammenhang die Wendung des Heraklit vom Πῦρ φρόνιμον, dem »besonnenen Feuer«, auf, in der gleichfalls das polare Grundverhältnis von motus perpetuus, hier also feuriger Dynamik, und besonnenem Streben nach Festigkeit und Gestalt ausgedrückt sei. Logos als das »besonnene Feuer« bedeutet demnach – dieser Interpretation zufolge – jene polare Spannung, die im folgenden der Kürze halber als »das Grundverhältnis« bezeichnet werden soll.

Es ist also ein weitgespannter, bis zu den Anfängen der abendländischen, ja auch noch der indischen und chinesischen Metaphysik zurückreichender Zusammenhang, aus dem sich die Fragen ergeben, die Misch in seine Auseinandersetzung mit Husserl und Hei-

Diltheyschen Denkens durch Misch. Vgl. hierzu auch *Josef König, Georg Misch als Philosoph,* a.a.O., vor allem 202 ff. (»Der Gedanke des Unergründlichen und seine Stellung in der Philosophie von Misch«).

6 LPh, 51; vgl. *Heraklit, Fragment 45,* in: H. Diels u. W. Kranz (Hrsg.), Die Fragmente der Vorsokratiker, Bd. 1, Zürich/Berlin [11]1964, 161. – Misch stellte in seiner Philosophischen Fibel den griechischen Logos-Begriff als »metaphysisches Urwort« in eine Reihe mit den aus Asien kommenden Urworten brahman und tao (vgl. *Der Weg in die Philosophie,* a.a.O. 41 ff.) und bezog dann in der zweiten Auflage dieses Buches die Interpretation des Logos-Begriffes wesentlich ausführlicher auf Heraklit, vgl. *Der Weg in die Philosophie,* zweite, stark vermehrte Aufl. München 1950, 329-390, bes. 369-381.

degger einbringt. Dies konnte hier nur im Sinne einer allgemeinen Orientierung skizziert werden. Der konkrete Berührungspunkt mit der erkenntnistheoretisch-logischen Fragestellung, die das Gespräch zwischen Husserl und Dilthey ursprünglich in Gang gebracht hatte, ist jedoch ohne weiteres gegeben, wenn man sich vergegenwärtigt, daß Misch die hier angedeutete Konzeption des Logos nicht in den Bereich der Metaphysik verweist, sondern verbindlich machen will für eine allgemeine Theorie des Wissens. Für eine solche radikale philosophische Grundlegung, wie sie ja auch Husserl forderte, bedeutet dies, »daß das Wissen vom Unerforschlichen für die Theorie des Wissens selber verbindlich wird. Jenes Grundverhältnis soll ›erkannt‹, die Unerkennbarkeit des Lebens ›nach ihren Gründen klargemacht und hiervon die Folgen entwickelt werden‹: erst damit rechtfertigt sich der Anspruch der Lebensphilosophie, ein philosophischer ›Anfang‹ zu sein. Das heißt aber nichts anderes als: den Weg zu einer Logik gehen, die den Intentionen der Lebensphilosophie entspräche.« (LPh, 51)
Dies ist gleichsam der Hebelpunkt, an dem Misch ansetzt, um sich einerseits mit Husserl, andererseits mit Heidegger auseinanderzusetzen. Daß diese Auseinandersetzung nicht pauschal zwischen Lebensphilosophie und Phänomenologie stattfindet, wie es der Haupttitel eigentlich nahelegt, sondern daß es hier auf den Untertitel »Auseinandersetzung mit Heidegger *und* Husserl« im Sinne einer mehrseitigen Abgrenzung ankommt, wird gerade von diesem Einsatzpunkt her deutlich gemacht werden können.

2.

Wenn wir im folgenden die von Misch betonten Gegensätze herausarbeiten, so kann es sich nicht darum handeln, die schwierigen Differenzierungen, die insbesondere in der Auseinandersetzung mit »Sein und Zeit« vorgenommen werden, im einzelnen nachzuzeichnen. Ziel dieser Darstellung soll es vielmehr sein, einige vor über fünfzig Jahren an die Phänomenologie gestellte Fragen in Erinnerung zu rufen. Diese Fragen ergaben sich vor allem daraus, daß es sich bei dem Bemühen aller Beteiligten um die Aufgabe einer *philosophischen Grundlegung* handelte und die zentrale Frage einer solchen Grundlegung die nach Qualität und Verläßlichkeit der Fundamente war.

Als Ertrag der lebenslangen Bemühung *Diltheys* um eine philosophische Grundlegung der Geisteswissenschaften und damit der Philosophie selbst hatte sich – wenn auch systematisch nicht ausgearbeitet – die Aufgabe einer Selbstbesinnung des Menschen und der Gesellschaft im Medium der Objektivationen des menschlichen Geistes ergeben –, eine Selbstbesinnung, die nach dem Verzicht auf transzendente Setzungen als letztes Bollwerk gegen Relativismus und Skeptizismus fungieren sollte. Die Einsicht, daß es ein sicheres Fundament für eine Grundlegung des Wissens vom Menschen nicht mehr geben könne, durfte nicht zu Relativismus und Skeptizismus führen, sondern zu der Anerkennung der Notwendigkeit, von einem »Darinnen-sein im Leben« ausgehen zu müssen. Dies bedeutete sowohl die Preisgabe der Modellfunktion der rein theoretischen Erkenntnishaltung zugunsten der Anerkennung der »Totalität der Menschennatur« als auch die Preisgabe eines sicheren Ausgangspunktes: »Was der Mensch sei, sagt ihm nur seine Geschichte.« (GS VIII, 226)

Husserl hat bekanntlich dieser als »Historizismus« bezeichneten Position in schroffer Abhebung das Postulat (das er freilich nicht als persönlichen Angriff auf Dilthey verstanden wissen wollte) gegenübergestellt: »Wissenschaftliche Kritik und dazu eine radikale, von unten anhebende, in sicheren Fundamenten gründende und nach strengster Methode fortschreitende Wissenschaft: die philosophische Wissenschaft, für die wir hier eintreten.«[7]

In dem bekannten, an den »Logos«-Aufsatz Husserls sich anschließenden, kurzen Briefwechsel zwischen Dilthey und Husserl vom Sommer 1911 ist das Grundsätzliche dieses Gegensatzes nicht wirklich geklärt worden.[8] Dilthey war es im Grunde nur darum zu tun, den Vorwurf des Skeptizismus abzuwehren. »Unsere Differenz ... mag dabei in Geltung bleiben.«[9] Misch, der die

7 *Edmund Husserl, Philosophie als strenge Wissenschaft*, in: Logos 1 (1910/1911) 289-341, als Buchausgabe hrsg. von W. Szilasi, Frankfurt a.M. 1965 (die Seiten der Buchausgabe werden neben den Originalseitenzahlen angegeben), hier 337 (67).

8 *Der Briefwechsel Dilthey – Husserl,* hrsg. von Walter Biemel, in: Man and World 1 (1968) 434-442; jetzt in: *Materialien zur Philosophie Wilhelm Diltheys,* a.a.O. 110-120 (nach dieser Ausgabe wird im folgenden zitiert). – Vgl. zum folgenden auch die Einleitung der Herausgeber, ebd. 7-41, bes. 15-22.

9 Ebd. 118.

Briefe in Auszügen in LPh erstmals veröffentlichte, fand sogar, »daß in dieser Diskussion im Grunde die umgekehrte Lage als die, die in ihr festgestellt wird, zum Vorschein kommt« (LPh, 183). Das Entscheidende der Divergenz hebt Misch mit den folgenden Sätzen hervor: »Wohl treffen hier [– nämlich im Begriff der Wissenschaft, F. R.] beide Richtungen zusammen, aber nicht im Ergebnis, sondern in dem Punkt, von dem das gemeinsame Anliegen der Wissenschaft ausgeht. Die Grundlegung der Geisteswissenschaften rührt, indem sie sich zur Logik des geistigen Lebens vertieft, an eben den Punkt, von dem aus Husserls idealistischer Begriff der strengen Wissenschaft entworfen ist, aber sie lockert den Boden des logischen Phänomens selber auf, auf das sich dieser Begriff bezog.« (LPh, 184) Dieser »Punkt« der Berührung ist der Bedeutungsbegriff, oder – genauer gesagt – eine grundsätzlich verschiedene Konzeption dessen, was unter »Bedeutung« zu verstehen sei. Für den Husserl des »Logos«-Aufsatzes gründet sich strenge Wissenschaft auf die Möglichkeit, in Urteilen über das Wesen einer Sache »eine absolute, generell gültige Erkenntnis« auszusprechen,[10] und dazu bedarf er der objektiven Idealität der »Bedeutungseinheiten«. Misch macht hiergegen einen Bedeutungsbegriff geltend, der »den Boden des logischen Phänomens auflockert«. Dem Logos der objektiven Geltungseinheiten stellt er den Logos des »objektivierenden Denkens« (LPh, 185) und der evozierenden Aussage gegenüber, der dort in seinem Recht ist, wo es sich (nämlich in den Geisteswissenschaften) darum handelt, »einen Weg zu finden, um in die mit der Aussage bereits zum Stehen gebrachte Bewegung vom Leben her wirklich hineinzukommen«.[11] Es ist die Konzeption der bestimmt-unbestimmten Bedeutung derjenigen »hermeneutischen Bestände«, zu deren Charakterisierung Misch an mehreren Stellen seiner Schriften die eigenwillige Formulierung gebraucht, sie seien »unter der Berührung des Wortes erzitternde Gegenstände«.[12] Was

10 *Edmund Husserl, Philosophie als strenge Wissenschaft,* a.a.O. 316 (41).

11 *LPh,* 41; zum ›evozierenden Sprechen‹ vgl. *Otto Friedrich Bollnow, Bemerkungen über das evozierende Sprechen in der Logik von Georg Misch,* in: Sinn und Geschichtlichkeit. Werk und Wirkung Theodor Litts, hrsg. von J. Derbolav, C. Menze, F. Nicolin, Bonn 1980, 61-77. Vgl. *Bollnow, Studien zur Hermeneutik* II, a.a.O. 158 ff.

12 Vgl. *Idee der Lebensphilosophie,* a.a.O. (wie Anm. 2) 142; *LPh,* 96, 256 u. ö.

hiermit gemeint sein kann, soll im weiteren Verlauf dieser Erörterung noch deutlicher hervortreten.

Die Richtung, in der Misch die Auseinandersetzung voranbringen möchte, kann nun zunächst durch eine Metaphorik bestimmt werden, die wir als Boden-Metaphorik auch bei Husserl finden und auf die Misch sich zum Teil direkt bezieht. Immer wieder ist die Rede vom Boden, um dessen »Erweiterung« und »Auflockerung« es geht, im Sinne des Ernst-machens mit der Einsicht, »daß die Philosophie nicht auf festem Grunde darf bauen wollen« (LPh, 223, vgl. 231). »Der Boden«, so heißt es in dem Abschnitt »Die Auseinandersetzung zwischen Dilthey und Husserl«, »erweitert sich durch jenes hermeneutische Vorgehen, das ein ständiges Sichexponieren erfordert«.[13] Wenn Misch schon 1924 verlangt hatte, »daß die Hermeneutik ... in den Mittelpunkt der allgemeinen philosophischen Logik fällt« und »daß aus der Idee der Lebensphilosophie die Aufgabe einer Erweiterung der logischen Fundamente entspringt«,[14] so wird dies nun in LPh in unmittelbaren Zusammenhang mit Husserls eigenem Gebrauch dieser Boden-Metapher gebracht.

Dieser Einsatzpunkt lag nahe, drängte sich förmlich auf, denn Husserl hatte nicht nur im »Logos«-Aufsatz von der »in sicheren Fundamenten gründenden« philosophischen Wissenschaft gesprochen, sondern hat bis zuletzt die von ihm gesuchte radikale Grundwissenschaft verstanden als ein Freilegen des »universalen Boden-Seins« der fungierend-leistenden Subjektivität (Hua VI, 149 f.); als die Wendung, wie es in den »Cartesianischen Meditationen« heißt, »zum ego cogito als dem apodiktisch gewissen und letzten Urteilsboden, auf den jede radikale Philosophie zu begründen ist« (Hua I, 58). Und wenn auch Misch sich auf diese späten Texte in seiner Auseinandersetzung noch nicht beziehen konnte, so zeigte ihm doch die damals gerade erschienene (und in die Erörterung einbezogene) »Formale und Transzendentale Logik« Husserls, daß auch die Aufgabe einer philosophischen »Selbstbesinnung« verstanden werden konnte als eine »Selbstauslegung der transzendentalen Subjektivität«, die mich auf den »Bo-

13 An dieser Stelle (*LPh,* 189) steigert Misch die Boden-Metapher: »Der Weg des Wissens, bei dem es um ein Verständnis alles Menschlichen geht, führt durch die Abgründe dieser menschlichen Welt, in die kein Licht von oben fällt ...«

14 *Idee der Lebensphilosophie,* a.a.O. 142.

den meiner absoluten Subjektivität« führen sollte (Hua XVII, 280 f.).
Hier ist nun genauer zu bestimmen, was Misch dieser Grund-Legung entgegenzusetzen hatte.

3.

Misch betont an verschiedenen Stellen, die eigentliche Differenz zwischen Lebensphilosophie und Phänomenologie liege in der Verschiedenheit der Auffassung des Prozesses, »in dem der menschliche Geist sich findet« (LPh, 71, vgl. 82). Wenn er es in diesem Zusammenhang als sein Ziel erklärt, »den Weg zu einer Logik zu gehen, die den Intentionen der Lebensphilosophie entspräche« (LPh, 51), so darf dies nicht als ein wissenschaftstheoretisches Programm um seiner selbst willen aufgefaßt werden, sondern als die Konkretisierung dieser Idee der philosophischen Selbstfindung. Er nennt diesen Weg auch den einer »von innen heraus sich erweiternden transzendentalen Logik« (LPh, 33) und grenzt ihn scharf ab von dem, was er als den gemeinsamen Ansatz von Husserls und Heideggers Philosophieren ansieht, nämlich der »Logik-Ontologie«, die sich ihren Seinsbegriff letztlich von dem im Urteil vorausgesetzten Seinsverständnis vorgeben läßt. Hierauf wird noch zurückzukommen sein.
Auch hier folgt Misch den Intentionen Diltheys, der in seiner erkenntnistheoretisch-logisch-methodologischen Grundlegung der Geisteswissenschaften[15] der Logik und insbesondere der Kategorienlehre eine zentrale Funktion zugewiesen hatte. Schon in frühen Arbeiten, die erst 1982 zugänglich geworden sind,[16] stellt Dilthey fest, daß die Vollkommenheit der Logik eine Illusion sei, weil »sie sich nie der Prüfung der Tatsachen unterwarf, welche in den Wissenschaften des Geistes liegen« (GS XIX, 1). Bei der neuen

15 Der systematische Zusammenhang dieser Grundlegung ist in *GS XIX* dokumentiert. Eine erste ausführliche Interpretation dieses Bandes bietet *Hans-Ulrich Lessing, Die Idee einer Kritik der historischen Vernunft.* Wilhelm Diltheys erkenntnistheoretisch-logisch-methodologische Grundlegung der Geisteswissenschaften, Freiburg/München 1984.
16 *Frühe Entwürfe zur Erkenntnistheorie und Logik der Geisteswissenschaften* (vor 1880), in: *GS XIX*, 1-57.

Aufgabe handelte es sich um ein Verhältnis der Wechselseitigkeit: auf der einen Seite hatten die Geisteswissenschaften das Forschungsmaterial zu liefern, das auf die »logische Energie« (GS VIII, 32; vgl. LPh, 287, 323) hin zu untersuchen war, die auch noch in den vortheoretischen, alltäglichen, dichterischen, mythischen und religiösen Aussagen liegt; auf der anderen Seite hatte eine Kategorienlehre in transzendentaler Absicht sich so zu vertiefen, daß jene »generische Differenz zwischen dem Ontischen und Historischen«, also die kategoriale Besonderheit des Historischen gegenüber dem in der Tradition bevorzugten Reich des Mechanisch-Physikalischen in den Blick kam, um den systematischen Zusammenhang der Geisteswissenschaften sichtbar werden zu lassen. Die so herausgearbeiteten »Lebenskategorien« hatten die doppelte Funktion, die partikularen Einzelergebnisse der Geisteswissenschaften auf das Generische ihres Zusammenhangs hin transparent zu machen und andererseits als Elemente der Selbstbesinnung die Bedingungen der Möglichkeit geschichtlichen Daseins zu erweisen. Darin lag das Analogische und doch grundsätzlich Verschiedene gegenüber der kantischen Kritik.

Unter den Lebenskategorien gibt es nun, wie wir oben schon mehrfach gesehen haben, eine, die eine deutliche Vorrangstellung hat, nämlich die Kategorie der *Bedeutung*. In ihr wird eines der elementarsten Erlebnisse, dessen der Mensch überhaupt fähig ist, ausgesprochen: das Erlebnis der Zentriertheit der Einzelzüge und Einzelmomente seines Lebens, das nicht nur zeitlicher Verlauf und Vielfalt, auch nicht nur Kohärenz und Selbigkeit, sondern Bezogensein des Einzelnen auf eine Art kernhafter Mitte bedeutet. Die erlebbare Beziehung von Teilen zu einem Ganzen macht die Bedeutung der einzelnen Glieder innerhalb des Zusammenhangs aus, so daß Dilthey auch sagen kann, Bedeutung besage »nichts als Zugehörigkeit zu einem Ganzen«.[17] Die verschiedenen Akzentsetzungen, die Dilthey innerhalb einer erst neuerdings sichtbar gewordenen[18] Entwicklung dieser Konzeption vorgenommen hat, und die vor allem die Frage betreffen, ob das Moment der Kohärenz oder der Zentriertheit das Hauptcharakteristikum des Lebenszusammenhangs als Bedeutungszusammen-

17 *GS VII*, 230; vgl. *O. F. Bollnow, Dilthey*. Einführung in seine Philosophie, Schaffhausen [4]1980, 119f.

18 Vgl. *GS XIX*, bes. die Teile C: ›Berliner Entwurf‹ (296-332) und D: ›Leben und Erkennen‹ (333-388).

hang ausmachen, können hier beiseite gelassen werden. Entscheidend ist die sich durchhaltende Bestimmung, daß Bedeutung in einer nicht weiter ableitbaren Weise im Leben »aufgeht«, indem einzelne Erlebnisse sich als Teile eines übergreifenden Zusammenhangs erweisen.

Hier hat Misch eingesetzt. Denn hier ist die Stelle, an welcher der Zusammenhang der lebensphilosophischen Selbstbesinnung mit dem »Grundverhältnis« von peras und apeiron und der Aufgabe einer sich von innen erweiternden transzendentalen Logik erkennbar wird. Das »besonnene Feuer« der lebensimmanenten Bedeutungshaftigkeit ist nicht überzeitlich gültiges peras, sondern jenes »Innewerden«, das nach Dilthey jedem Erlebnis als immanente Reflexivität einwohnt und den Lebenszusammenhang auch dann zum Bedeutungszusammenhang werden läßt, wenn seine Sinnganzheit nicht in einem wesenhaft festliegenden Seinssinn, sondern einem offenen, bestimmt-unbestimmten Bedeutungsganzen besteht. Es geht noch immer um den Prozeß, in dem der menschliche Geist sich findet, – dies aber nun nicht nur in expliziter philosophischer Selbstbesinnung und -begründung, sondern auch »in seiner primären Form, im elementaren Verstehen als Innesein oder Innewerden unserer Auseinandersetzung mit Menschen und Dingen im Lebensverkehr, ... als ein In-sich-selbst-Zurückgehen des Lebens« (LPh, 71 f.).

Es ist Mischs Hauptthese in seiner Auseinandersetzung mit der »Logik-Ontologie«, daß jede ontologische Fragestellung, die einen absoluten Boden freizulegen versucht, der immanenten Reflexivität gegenüber gleichsam zu hoch einsetzt. Sie operiert bereits mit Begriffen der Gültigkeit, Logizität und Wissenschaft, die ihre Voraussetzungen in der apophantischen Logik haben, und hat deshalb, wie Misch auch Heidegger gegenüber kritisch anmerkt, die Aussagesphäre bereits »im Rücken«, wenn sie mit dem Seinsbegriff operiert (LPh, 40). Demgegenüber gilt es, einen Bereich des Logischen herauszuarbeiten, der nicht am Leitfaden der Prädikation, oder – wie Misch sagt: der reinen Diskursivität zu finden ist.

4.

Hier könnte nun vermutet werden, daß es Misch bei der Erweiterung des Geltungsbereiches des Logischen über die Sphäre der Prädikation hinaus um das Freilegen der Schicht der vorprädikativen Erfahrung gegangen sei. Dies würde dann im Zusammenhang damit zu interpretieren sein, daß es auch Husserl darum zu tun war, über die Grenzen der traditionellen Logik hinauszukommen. So heißt es in »Erfahrung und Urteil«: »Die phänomenologische Ursprungserhellung des Logischen entdeckt, daß der Bereich des Logischen viel größer ist als der, den die traditionelle Logik bisher behandelt hat«,[19] und dies führt dann zu dem genealogischen Zurückgehen vom prädikativen Urteil zur vorprädikativen Erfahrung. Dieser Ansatz entspricht dem des § 86 von »Formale und Transzendentale Logik«, wo eine »genetische Rückführung der prädikativen Evidenzen auf die nichtprädikative Evidenz, die da Erfahrung heißt« (Hua XVII, 217) vorgenommen wird. Auch in der »Krisis« wird die Logik in ihrem Anspruch, eine universale apriorische Fundamentalwissenschaft zu sein, dadurch eingeschränkt, daß erst durch eine »Rückleitung auf das universale vor-logische Apriori« die Logik selbst wie auch die objektiv-logischen, apriorischen Wissenschaften begründet werden können (Hua VI, 144). Wenn diese Rückleitung dann als »Begründung aus dem universalen lebensweltlichen Apriori« bezeichnet wird, so ist in der Tat die Frage naheliegend, ob es Husserl nicht doch in einer dem Dilthey-Misch'schen Ansatz durchaus vergleichbaren Weise um eine »Erweiterung der logischen Fundamente« gegangen sei.

Die genauere Analyse zeigt jedoch, daß diese Ähnlichkeit eine durchaus vordergründige ist und daß wir, im Gegenteil, gerade von diesem Vergleich aus – und noch immer bezogen auf die Boden-Metaphorik – den entscheidenden Divergenzpunkt bestimmen können.

Husserl ist es, auch im Rekurs auf das universale lebensweltliche Apriori, um ein *Tieferlegen* der Fundamente gegangen, nämlich um die allgemeine Struktur, »an die alles relativ Seiende gebunden ist«. Raumzeitlichkeit, Körperlichkeit, Kausalität und raumzeit-

19 *Edmund Husserl, Erfahrung und Urteil.* Untersuchungen zur Genealogie der Logik, hrsg. von L. Landgrebe, Hamburg ⁵1976, 3.

liche Unendlichkeit, die als das kategoriale Gefüge dieser allgemeinen Struktur genannt werden, sind nicht auf dem Wege einer *Erweiterung*, sondern der radikalen, transzendental-phänomenologischen *Freilegung* eines letzten »Sinnesbodens« gewonnen. In diesem Sinne ist Husserls Ausgriff über die traditionelle Logik hinaus keine »Auflockerung« des Bodens des logischen Phänomens, sondern, im Gegenteil, der Versuch einer letzten Fundierung, und es bleibt mit Misch zu fragen, ob die Suche nach diesem Fundament nicht doch ein für allemal vom Vorbegriff des in der Prädikation waltenden Logos bestimmt geblieben ist.
Mischs Weg ist ein völlig anderer. Er geht aus von der »logischen Energie« solcher Sätze, »die im Hervorbringen, im ›Wirkungszusammenhang‹ des Lebens aus dem Innewerden des Erwirkten entspringen« (LPh, 48). Diese sind »gänzlich zu unterscheiden von den rein diskursiven Aussagen über die – zu rein theoretischen Gegenständen festgemachten – Seinsgestalten des Menschlichen« (ebd.). Dies ist so zu verstehen, daß wir zu unterscheiden haben zwischen sprachlichen Ausdrücken, die, mit Dilthey zu sprechen, Erlebnisausdrücke darstellen, in denen ein innegewordener Bezug objektiviert wird; und, auf der anderen Seite, den Aussagen, die in einer bereits festliegenden Terminologie Sachverhalte bezeichnen, die ihrerseits in ihrer begrifflichen Repräsentation etwas Abgeschlossenes, in der Aussage ›Aufhebbares‹ darstellen. Zur Verdeutlichung seien hier zwei Beispiele gewählt, die Misch selbst nicht verwendet, die aber nach all dem, was er zu diesem Thema ausführt, seinen Intentionen entsprechen dürften. Für die Ausdrücke der ersten Art sei das Wort Rilkes angeführt:

»Denn das Schöne ist nichts
als des Schrecklichen Anfang, den wir noch grade
ertragen ...«

Für die Ausdrücke der zweiten Art wählen wir den terminus technicus: »Zweite oder hochdeutsche Lautverschiebung«. Es ist offenkundig, daß sich die Arten des Bedeutens beider Aussagen erheblich voneinander unterscheiden, indem den wohldefinierten Begriffen des zweiten Beispiels die »evozierenden« Begriffe des Dichterwortes gegenüberstehen. Die Unterscheidung, auf die es Misch ankommt, braucht jedoch nicht durch so extrem weit auseinanderliegende Beispiele veranschaulicht zu werden. Wir können auch von zwei umgangssprachlichen und semantisch nahe beisammen liegenden Begriffen ausgehen, wie »erwachsen« und »volljährig«. Wieder haben wir zu unterscheiden zwischen einem »bestimmt-unbestimmten« Bedeutungsgehalt einerseits und der Bestimmtheit eines Terminus.

Von dieser Unterscheidung aus kann nun zunächst deutlich gemacht werden, was Misch im Auge hatte, wenn er zur Charakterisierung seines Ausgangspunktes sagte, es handele sich »um die lebendige Art von Begriffen, die in den Geisteswissenschaften aufgrund des Ausdruckscharakters ihrer unter der Berührung des Wortes erzitternden Gegenstände entspringen« (LPh, 96). Die hochdeutsche Lautverschiebung oder die Volljährigkeit sind keine unter der Berührung des Wortes erzitternde Sachverhalte, insofern als ihre begriffliche Abgrenzung einer bestimmten diskursiven Ordnung (wir können dieses Wort im Sinne Mischs oder im Sinne moderner Diskurstheorien gebrauchen!) entspricht, die keine Unbestimmtheit zuläßt. Dagegen sind das Erwachsen-sein und noch mehr das »Schöne als des Schrecklichen Anfang« in hohem Maß fragile Sachverhalte. Sie sind in der Aussage nicht völlig bestimmt und »aufgehoben«, sondern eigentlich nur angesprochen. Sie bleiben damit allerdings nicht in beliebiger Unbestimmtheit, sondern in jener Offenheit, die das prägnant Erfaßte von der Bestimmtheit des terminologisch Repräsentierten unterscheidet. Volljährigkeit kann aufgrund vorgängiger Definitionen als gegeben oder nicht gegeben festgestellt werden, ohne daß es dabei eines Grundverhältnisses der Spannung zwischen Bestimmtheit und Unbestimmtheit der Aussage bedürfte. Dagegen lebt die Prägnanz einer Aussage, in der einem Menschen die Qualität des Erwachsen-seins abgesprochen wird (wie Wilhelm II. von seiten seiner Mutter) von der evozierenden »Deutigkeit«, die sehen läßt, ohne die Spannung des »Grundverhältnisses« aufzulösen.

Die Erweiterung im Begriff des Logischen, die Misch vornimmt, besteht also darin, daß er den Charakter des »Hindeutens« oder der »Deutigkeit«, der in den evozierenden Ausdrücken hervortritt, als eine Art des Wissens nimmt, »die, als ein logisches Phänomen erfaßt, nach Berücksichtigung in der Lehre vom Begriff verlangt« (LPh, 94). So kann er diesen Ansatz auch bezeichnen als »Versuch, den ›sprichwörtlichen Aussagen‹ und der Form der ›Evokation‹ ihr logisches Recht zuteil werden zu lassen« (LPh, 232). Die »evozierenden Aussagen für hermeneutische Gestaltungen« werden als prinzipiell gleichberechtigte, aber polar entgegengesetzte Möglichkeit den »rein diskursiven Feststellungen von theoretischen Gegenständlichkeiten« gegenübergestellt (LPh, 94 und öfter).

5.

Diese Unterscheidung erlaubt nun auch eine differenziertere Bestimmung des Verhältnisses von Dilthey-Schule und Phänomenologie, beide Begriffe im Sinne Mischs genommen. Als 1929, während Mischs Arbeit an der Fortführung der Abhandlung, Husserls »Formale und Transzendentale Logik« erschien, konstatierte Misch zwar die Wandlungen der Konzeption, vor allem im Blick auf eine »Logik der idealen Bedeutungsgebilde«, hielt jedoch fest: »Von seiner Grundhaltung gibt er nichts auf, er gräbt sich vielmehr nur noch tiefer in sie ein.« (LPh, 196) Dem Programm einer Selbstbesinnung als »Selbstauslegung der transzendentalen Subjektivität« hielt Misch entgegen, daß Husserl hier noch immer am Begriff der prima philosophia im Sinne des Logos-Aufsatzes festhalte und »an der Hand von Descartes und Hume« den voraussetzungslosen Anfang der Philosophie in der transzendentalen Subjektivität des »allein-einsamen philosophierenden Geistes« finde (ebd.).
Das eigentlich »Verfängliche« – ein Lieblingswort Mischs im Umgang mit der Phänomenologie – war für Misch jedoch nicht »Husserls Festhalten an dem Cartesischen Prinzip des Bewußtseins, sondern sein Verbleiben in der rein theoretischen Einstellung, ja die Behauptung von deren Primat, die in jenem Prinzip mitenthalten ist« (LPh, 208). Hier wäre es nun denkbar gewesen, innerhalb einer Auseinandersetzung mit Husserl *und* Heidegger an diesem Punkt den von Heidegger geltend gemachten Primat der Praxis (Zuhandenheit vs. Vorhandenheit) so aufzunehmen, daß der gemeinsame Ansatz des »Darinnenseins im Leben« sichtbar würde. Misch unternimmt in der Tat auch diesen Anlauf, der ihn jedoch zu einer in das Zentrum der Auseinandersetzung führenden Aufdeckung des eigentlichen Divergenzpunktes bringt. Misch geht aus von der Feststellung, daß die Frage nach der *usia,* die Seinsfrage, wie sie die Hermeneutik des Daseins der menschlichen Lebenswirklichkeit gegenüberstellt, zunächst eine solche ist,

wie sie sich »jeglichem gegenüber stellen läßt, was einen Namen hat und durch den Namen zunächst in phänotypischer Prägung als etwas Einheitliches angesprochen ist« (LPh, 30). Damit ist gemeint, daß der ontologische Zug in Heideggers Daseinsanalyse in einer auch für die Diltheysche Richtung nachvollziehbaren Weise auf einen *Seinssinn* der zu analysierenden Wirklichkeit abzielt, ohne, wie es scheint, in einer vorschnell platonisierenden Weise »die Wesenssphäre als etwas rein ideell Darstellbares von der geschichtlichen Wirklichkeit des Daseins zu trennen« (LPh, 31). So kann Misch hier einen wichtigen, in der Linie seiner eigenen Fragestellung liegenden Unterschied zwischen Husserl und Heidegger feststellen: »Gerade gegenüber der verfänglichen [!] Rede von den *Ideen,* bzw. dem *Eidos,* die Husserl bei der Ausbildung seiner Methode zu einer ›phänomenologischen Philosophie‹ in Kurs gesetzt hat, sollte der Rückgriff auf die *usia* und die Zurechtstellung dieses Grundbegriffes in der Bedeutung ›Seinssinn‹ oder ›Wie des Seins‹ ... den Zugang zu den Sachen wieder für eine unbefangene Aufklärung freimachen.« (LPh, 35) Eine solche, noch nicht die Frage nach Wesen oder Idee stellende Analyse des Daseins führt zu charakteristischen Wortbildungen mit -heit und -keit, in denen Strukturen, wie Zeitlichkeit und Geschichtlichkeit in den Blick kommen. Hier weiß sich der Schüler Diltheys zunächst einig mit dem Zug der begrifflichen Aufhellung und der Herausarbeitung von Existenzialien, die in vieler Hinsicht den Lebenskategorien Diltheys entsprechen. Denn es war ja der zentrale Gedanke des Diltheyschen Unternehmens einer Kritik der historischen Vernunft gewesen, die Begriffe und Aussageweisen der Geisteswissenschaften so auszubilden bzw. umzugestalten, daß in ihnen das spezifisch Historische, das in seiner Bedeutungshaftigkeit Wandlungs- und Entwicklungsfähige der menschlichen Daseinsweise zum Ausdruck gebracht würde. Aber dies erweist sich nun doch als eine nur scheinbare Gemeinsamkeit. Denn die Heideggersche Frage nach dem »Wie des Seins«, die als Leitfrage der Interpretation des Faktischen zunächst eine der lebensphilosophischen Intention vergleichbare Richtung auf die Sinn- und Bedeutungsstrukturen der menschlich-geschichtlichen Welt zu nehmen scheint, führt doch letztlich zurück »auf eine ursprüngliche Einheit in der die verschiedenen Seinsweisen ›umgreifenden Idee des Seins‹« (LPh, 35). Mit diesem Begriff der ursprünglichen Einheit der Idee des Seins, den Hei-

degger in »Sein und Zeit« gerade dort geltend macht, wo er auch noch die Einwände des Grafen Yorck dem Diltheyschen Ansatz gegenüber nicht radikal genug findet,[20] ist der eigentliche Divergenzpunkt bezeichnet. Heidegger hatte aus dem Briefwechsel zwischen Dilthey und Yorck den inzwischen fast schon sprichwörtlich gewordenen Passus hervorgehoben, Dilthey habe in seinen »Beiträgen zum Studium der Individualität« (GS V, 241 ff.), die »generische Differenz zwischen Ontischem und Historischem« zu wenig betont.[21] Gemeint war damit die bei Dilthey auch sonst feststellbare Tendenz, den Zusammenhang von organischer Natur und geschichtlicher Seinsweise nicht so radikal zu trennen, wie dies der Yorckschen Auffassung von Historizität entsprach. Hier setzte nun Heidegger metakritisch ein: auch der Yorcksche Begriff des Ontischen, allgemeiner verständlich gesagt: sein Begriff des nicht-menschlich-geschichtlichen Seienden sei zu sehr von der Herrschaft der traditionellen Ontologie bestimmt, die ihren Begriff des Seins am Vorhandensein der Natur und damit in »grundsätzlicher Verengung« entwickelt habe. Dies führe ihn dazu, Ontisches von Historischem in der Weise zu unterscheiden, als ob Historisches nicht selbst auch eine Art von Seiendem sei, das zusammen mit dem naturhaft Seienden in eine ursprünglichere Einheit, nämlich die Idee des Seins, zu bringen sei. »Die Idee des Seins umgreift ›Ontisches‹ *und* ›Historisches‹. *Sie* ist es, die sich muß ›generisch differenzieren‹ lassen.«[22]
Hier setzt Misch nun seinerseits mit seiner Kritik ein: »Welcher Weg führt von dem Sehen und Sehenlassen ... zum Wissen von der ›ursprünglichen Einheit‹? Und mit welchem Recht tritt an dieser Stelle die ›Idee des Seins‹ ein? ... Wo öffnet sich von der Hermeneutik des Daseins aus der Weg zu Plato? ... Ist dieses durchgängige Operieren mit dem Seinsbegriff wirklich belanglos?« (LPh, 36 ff.) Misch kommt zu dem Ergebnis, daß die zunächst angenommene Gemeinsamkeit von Dilthey und Heidegger sich nun doch auflöse zugunsten einer unerwarteten Nähe zwischen Heidegger und Husserl gerade an dem Punkt, wo sie im

20 *Martin Heidegger, Sein und Zeit,* Halle 1927, 397 ff.
21 *Der Briefwechsel zwischen Wilhelm Dilthey und dem Grafen Paul Yorck v. Wartenburg 1877-1897,* hrsg. von Sigrid v. d. Schulenburg, Halle 1923, 191.
22 *Martin Heidegger, Sein und Zeit,* 403.

Selbstverständnis Heideggers doch am weitesten entfernt seien: nämlich durch das letzte Fundament einer Seinsidee. Diese könne gar nicht anders begründet werden als durch jenen Teil des Logos, der nur noch peras und nicht mehr apeiron ist, also durch den zum Stehen gekommenen Logos der prädizierenden Aussage, der uns mit dem ›ist‹ der Kopula die Seinsidee vermittelt. Auch Heidegger habe die Aussage-Sphäre bereits im Rücken – und nicht erst vor sich –, wenn er so mit dem Seinsbegriff operiere, und es scheine von vornherein für ihn festzustehen, »daß die ursprüngliche Linie des Zusammenhangs vom Leben her zum ›Sein‹ hingeht, ja zugleich, daß dieses jenem zugrunde liegt« (LPh, 39).
Es kann hier nicht darauf ankommen, über das Zutreffende einer solchen Kritik zu entscheiden. Sie ist erstens differenzierter, als es das zwangsläufig verkürzende Referat erkennen läßt; sie ist ferner nicht abgeschlossen, sondern vielmehr ein erster Schritt, dem sich im Fortgang der Abhandlung weitere Schritte anschließen; und sie hat schließlich in unserem Zusammenhange nur eine ganz bestimmte und begrenzte Funktion, nämlich den Punkt zu markieren, wo Misch, von Dilthey herkommend, die »Logik-Ontologie« von seiner transzendentalen, oder, wie wir nun auch sagen können »hermeneutischen« Logik radikal geschieden findet. Dies führt uns zu einem abschließenden Abschnitt, in dem sich die Erörterung dem schon verschiedentlich verwendeten, aber noch nicht systematisch erhellten Begriff des »Hermeneutischen« zuzuwenden hat.

6.

Es ist oben schon hervorgehoben worden, daß die Bestimmung dessen, was Misch unter »evozierenden Ausdrücken« versteht, näher erläutert werden kann durch den Gegensatz zu den »rein diskursiven Feststellungen«, und daß diesem Gegensatz ein solcher zwischen »hermeneutischen Gestaltungen« und »theoretischen Gegenständlichkeiten« entspricht. Eine genauere Kennzeichnung des Begriffes »hermeneutisch«, wie Misch ihn gebraucht, läßt sich also von dieser Polarität aus am besten durchführen. Hierfür bietet jedoch der Text von LPh eine weniger überschaubare Basis als die Vorlesung, die Misch unter dem Titel

»Logik und Einleitung in die Theorie des Wissens«[23] in Göttingen in den zwanziger und frühen dreißiger Jahren mehrfach gehalten hat und die im systematischen Ansatz mit LPh völlig übereinstimmt. Hier ist im Schlußkapitel die Unterscheidung zwischen hermeneutischen Gestaltungen und theoretischen Gegenständlichkeiten so durchgeführt, daß nicht nur die Begriffe »hermeneutisch« und »hermeneutische Logik« von hier aus expliziert werden können, sondern daß auch das uns primär beschäftigende Postulat der »Erweiterung der logischen Fundamente« einer weiteren Erörterung zugänglich gemacht werden kann.

Ohne den Gedankengang der Vorlesung im ganzen hier wiedergeben oder auch nur skizzieren zu können, läßt sich doch vor dem Hintergrund der aus LPh gewonnenen Grundgedanken der systematische Ansatz für eine den Rahmen der traditionellen Logik sprengende philosophische Logik in wenigen Sätzen andeuten. Wir kommen hierbei noch einmal auf das oben (S. 98 ff.) Skizzierte zurück. Es ist das Einsetzen einer Theorie des Wissens beim Phänomen des Ausdrucks, oder – um diesen Begriff gleich einzuführen – bei der »Ausdruckswelt«. Die »ursprüngliche Form des Bewußtwerdens« (Fasz. VII, 29), die Misch im Ausdruck sieht, soll Ausgangspunkt einer Gesamtbetrachtung des Logischen sein. Hierbei ist wichtig, daß Misch im Ausdruck nicht so sehr das Element der Expression als vielmehr der Objektivation hervorhebt. In Diltheys Terminologie gesagt: Es geht hier weniger darum, von einem Erwirkten auf ein Wirkendes zurückzufragen und den Ausdruck als Symptom einer sich ausdrückenden Lebendigkeit zu nehmen, sondern die Ausdrucksleistung, vor allem die des sprachlichen Ausdrucks, als Leistung des Gegenständlich- und Greifbarwerdens von Erlebnissen zu sehen. »Das geistige Leben kommt zum Bewußtsein seines eigenen Sinnes, zur ›Besinnung‹, aufgrund dessen, daß es sich objektiviert in irgendeiner Art des Ausdrucks«, und die Universalität dieser Objektivationsleistung läßt Misch davon sprechen, »daß die ganze

23 *Georg Misch, Logik und Einleitung in die Theorie des Wissens.* Vorlesungen (Herausgabe in Vorbereitung). Handschriftenabteilung der Göttinger Staats- und Universitätsbibliothek, Sign. Cod. Ms. Misch (hier zitiert nach Fasz.- u. Seitenzahl). – Eine ausführliche Darstellung dieser Vorlesungen – gestützt auf die in Bochum begonnene Edition – gibt *Otto Friedrich Bollnow, Studien zur Hermeneutik* II, a.a.O. 46-193.

geistige Welt, in der wir leben, eine Ausdruckswelt ist« (Fasz. VII, 72).

Von dieser allgemeinsten Voraussetzung her ergibt sich nun weiter, daß mit der Universalität der Ausdruckswelt auch eine solche einer Welt des Bedeutens gegeben ist, wobei es Misch auch hier wieder darauf ankommt, zwischen »Bedeutung« im Sinne eines festliegenden Bedeutungsgehaltes und dem »Bedeuten« als dem »geistigen Akt des Hervorbringens, Offenbarmachens des Sinnes« (Fasz. VIII, 2) zu unterscheiden. Es ist Misch darum zu tun, »zu zeigen, daß Sinn und Bedeutung in eines mit dem Ausdruck ein Urphänomen des Lebens, des gemeinschaftlichen Lebens in der Ausdruckswelt überhaupt ist« (Fasz. VIII, 9).

Misch charakterisiert nun die spezifische Leistung des sprachlichen Ausdrucks als »produktiv objektivierend, die Bedeutung des Erlebten hervorhebend« (Fasz. VII, 53), und dies ist gleichsam die Klammer, welche das Ganze dieser weit ausholenden, vom vortheoretischen, aber immer schon kommunikativen »Lebensverhalten« zur Diskursivität aufsteigenden Vorlesung zusammenhält. Denn diese Leistung der produktiv objektivierenden Artikulation ist der sich durchhaltende Zug des »Logischen«, der auf verschiedenen Stufen des Bewußtwerdens und Bewußtmachens das gegenständliche und schließlich das theoretische Wissen charakterisiert. Hier wäre es nun denkbar, im Sinne einer *einlinigen* Genealogie des Wissens einen Strukturzusammenhang zwischen vorgegenständlichem Lebensverhalten und der prädikativen Leistung in wissenschaftlichen Sätzen aufzusuchen. Durch den Einsatz bei der Universalität der Ausdruckswelt ist jedoch dieser Weg, der nicht zu einer Erweiterung, sondern zu einer Vertiefung der Fundamente führt, schon im Ansatz vermieden.

Diesen Unterschied gegenüber Husserl, auch dem Husserl der »Krisis« gegenüber, gilt es auch da, wo Misch ihn nicht selbst betont, deutlich hervorzuheben. Er besteht, wie wir schon gesehen haben, darin, daß Misch neben die eine Linie, die vom vortheoretischen, »werktätigen« Wissen zur rein diskursiven Leistung wissenschaftlicher Feststellungen von Sachverhalten führt, einen zweiten genealogischen Strang stellt, innerhalb dessen sich bestimmte Charakteristika der Ausdruckswelt auch noch in den höheren Formen des diskursiven Wissens erhalten.

Es handelt sich dabei um das Phänomen der Realisierung von *Bedeutsamkeit* des in Lebensverhalten und Lebensverkehr Begegnenden.[24] Misch konstatiert zwar Übereinstimmung »in der von Husserl und von Dilthey her zusammentreffenden philosophischen Bewegung über Scheler zu Heidegger hin«, was die Anerkennung einer vor der Subjekt-Objekt-Spaltung liegenden »Verbundenheit der Lebewesen mit dem umweltlich Begegnenden und miteinander« betrifft, »aus der heraus sich das Begegnende in seiner Bedeutsamkeit aufschließt« (Fasz. x, 183). Während sich hier nun aber einerseits eine Linie zur Wissenschaft hinziehen läßt, in deren Verlauf der Charakter der Lebensverbundenheit des Wissens immer stärker zurücktritt zugunsten abstrakter Repräsentationen von Sachverhalten, will Misch auch jenem zweiten Strang sein Recht auf Anerkennung in einer Theorie des Wissens erhalten wissen: die in den Lebensbezügen aufgehende Bedeutsamkeit von Personen und Dingen darf in einer Theorie des Wissens nicht nur als lebensweltliches Relikt behandelt werden, sondern verlangt, ihre bestimmte Stelle innerhalb jenes zweiten Strukturzusammenhangs des Wissens angewiesen zu bekommen. Denn das Erfahren und Aussprechen von Bedeutsamkeit ist nicht restringiert auf elementare Bezüge des Lebensverhaltens, wie Angst, Vertrautheit und Schmerz, sondern ist gleichermaßen präsent in dem, was mich in charakteristischer Weise anmutet und nach Objektivation in einem prägnanten Ausdruck verlangt, in der Dichtung, in Philosophie und Religion, aber auch in den historischen Geisteswissenschaften.

Hier entstehen nun die »hermeneutischen Gestaltungen«, in denen »aus einer Verbundenheit mit dem Leben des Gegenstandes« der Gegenstand selber »in Ganzheit zur Aussprache kommen«

24 In der evozierenden Aussage ist der »getreue Ausdruck« das Mittel, »um den Gegenstand in seiner Bedeutsamkeit sehen zu lassen: die Realität selbst soll hingestellt werden, nicht Aussagen über sie gemacht werden; sondern durch die Aussagen hindurch soll das Verständnis in die erlebte Realität selbst hineintreten, sich von ihm erfüllen lassen. Zwischen Ausdruck und Gegenstand findet ein Verhältnis der Immanenz statt, derart, daß das, was ausgesagt wird, in das Leben des Gegenstandes hineinführt, in der Entfaltung es zugleich gestaltet.« (Fasz. xiv, 48) – »Die Diskursivität ist hier nichts Selbstgenügsames, sondern dient als Mittel, um das Gemeinte in Sicht zu bringen, vernehmlich zu machen, es durch die Sätze hindurch vor das geistige Auge zu rücken, es selber zur Sprache zu bringen, so daß es laut wird, – laut = vox (= evozieren)« (Fasz. xiv, 57).

soll (Fasz. XIV, 50). Misch verdeutlicht dies vor allem an dem Versuch Goethes, die Anmutungsqualität des Wassers dichterisch auszusprechen. Dies geschieht durchaus in der Sphäre der diskursiven Rede, aber nicht in der »rein diskursiven«, sondern der evozierenden Rede. In damit vergleichbarer Weise komme es auch in den Geisteswissenschaften darauf an, »für die grundlegenden Verhältnisse, die sich beschreiben und erläutern lassen, nun den zusammenfassenden, den prägnanten, treffenden, aufklärenden und erschöpfenden Ausdruck zu finden, der die Beschreibung und Erläuterung zusammenfaßt« (Fasz. XIV, 137).[25]
»Hermeneutisch« heißen nun diese Gestaltungen, weil durch die Leistung der produktiv objektivierenden Artikulation des Ausdrucks, in denen die Bedeutsamkeit von Personen und Dingen objektiviert wird, eine Auslegung stattfindet. Diese unterscheidet sich prinzipiell von der Feststellung von Sachverhalten im Sinne von »theoretischen Gegenständlichkeiten«. Während hier, in der rein diskursiven Aussage, ein gleichsam eindimensionales Fortschreiten in der Verbindung eindeutiger Begriffe zu einem Abschluß hin stattfindet, dessen Resultat »in der Aussage ›aufgehoben‹ und rein aus ihr entnommen werden« kann (LPh, 96), liegt in den hermeneutischen Gestaltungen eine Art des Wissens vor, das nicht in dieser Weise abgerufen werden kann. Der hier sich erhebende Aussageinhalt »enthält das Gemeinte nicht in sich aufgehoben, sondern vereinigt sich von innen dynamisch mit dem eigentlich gemeinten Gegenstand auf eine nicht aussagbare, sondern nur realisierbare Weise« (Fasz. XIV, 107). Das in der hermeneutischen Gestaltung evozierend Angesprochene ist nicht rein diskursiv-logisch, etwa durch Unterordnung unter Oberbegriffe bestimmbar, sondern »muß im Vollzuge ergriffen werden. Der Begriff kann nur darauf hindeuten.« (Fasz. XIV, 111)
Dieser »Vollzugscharakter des Wissens« (Fasz. XIV, 99) hat jedoch nichts Mystisches an sich, wie es bei Bergson erscheinen könnte, sondern muß – darin besteht ja die Erweiterung der logischen Fundamente – als ernst zu nehmendes logisches Phänomen in die Theorie des Wissens eingebracht und vor allem für die logisch-methodologische Grundlegung der Geisteswissenschaften frucht-

25 Diese Sätze sind – mit leichten Änderungen – einer Rezension der »Psychologie« von William James durch Bernhard Groethuysen (in: Zeitschrift f. Psychologie u. Physiologie der Sinnesorgane 56 [1911]) entnommen, die *Misch* auch in *LPh*, 95 zitiert. Vgl. u. S. 154.

bar gemacht werden. Die hier stattfindende Begriffsbildung, die Misch gelegentlich auch »realisierende Begriffsbildung« nennt (LPh, 257), kann dadurch charakterisiert werden, daß mit der Leistung des »Hindeutens und Hervorrufens« doch zugleich eine begriffliche Festigkeit erreicht wird, die durch die Prägnanz, oder, wie Misch sagt, »durch das Treffende des getreuen Ausdrucks geschieht« (Fasz. XIV, 103). Zwar liegt – im Gegensatz zu der neutralisierten wissenschaftlichen Terminologie, wie sie Misch vorzugsweise den Naturwissenschaften zuspricht – die Schwäche einer solchen Begrifflichkeit darin, daß sie einem Funktionswandel ausgesetzt ist, wenn sie nämlich zu terminologischer Festigkeit gerinnt und dann ihre Prägnanz verliert. Dies ist jedoch nur ein weiterer Hinweis darauf, daß die eigentliche Aussagekraft solcher realisierender Begriffe in jenem Logos der »Deutigkeit« liegt, der ein allgemeiner Zug auch der vortheoretischen Ausdruckswelt ist.

Der Begriff des Hermeneutischen in seiner Anwendung auf objektivierte Erfahrung von Bedeutsamkeit (= hermeneutische Gestaltungen) bedarf noch einer weiteren Bestimmung. Hermeneutische Gestaltungen sind nicht nur dadurch »hermeneutisch« zu nennen, daß sie produktiv objektivierende Interpretationen der Wirklichkeit darstellen, sondern vor allem dadurch, daß der in ihnen sich aussprechende »Vollzugscharakter des Wissens« auf eine bestimmte Art des *verstehenden* Nachvollzugs hin angelegt ist. Dies ist im Grunde schon durch die Begriffe »Evozieren«, »Hindeuten« usw. ausgedrückt, in denen ja der besondere kommunikative Aspekt der produktiv-objektivierenden Artikulation vorausgesetzt ist. Für diesen Zusammenhang des Verstehens gebraucht Misch das Bild von einer »Grundbewegung«, die auf das in der hemeneutischen Gestaltung Gemeinte zugeht, und doch auch wiederum von diesem auszugehen scheint. Misch spricht in LPh von einem »Bezug zu einem ›Bestimmt-Unbestimmten‹, der uns in die Bewegung zu ihm hin versetzt, damit wir nachbildend in die Bewegung von ihm her hineinkommen« (LPh, 87). Diese (zweifellos extrem evozierende) Formulierung deutet an, daß in der hermeneutischen Gestaltung ein Stück Wirklichkeit zum Sprechen gebracht ist, und es darauf ankommt, diese von dem Gemeinten ausgehende Bewegung des Uns-Ansprechens so aufzunehmen, daß es nunmehr unsere eigene vernehmende Hinwendung zu sein scheint, die die Gegenstände zum Sprechen bringt.

Fichtes und Heideggers Versuche, ihre Leser in eine solche »realisierende Vergegenwärtigung« gleichsam hineinzuzwingen, sind für Misch eminente Fälle dieses Verfahrens.
»Hermeneutisch« ist schließlich eine Logik zu nennen, die – z. B. in der Lehre vom Begriff – den evozierenden Charakter der Deutigkeit nicht als Beeinträchtigung wissenschaftlicher Klarheit und Eindeutigkeit aus der Grundlegung der Wissenschaft verbannt, sondern »den Boden des logischen Phänomens auflockert«, ohne doch im Unergründlichen zu versinken. Das »besonnene Feuer« der lebensimmanenten Reflexivität, das schon die elementare Ausdruckswelt kennzeichnet, will Misch auch in den höchsten Formen der Selbstaussagen des Lebens als Gestaltungen aus dem Grundverhältnis von peras und apeiron verstanden wissen. Dieser Logos ist ein nie fertiger, statischer, sondern ein in seiner Vernehmbarkeit *werdender* Sinn. Ihn trotzdem in das Fundament einer wissenschaftlichen Selbstbesinnung mit hineinzunehmen in einer Erweiterung der logischen Fundamente der Geisteswissenschaften, darum ging es Misch auch in seiner Auseinandersetzung mit Husserl.

Hermeneutische Logik im Umfeld der Phänomenologie: Georg Misch, Hans Lipps, Gustav Špet*

Sehr verschiedene Bereiche und Strömungen lassen sich denken bei dem Wort »Umfeld der Phänomenologie«. In den folgenden Erörterungen soll dieses Umfeld durch den kritischen Bezug bestimmt sein, in dem einige Philosophen zu Husserls Frühwerk, den *Logischen Untersuchungen*, standen, von dem sie entscheidende Anregungen empfangen hatten, ohne jedoch die Voraussetzungen des Husserlschen Denkens, vor allem seinen Ausgangspunkt in der Mathematik, zu teilen. Dieses besondere Umfeld ist also dadurch gekennzeichnet, daß hier Fragen der Logik, insbesondere der Logik des Begriffs, nur teilweise mit jenem »Logischen«, das in den *Logischen Untersuchungen* gemeint ist, zu tun haben, daß aber andererseits bestimmte Fragestellungen eindeutig von Husserl vorgegeben und als solche anerkannt sind.

I.

Schon Dilthey stand in diesem doppelten Bezug. Er hat bekanntlich als einer der ersten auf Husserls Buch hingewiesen, es als »epochemachend« bezeichnet, es in seinem Seminar behandelt. Der Einfluß des Buches auf Diltheys Spätwerk *Der Aufbau der geschichtlichen Welt in den Geisteswissenschaften* zeigt sich vor allem in der Einführung der Kategorie »Ausdruck« in Diltheys Verstehenstheorie. Die dort erscheinende Triade »Erlebnis-Ausdruck-Verstehen« hebt stärker als in früheren Schriften Diltheys den Gedanken hervor, daß das Verstehen von Erlebnisgehalten angewiesen ist auf deren Objektivierung in »Ausdrücken«, die ihrerseits eine Bedeutung haben. In diesem Zusammentreffen des *hermeneutischen* Problems des Verstehens von Lebensäußerungen anderer Personen mit dem *semiotischen* Problem des Verste-

* Zuerst erschienen als Beitrag zu dem Sammelband: Phänomenologie im Widerstreit. Hrsg. v. O. Pöggeler und Ch. Jamme, Frankfurt a. M. 1989.

hens der Bedeutung von Ausdrücken oder Zeichen ergab sich eine z. T. völlig gegen die Intentionen Husserls gerichtete Fortwirkung der *Logischen Untersuchungen.* Denn die Begriffe »Ausdruck« und »Bedeutung« sind außerordentlich vielseitig. Husserl versteht unter Ausdruck »jede Rede und jeden Redeteil, sowie jedes wesentlich gleichartige Zeichen, [...] wobei es darauf nicht ankommen soll, ob die Rede wirklich geredet, also in kommunikativer Absicht an irgendwelche Personen gerichtet ist oder nicht.«[1]

Hauptkriterium für das Ausdruck-sein ist nach Husserl das Zusammenkommen einer physischen Ausdruckserscheinung mit sinngebenden Akten, die sich auf eine ausgedrückte Gegenständlichkeit beziehen. Der Ausdruck ist »sinnbelebter Wortlaut«, die sinnverleihenden Akte sind »Bedeutungsintentionen«, wobei es für den Ausdruck außerwesentlich ist, ob diese Intentionen leer oder erfüllt sind.[2] Gänzlich zu trennen von diesem Begriff des Ausdrucks i. e. S. ist die Funktion einer Ausdruckserscheinung als »Anzeichen«, wobei darunter verstanden werden kann einmal die den sprachlichen Ausdruck begleitende Mimik und Gestik, wie auch die kommunikative Funktion des Ausdrucks als Kundgabe. Was für Husserl in dieser Analyse allein zählt, ist die Bedeutungsintention, die das physisch erscheinende Wortgebilde erst zum Ausdruck macht. Es drückt unser meinendes Gerichtetsein auf eine Sache aus.

Der so formulierte semiotische Ansatz war für die Abklärung der hermeneutischen Theorie Diltheys in dreierlei Hinsicht hilfreich: er schärfte Diltheys Bewußtsein für die Gefahren des *Psychologismus* (wenngleich nicht davon gesprochen werden kann, daß Diltheys Denken sich unter dem Einfluß Husserls von einem »psychologischen« zu einem »hermeneutischen« Ansatz verwandelt habe); er gab der Rolle der *fixierten Lebensäußerungen* ein größeres Gewicht; und er gab der von Dilthey seit dem Ende der achtziger Jahre immer mehr ins Zentrum seines Interesses gerückten Kategorie der Bedeutung letztlich eine Schlüsselrolle innerhalb der Verstehenstheorie.

Dies darf jedoch nicht so verstanden werden, als ob Dilthey die zentralen Theoreme der *Logischen Untersuchungen* in seine Her-

1 *E. Husserl: Logische Untersuchungen.* Husserliana, Bd. XIX, 1, 1984. 37.
2 Vgl. ebd., 44.

meneutik inkorporiert hätte. Dies war undenkbar; denn Husserls phänomenologisch-semiotischer Ansatz war letztlich an der Mathematik orientiert, wie sein Begriff der »idealen Bedeutungseinheit« zeigt. Wenn er davon spricht, daß »der Ausdruck das Zufällige ist und der Gedanke, die ideal-identische Bedeutung, das Wesentliche«[3] und wenn er demgemäß dem okkasionellen Schwanken des Bedeu*tens* die objektive Geltung der Bedeu*tung* gegenüberstellt, so entwickelt er dies am Beispiel einer »fest bestimmten« Wirklichkeit, nämlich der mathematisch-physikalisch repräsentierbaren Natur: »Was ist, hat seine an sich *fest bestimmten* Beschaffenheiten und Verhältnisse, und ist es reales Sein im Sinne der dinglichen Natur, seine *fest bestimmte* Ausbreitung und Stellung in Raum und Zeit, seine *fest bestimmten* Weisen der Verharrung und Veränderung. Was aber in sich *fest bestimmt* ist, das muß sich objektiv *bestimmen* lassen, und was sich objektiv *bestimmen* läßt, das läßt sich, ideal gesprochen, in *fest bestimmten* Wortbedeutungen ausdrücken. Dem Sein an sich entsprechen die Wahrheiten an sich und diesen wieder die *festen* und eindeutigen Aussagen an sich.«[4]

Eine solche Position war selbstverständlich nicht vereinbar mit dem Programm Diltheys, im Zuge einer logisch-methodologischen Grundlegung der Geisteswissenschaften »Begriffe zu bilden, welche die Freiheit des Lebens und der Geschichte ausdrükken«, »Begriffe, welche Energien, Bewegungsrichtungen, Umsetzungen der historischen Kräfte ausdrücken.«[5] Wie sehr sich Dilthey dieses Gegensatzes schon vor der Kontroverse aus Anlaß von Husserls »Logos«-Aufsatz von 1911 bewußt war, zeigt seine Abwehr der »psychologischen Scholastik« der Brentano-Schule, der er vorwarf, aus abstrakten Entitäten, wie Verhaltensweise, Gegenstand, Inhalt usw. das Leben zusammensetzen zu wollen. Diese Notiz schließt mit dem Vermerk: »Das Äußerste hierin Husserl.«[6]

Aber es bleibt doch, bei aller Zuspitzung dieses Gegensatzes, wie

3 Ebd., 100.

4 Ebd., 95 (Hervorhebungen von mir). – Es ist freilich hervorzuheben, daß Husserl hier ein »unendlich weit entferntes« Ideal einer Isomorphie von Sein und Sprache meint.

5 *W. Dilthey, Ges. Schr.* VII, 203.

6 Ebd., 237. – Zur Beziehung Dilthey-Husserl vgl. die oben S. 13 ff. bereits zitierten Arbeiten von H.-G. Gadamer und E. Ströker.

sie dann einerseits Husserl selbst im »Logos«-Aufsatz *Philosophie als strenge Wissenschaft* vorgenommen hat und auf der anderen Seite Georg Misch durchführte, ein ganz bestimmter Einfluß des »epochemachenden« Buches. So dürfte der zentrale Diltheysche Begriff des »Erlebnisausdrucks« ohne die Berührung mit den Analysen Husserls kaum geprägt worden sein, auch wenn das Forschungsinteresse in eine völlig andere Richtung ging. Dilthey operiert im Zusammenhang einer semiotischen Vertiefung seiner Verstehenstheorie gelegentlich mit dem allgemeinen Begriff »Lebensäußerungen«, dem er dann verschiedene Klassen, wie theoretische Aussagen, Handlungen und Erlebnisausdrücke subsumiert. Sie alle haben gemeinsam, »äußere Zeichen« (VII, 320) eines Inneren zu sein, das allerdings in sehr verschiedener Weise in ihnen objektiviert ist. Im Sinne der Husserlschen Definition würde nur der kleinste Teil dieser Lebensäußerungen »Ausdruck« genannt werden können, nämlich die durch Bedeutungsintentionen »belebten« Wortzeichen. Alle übrigen wären für Husserl bloße Anzeichen für ein im einzelnen zu bestimmendes Psychisches. Diltheys Interesse gilt demgegenüber vor allem den Erlebnisausdrücken, wozu er insbesondere die künstlerischen Objektivationen rechnet.

Diese besondere Klasse von Lebensäußerungen wird in einem nachgelassenen Fragment Diltheys charakterisiert als hervorgehend aus dem »Bedürfnis, dies Innere irgendwie zum Ausdruck zu bringen, irgendwie vor sich selbst hinzustellen oder anderen mitzuteilen« (VII, 320). Versucht man, diese eher beiläufig vorgenommene Charakterisierung etwas systematisierend zu unterstreichen, so sind hier zwei Komponenten hervorzuheben: Erstens das Bedürfnis, ein Erlebnis überhaupt faßbar zu machen in der Objektivation; und zweitens dies in kommunikativer Absicht zu tun. Fassen wir beide Aspekte zusammen, so können wir – um hier den oben (S. 142) schon eingeführten Zentralbegriff von Georg Misch wieder aufzunehmen – von einem Akt »produktiv-objektivierender Artikulation« sprechen und dies als Charakteristikum der Erlebnisausdrücke im Sinne Diltheys festhalten. Es sind Ausdrücke in einem von Husserls Definitionen stark abweichenden Sinn. Ihr Wesen ist nicht durch die Bedeutungsintention allein zu bestimmen. Das Gerichtet-sein auf eine fest bestimmte Bedeutungseinheit enthielte ja nicht als notwendiges Konstituens jene Spannung des Artikulationsvorganges, die sich aus der immanenten Entfaltung der Sache ergibt. Das Entscheidende daran ist, daß wir uns im Erlebnisausdruck nicht auf eine fest bestimmte Wirklichkeit beziehen, sondern auf eine »bestimmt-unbestimmte«; eine zwar nicht beliebige und vage, aber doch offene und gestaltungsfähige Wirklichkeit, deren Verständnis uns im Artikulationsprozeß unserer Erfahrung erst aufgeht.

2.

So viel schien mir vorausgeschickt werden zu müssen, um jenes Spannungsverhältnis zu charakterisieren, das der Dilthey-Schüler *Georg Misch* mit dem Titel seines Buches *Lebensphilosophie und Phänomenologie*[7] gemeint hat. Von dieser Spannung, für deren Darstellung die Sonderstellung Heideggers sich allerdings als ein spezifisches Problem erweisen würde, sind die drei verschiedenen Ansätze zu einer hermeneutischen Logik, mit der wir uns hier beschäftigen, in erheblichem Maße geprägt. Ihre Verschiedenheit legt die Frage nahe, ob unter dem gleich lautenden Titel überhaupt von der gleichen Sache geredet wird. Dies gilt insbesondere für den Ansatz des in Deutschland noch verhältnismäßig unbekannten russischen Phänomenologen Gustav Špet, dessen noch unveröffentlichtes Manuskript *Die Hermeneutik und ihre Probleme*[8] den bisher gängigen Begriff einer hermeneutischen Logik zumindest modifiziert.

Es war ja in den vergangenen Jahrzehnten hierzulande eine Selbstverständlichkeit, daß der Begriff »hermeneutische Logik« (wenn er überhaupt bekannt war) auf *Georg Misch* und *Hans Lipps* zurückgeht und eine bestimmte Konzeption bzw. Tendenz nicht so sehr der Logik selbst als vielmehr einer allgemeineren Theorie des Wissens repräsentiert. Der Begriff ist durch den Buchtitel *Untersuchungen zu einer hermeneutischen Logik*[9] von Hans Lipps 1938 erstmals deutlich herausgestellt worden, nachdem vorher in den Schriften und Vorlesungen von Georg Misch eher sporadisch und tentativ von ihm Gebrauch gemacht worden

7 *G. Misch: Lebensphilosophie und Phänomenologie.* A.a.O.
8 *G. Špet: Die Hermeneutik und ihre Probleme.* In der Übersetzung von E. Freiberger-Sheikholeslami hrsg. v. R. Daube-Schackat und A. Haardt. Freiburg/München. Erscheint 1990/91. – Da noch kein gedruckter Text vorliegt, werden Zitate im folgenden nicht belegt.
9 *H. Lipps: Werke. Bd. 2.* Frankfurt a. M. 1976.

war. Aber Hans Lipps blieb weithin unbeachtet, und was er unter »hermeneutischer Logik« verstanden wissen wollte, blieb undiskutiert. Erst durch den Aufsatz von O. F. Bollnow *Zum Begriff der hermeneutischen Logik* in der Festschrift für Josef König[10] ist in den sechziger Jahren auf diese Konzeption wieder aufmerksam gemacht worden.

Bei diesen ersten Verdeutlichungen war es immer selbstverständlich, daß der Begriff »Logik« in einem sehr weiten Sinn gebraucht wurde und daß vor allem im Feld der Lehre vom Begriff die Grenzen zur Semiotik und Sprachphilosophie fließend waren. Dies kann besonders gezeigt werden an Mischs Theorie der »produktiv-objektivierenden Artikulation«, auf die oben bereits angespielt wurde. Dieser Begriff ist geprägt, um eine besondere Art logischer Leistungen zu bestimmen, die man eben auch als spezifische sprachliche Leistungen auffassen kann: die artikulierende Heraushebung von Zügen der Wirklichkeit, die sich als solche noch nicht in einem Bedeutungsreservoir befinden, aus dem sie abgerufen werden können, sondern die sich in der Artikulation erst bilden. Um dies zu verdeutlichen, kann man von folgendem Unterschied ausgehen: Innerhalb einer bestimmten Situation kann man sprachlich auf das Auftreten bestimmter Sachverhalte verschieden reagieren. Man kann den Sachverhalt durch Benennung mit einem sachlich angemessenen, bereits eingeführten und definierten Begriff sprachlich so repräsentieren, daß der Sachverhalt »fest-gestellt«, d. h. in einer definitiven Verortung bestimmt ist (wenn z. B. der Arzt eine Diagnose stellt). Man kann denselben Sachverhalt auch so ansprechen, daß ein Element der Sache, ein Bezug zu ihr, ihr Auftreten im ganzen usw. in einer innovativen Weise sichtbar werden (etwa die biographische Bedeutsamkeit einer beginnenden Krankheit). Dieser zweite Fall ist gegeben, wenn ein Sachverhalt in produktiv-artikulierender und kommunikativer Weise ausgesprochen wird, also in einem »Erlebnisausdruck«. Der Fest-Stellung im ersten Fall steht die Eröffnung einer Hinsicht gegenüber, die dem doppelten Bedürfnis entspricht, etwas vor mich hinzustellen und anderen mitzuteilen.

10 *O. F. Bollnow: Zum Begriff der hermeneutischen Logik*, in: *H. Delius u. G. Patzig (Hrsg.): Argumentationen.* Festschrift für Josef König. Göttingen 1964, 20 ff. – *Ders.: Studien zur Hermeneutik II.* Zur hermeneutischen Logik von Georg Misch und Hans Lipps. Freiburg/München 1983.

Während nun Dilthey den Erlebnisausdruck neben andere Formen von Lebensäußerungen stellte und die jeweiligen Verstehensbedingungen untersuchte, geht Misch in seiner hermeneutischen Theorie einen anderen Weg. Er untersucht das, was man das »hermeneutische Potential« des Erlebnisausdrucks nennen könnte. Darunter ist jene Reflexivität zu verstehen, die im artikulierenden Ansprechen einer Sache das produktiv-objektivierende Element darstellt. Im Gegensatz zum erledigenden Abrufen eines bereitliegenden, fest bestimmten Terminus wird die produktiv-objektivierende Artikulation in Gang gebracht durch ein lebensimmanentes »Zuschauen-können«, oder, wie Misch auch sagt, aus einer »freien Ferne«. Wir müssen sie aus einer gewissen Distanz, die jedoch den unmittelbaren Lebensbezug nicht unterbricht, auf etwas hin produktiv ansprechen können.

Misch legt Wert darauf, daß diese artikulierende Leistung nicht nur an »hoch« anzusetzenden Erlebnisausdrücken, wie etwa der Kunst, aufgezeigt wird. »In dem gegenwärtigen Zusammenhang kommt es vor allem darauf an, daß die Möglichkeiten der freien Ferne, wie sie Dilthey an der Kunst aufzeigt, als ein gesamtmenschlicher Zug erkannt und nicht als etwas Esoterisches, ein Charisma von Auserwählten, hingestellt wird, wie es die Romantiker nahmen«.[11] Misch orientiert sich an der Sprache, und zwar an dem, was er »die Selbstauslegungen des Lebens« nennt. Diese reichen »von den Worten der Sprache an, in denen bereits die Auslegung der Welt einsetzt, bis hinauf zu den Aussagen, in denen ein Einzelner, eine Gemeinschaft, eine Lebensform ihr Wissen von sich selbst aussprechen«[12]. Er trifft hier eine Unterscheidung, die für seinen ganzen Ansatz zentral ist: die Unterscheidung zwischen »evozierenden« und »rein diskursiven« Ausdrükken. In den »rein diskursiven Feststellungen von theoretischen Gegenständlichkeiten«[13], werden Aussagen gemacht, »in denen das Gemeinte aufgehoben ist, so daß man es aus der Aussage voll entnehmen kann«[14], während die evozierenden Ausdrücke das leisten, was wir bereits als produktiv-objektivierende Artikulation dargestellt haben. Ein solcher Unterschied ist vielleicht dadurch zu veranschaulichen, daß wir zwischen »exakten« und

11 Misch: Ebd., 76.
12 Ebd., 48.
13 Ebd., 94. Vgl. o. 134ff.
14 Ebd., 195.

»prägnanten« Formulierungen unterscheiden können. In exakten Aussagen ist ein Sachverhalt voll »abgedeckt«, wie wir heute gerne sagen, aber vielleicht nicht situationsgerecht getroffen und nicht wirklich in Sicht gebracht. Die prägnante Formulierung hingegen bündelt die bedeutsamen Züge eines situativ gegebenen Sachverhaltes so, daß über die rein diskursive Feststellung hinaus ein Bezug zur Sache hergestellt wird, der umgangssprachlich als »Nahe-bringen« bezeichnet wird. Die Exaktheit einer Aussage, etwa der Angabe der geographischen Lage einer Stadt nach Längen- und Breitengraden, kann an der Relevanz eines Sachverhaltes völlig vorbeigehen und gegenüber einer prägnanten Charakterisierung als bloße Trivialität erscheinen.
Misch findet demgemäß evozierende Ausdrücke keineswegs nur in der Umgangs- und Dichtersprache, sondern auch in wissenschaftlichen Darlegungen in ihrem Recht, sofern es darum geht, Sachverhalte sichtbar und nachvollziehbar zu machen. Er zitiert eine Stelle aus Bernhard Groethuysens Rezension von William James' »Psychologie«, in der diese evozierende Begrifflichkeit charakterisiert wird:

»Was auf Grund des Verfahrens von James gewonnen wird, ist eine Art Aufklärung, Aufhellung des psychischen Geschehens [. . .]. Seine Behauptungen haben einen interpretierenden Charakter. Der Leser wird so weit geführt, bis ihm unter Anwendung aller Mittel das Gesamtbild typischer Vorgänge des seelischen Lebens gegenwärtig ist. Dann handelt es sich darum, den zusammenfassenden prägnanten Ausdruck, den aufklärenden Ausdruck zu finden, der die verschiedenen einzelnen Erläuterungen zusammenfaßt.«[15]

Misch charakterisiert diese dem Verfahren von James zugrunde liegende Haltung als »die unablässige innere Anspannung des Ganzheitsdenkens, das dem Intellekt nicht erlaubt, aus dem ›Darinnensein im Leben‹ abzusinken zu freiem Lauf über einen Teil des Mannigfaltigen hin mit nur *ein*mal erarbeiteten und dann fertigen Begriffen«.[16] Diese Formulierung mag zunächst befremdlich erscheinen. Ist das Bild nicht schief? Müßte es nicht heißen: aus dem Darinnensein im Leben sich zu erheben zu einer abstrakten Terminologie, in der das genaue Hinsehen und das evozierende Ansprechen der Dinge sich erübrigt? Was Misch offensichtlich mit dem Bild des Absinkens ausdrücken will, ist der

15 Ebd., 95. – Vgl. oben 144.
16 Ebd.

Gegensatz zwischen der »Spannung des Ganzheitsdenkens«, das sich ja immer seine »freie Ferne« mitten im Darinnensein bewahren muß, und dem Nachlassen dieser Spannung im beruhigenden Sich-Verlassen auf eine fertige Terminologie, die keine produktiv-objektivierende Artikulation mehr zuläßt. So kann das Programm denn auch lauten:

»Statt der Aufstellung von termini, die für theoretische (rein diskursiv feststellbare) Gegenständlichkeiten das Angemessene ist, weil Sachverhalte in der Aussage ›aufgehoben‹ und rein aus ihr entnommen werden können, ist für das Aufklären hermeneutischer Bestände ein Verbleiben in der Sphäre der *Worte* gefordert, in gewaltlosem Ausnutzen der Weisheit der Sprache, wobei das Wort nach einem Gesetz des evozierenden Ausdrucks seine Ausdruckskraft aber auch sofort einbüßt, sobald es in terminologischen Gebrauch genommen ist.«[17]

Dieser »hindeutende« Charakter der evozierenden Ausdrücke, so betont Misch an einer anderen Stelle, schließe keineswegs Eindeutigkeit und Genauigkeit aus: »Es ist ein gröbliches Mißverständnis, wenn man meint, daß der Gegensatz gegen die ›rein diskursiven‹ termini ›das Ende der wissenschaftlichen Geisteshaltung‹ bedeute, wo es sich vielmehr um eine eigene logische Form handelt, deren wissenschaftliche Tragfähigkeit es zu bewähren gilt«.[18] Diese logische Form, »die die Dinge selbst zum Sprechen bringen will statt über sie reden«, versuche, die dichterische Macht des Wortes zu fruktifizieren. Es handle sich, so heißt es in dem programmatischen Aufsatz »Die Idee der Lebensphilosophie in der Theorie der Geisteswissenschaften« von 1924, darum, für diese lebendige Art von Begriffen »Raum zu schaffen in der Logik, und zwar sogleich in der altersgrauen Lehre von den sogenannten logischen ›Elementen‹, dem Begriff, Urteil, Schluß.«[19]

Fragt man nun, was das eigentlich Hermeneutische dieses Ansatzes ist, so wird man sich in der Antwort primär noch einmal darauf beziehen müssen, daß in dieser Theorie des Begriffs die *evozierende* Leistung der Sprache im Zentrum des Interesses steht. Es ist oben der Gegensatz zur feststellend-definitorischen

17 Ebd., 96.
18 Ebd., 256.
19 *G. Misch. Die Idee der Lebensphilosophie in der Theorie der Geisteswissenschaften.* Jetzt in: *F. Rodi u. H.-U. Lessing (Hrsg.): Materialien zur Philosophie Wilhelm Diltheys.* Frankfurt a. M. 1984, 142.

Leistung der begrifflichen Fixierung betont worden. Diesem »Abrufen« einer fertig bereitliegenden Begrifflichkeit steht im evocare das »Aufrufen«, das Heraus- und Hervorrufen, schließlich das Herauf-beschwören gegenüber. Es sind die zunächst und zumeist übersehenen Sinnkomponenten einer durch Gewohnheit und Gebrauch selbstverständlich gewordenen Sache, die in der verstehenden Aneignung so heraufgeholt werden müssen, wie in der Interpretation eines scheinbar belanglosen Textes komplexe Sinnstrukturen sichtbar gemacht werden können. Evokation, in diesem wissenschaftslogischen Sinn genommen, ist sachimmanente Auslegung. »Die Realität selbst soll hingestellt werden, nicht Aussagen über sie gemacht werden; sondern durch die Aussagen hindurch soll das Verständnis in die erlebte Realität selbst hineintreten, sich von ihm erfüllen lassen. Zwischen Ausdruck und Gegenstand findet ein Verhältnis der Immanenz statt, derart, daß das, was ausgesagt wird, in das Leben des Gegenstandes hineinführt, in der Entfaltung es zugleich gestaltet.«[20]

Vielleicht kann es heute, aus dem großen Abstand betrachtet, den wir gegenüber der Betonung von Schulgegensätzen im Umkreis der Phänomenologie gewonnen haben, als müßig und überflüssig angesehen werden zu fragen, ob dieses von Misch herausgearbeitete Verfahren »hermeneutisch« oder eher »phänomenologisch« genannt werden sollte.[21] Diese Art der Zuwendung zum »Leben des Gegenstandes« würde allerdings dann mit einem phänomenologischen Ansatz unvereinbar sein, wenn in diesem ein »Wesensurteil« im Sinne der Zusprechung eines bereits fertigen Wesens- oder gar Wertbegriffs für die gemeinte Sache intendiert wäre. Ein solcher Gegensatz besteht in der Tat auch noch dem Husserl des »Logos«-Aufsatzes gegenüber, wenn dieser die »absolute, gene-

20 *G. Misch: Logik und Einleitung in die Theorie des Wissens.* Vorlesungen. Handschriftenabteilung der Göttinger Staats- und Universitätsbibliothek, Sign. Cod. Ms. Misch. Fasz. XIV, fol. 48 (gezählt nach der Editionspaginierung der Dilthey-Forschungsstelle Bochum).

21 Ich denke etwa an Merleau-Pontys Unterscheidung »zwischen sekundärer Sprache, die einen schon erworbenen Gedanken ausspricht, und dem ursprünglichen Wort, das einen Gedanken allererst für uns selbst und für andere existieren läßt«, das also jenem doppelten Bedürfnis nach Artikulation entspricht. Vgl. *M. Merleau-Ponty: Phänomenologie der Wahrnehmung.* Berlin 1966, 443.

rell gültige Erkenntnis von Wesensurteilen« betont, die er auch dort glaubt postulieren zu können, wo es um Sachverhalte, wie »Anschauung«, »Wahrnehmung«, »Phantasie«, »Intention«, »Erfüllung« usw. geht. Das auf der Wesensschauung solcher Phänomene basierende Urteil bringe »in festen adäquat gebildeten Begriffen« solche Wesensbeziehungen zum Ausdruck, »also durch begriffliche Wortbedeutungen, die sich in Wesensschauung einlösen lassen müssen«.[22] Für Husserl kann es hier keinen Zweifel geben: »Daß die im Wesensschauen gefaßten ›Wesen‹ sich in festen Begriffen, in sehr weitem Umfange mindestens, fixieren lassen und damit Möglichkeiten für feste und in ihrer Art objektiv und absolut gültige Aussagen abgeben, ist für jeden Vorurteilslosen selbstverständlich.«[23]
Unabhängig von einem solchen Gegensatz ist darüber hinaus zu betonen, daß Mischs Verfahren noch in einem engeren Sinn das Prädikat »hermeneutisch« beansprucht. Es geht ihm ja nicht nur darum, gegenständliche Wirklichkeit in einer produktiv-objektivierenden Artikulation sichtbar zu machen, also um die Verfolgung des Weges vom Erlebnis der Sache zum Ausdruck, sondern gleichzeitig auch um das umgekehrte Verfahren: vom gleichsam geronnenen Ausdruck zurück zum Leben der Sache. Eine Lehre vom evozierenden Begriff untersucht nicht nur die Möglichkeiten und Grenzen der prägnanten Aussage, sondern im Gegenzug dazu auch die Möglichkeiten der Rückübersetzung fester Begriffe in die Agilität des ursprünglichen Erlebniszusammenhangs: alles komme darauf an, »einen Weg zu finden, um in die mit der Aussage bereits zum Stehen gebrachte Bewegung vom Leben her wirklich hineinzukommen«.[24] Misch spricht deshalb auch von der »Verflüssigung« der Ausdruckswelt, in der wir leben, »indem sie aus der falschen Gegenständlichkeit eines auf sich beruhenden Bestandes zurückgenommen wird in den dynamischen Zusammenhang von ›Erlebnis, Ausdruck und Verstehen‹.«[25] Dies kann dann auch bezeichnet werden als »Fortgang von den statischen Bestimmungen der überlieferten Logik zu den dynamischen der

22 *E. Husserl: Philosophie als strenge Wissenschaft.* Husserliana, Bd. xxv 1987, 32.
23 Ebd., 33.
24 *Misch: Lebensphilosophie.* A.a.O., 41. – Vgl. oben 129.
25 Ebd., 54.

Lebenslogik«.[26] Oder als »Rückwendung in die Bewegung vom Ursprung her.«[27]

3.

Eine ähnliche Kritik an der »festen und festlegenden Begrifflichkeit« finden wir auch bei Hans Lipps. Seine *Untersuchungen zu einer hermeneutischen Logik* sind ein Gegenentwurf gegen jede formale Logik, die als Theorie des diskursiven Denkens letztlich von dem einen Ziel bestimmt ist: »Wie stellt man es an, um so etwas wie Erkenntnisse als Bestand auszumünzen und verrechnen und in all dem sich einen Besitz bestätigen zu können?«[28] Einer formalen Analyse der logischen Elemente gegenüber, die diesem Ziel dient, wird programmatisch eine »Typik der Schritte« gefordert, »in denen Existenz sich vollzieht, d. i. bestimmend und urteilend, schließend und beweisend sich aufnimmt in der Artikulation ihrer Lage, sich auseinandersetzt mit ihresgleichen«.[29] Auch hier also wird davon gesprochen, daß in den sprachlich-logischen Leistungen eine *Artikulation* zu geschehen habe.

Aber schon vom Gebrauch dieses Begriffes aus sehen wir einen bezeichnenden Unterschied zum Ansatz von Georg Misch. Während dort die »produktiv-objektivierende Artikulation« das Sichtbar-machen von Wirklichkeit im Sinne einer Ausdrucksleistung meint, bezieht Lipps den Vorgang der Artikulation auf die *Situation* des sich mit Welt auseinandersetzenden Menschen. Die »Schullogik«, wie Lipps sie nennt, sieht ab von der Redesituation als einer okkasionellen Trübung der reinen logischen Form. Demgegenüber setzt die hermeneutische Logik »gerade an der Situation, so wie sie zu Wort kommt, ein«.[30] Dieses Zu-Wort-kommen der Situation ist als logisches Phänomen für Lipps nicht deshalb interessant, weil damit etwa, wie beim späten Wittgenstein, die Mannigfaltigkeit kontextabhängiger Bedeutungen und Möglichkeiten des Gebrauchs von Wörtern aufgewiesen werden

26 Ebd., 231.
27 Ebd., 151.
28 *Lipps: Werke 2*. A.a.O., 11 f.
29 Ebd., 12. Vgl. E. Scheiffele: Der Begriff der hermeneutischen Logik bei Hans Lipps. Diss. Tübingen 1971.
30 Ebd., 20.

könnte. Hans Lipps stellt vielmehr ins Zentrum seiner Überlegungen die menschliche Existenz, die er – darin einem Hauptgedanken der Existenzphilosophie seit Kierkegaard folgend – bestimmt als das Sich-zu-sich-selbst-verhalten des in Situationen stehenden, faktischen Menschen. Existenz ist das »als Vollzug seiner selbst geschehende Selbstverständnis des Menschen«[31]. Dies bedeutet in erster Linie die radikale Abkehr vom Gedanken eines souveränen Subjekts der Erkenntnis, wie es von der klassischen Erkenntnistheorie als »abgeriegelt gegen die untergründigen Ursprünge seines Daseins«[32] konzipiert wurde. Es bedeutet weiter, daß auch das Selbstverständnis nicht in souveräner Zuwendung zu sich selbst möglich ist, sondern »als Vollzug seiner selbst« geschieht. Existenz vollzieht sich, wie wir gehört haben, indem sie »sich aufnimmt in der Artikulation ihrer Lage«, und sie tut dies nach Lipps gerade auch in ihren sprachlich-logischen Leistungen: »Bestimmend und urteilend, schließend und beweisend [...]« Vergleichbar dem, wie Georg Misch *lebensphilosophisch* den Boden des Logischen aufzulockern versuchte für eine neue Art lebendiger Begriffe, die er nicht ausschließlich den Dichtern überlassen wollte, so überhöht Lipps *existenzphilosophisch* die Elemente des Logischen, also Begriff, Urteil und Schluß, als Möglichkeiten des Auf-sich-selbst-hin-beanspruchtseins des Menschen[33].

»Hermeneutisch« kann sich diese Logik deshalb nennen, weil sie das Zu-Wort-kommen der Situationen in erster Linie begreift als ein Freilegen von Vorentscheidungen und »verdeckten Motiven«[34], in die der Mensch »verstrickt« ist und bei denen er sich »betrifft«. Der »befragende Umgang mit den Dingen«[35] wird erkennbar gemacht als der Vollzug, in dem ich auf mich selbst zukomme. Das intentionale Gerichtet-sein wird zurückgeführt auf vorgängige Lebensbezüge (darin folgt Lipps ausdrücklich Misch und Dilthey; vgl. Werke 1, 2. H., S. 11). Denn: »Man hat die Dinge im voraus auf etwas hin genommen, wenn man sie befragt. [...] Dieses ›im voraus haben‹ meint keine Voraussetzung oder gar irgendeine voraus angesetzte Überzeugung. Das Sich-

31 *Lipps: Werke 3*. A.a.O., 57.
32 *Lipps: Werke 5*. A.a.O., 44.
33 Vgl. *Lipps: Werke 3*. A.a.O., 20.
34 *Lipps. Werke 5*. A.a.O., 26.
35 *Lipps: Werke 1*, 1. H. A.a.O., 5.

voraussein trifft die Zeitlichkeit dessen, der ›schon da‹ ist, wenn er sucht, fragt, beobachtet.«[36] Daß Lipps hier trotz des ausdrücklichen Bezugs auf Heidegger nicht von »Geworfenheit« spricht, sondern daß er sagt: »Daseiend ist man *gelegen* in der Welt«[37] – dies macht noch einmal deutlich, welche zentrale Rolle für ihn die Lage, Situation spielt: die Situationen, innerhalb derer wir jeweils verschränkt sind in die Welt und »verstrickt« in unsere eigenen Antizipationen; Situationen, die auch als logisches Phänomen »zu Worte kommen« müssen.

Mit dieser existential-hermeneutischen Position haben wir uns nicht nur sachlich, sondern auch zeitlich von unserem ursprünglichen Ausgangspunkt, den *Logischen Untersuchungen* Husserls, weit weg bewegt. Es ist ein mit *Sein und Zeit* gleichzeitig hervortretender Ansatz, gleichzeitig auch in dem Sinn, daß die schon vor dem Erscheinen von Heideggers Buch formulierte Sachnähe im weiteren Fortgang der *Phänomenologie der Erkenntnis* von Lipps ausdrücklich auf Heidegger bezogen werden konnte. Dies gilt vor allem für die zentrale These, »daß man *schon da ist,* wenn man sucht, fragt, beobachtet, die Sinne etwas tun läßt.«[38] Diese Wendung zu den »fürs erste verdeckten Motiven« hat er im Vorwort der »Phänomenologie der Erkenntnis« in »großartiger Unbekümmertheit«[39] als eine Wendung auch gegen Husserl bezeichnet, um gleichzeitig zu betonen, »auch dort nur sein Schüler« zu bleiben. Wir werden uns im folgenden mit einer ähnlichen Situation zu beschäftigen haben: der Situation eines getreuen Schülers, der gleichwohl versucht, eigene Wege der Phänomenologie zu gehen.

4.

Gustav Špet, der hier als der dritte Autor vorgestellt wird, der – wenigstens gelegentlich – von »hermeneutischer Logik« sprach, ist der am wenigsten bekannte in dieser Reihe halbvergessener Philosophen. Er war lange Zeit nur unter Slawisten, Semiotikern und Strukturalisten russischer Provenienz bekannt, und es ist kein Zufall, daß es Elmar Holenstein war, der dann in seinem

36 *Lipps: Werke 1,* 2. H. A.a.O., 10.
37 Ebd.
38 *Lipps: Werke 1,* 1. H. A.a.O., 49; vgl. 2. H., 10.
39 Vgl. *H.-G. Gadamer: Vorwort* zu *Werke 1.* A.a.O., IX.

zuerst 1973 veröffentlichten Aufsatz über »Jakobson und Husserl« wohl zum ersten Mal im deutschsprachigen Schrifttum ausführlicher über Špet berichtete:[40] er hatte durch seine Zusammenarbeit mit Jakobson Informationen aus erster Quelle.
Gustav Gustavowič Špet, geboren 1879 in Kiew, lehrte von 1910 ab in Moskau und verbrachte 1912/13 ein Studienjahr bei Husserl in Göttingen. Er brachte von da die Phänomenologie nach Moskau, wo er vor und nach der Revolution einflußreiche Posten innehatte und Mitglied des »Moskauer Linguistischen Kreises« war. Er gilt – zusammen mit Bachtin – als Begründer der Semiotik in der Sowjet-Union. Von 1923 ab geriet er in politische Schwierigkeiten, wurde mehrfach verhaftet, schließlich verbannt und starb nach offizieller Version 1940 in Tomsk. Er wurde 1956 rehabilitiert.[41] Mit seinem 1914 erschienenen Buch *Erscheinung und Sinn* eröffnete er eine Reihe von Untersuchungen, die von Husserl ausgehend Probleme der Logik, der Sprachphilosophie und Ästhetik behandelten. Eine gewisse Sensation bedeutete die Auffindung seiner nachgelassenen Abhandlung *Die Hermeneutik und ihre Probleme,* die Anfang der achtziger Jahre in den Westen kam und gleichzeitig in englischer und deutscher Übersetzung herauskommen wird. Was im folgenden über Špet zu sagen ist, bezieht sich auf die Abhandlung *Die Hermeneutik und ihre Probleme,* in der sich Špet als intimer Kenner der Geschichte der Hermeneutik erweist.

Špet hatte im Schlußkapitel der Abhandlung von 1914 über *Erscheinung und Sinn* das Problem des Verstehens von Sinn bereits thematisiert. Mit wachsendem Abstand zu Husserls *Ideen* von etwa 1916 ab wandte er sich für die Entfaltung dieses Problems der Geschichte »als Problem der Logik«[42] zu und versuchte, in

40 *E. Holenstein: Jakobson und Husserl.* Ein Beitrag zur Genealogie des Strukturalismus. In: *Ders.: Linguistik, Semiotik, Hermeneutik.* Plädoyers für eine strukturale Phänomenologie. Frankfurt a. M. 1976.

41 Vgl. *A. Haardt: Phänomenologie und strukturelle Sprachanalyse bei Gustav Špet.* Zur russischen Husserl-Interpretation der zwanziger Jahre. In: Phänomenologische Forschungen 21, 1988, 167ff.

42 Ich verdanke diese Information der (im Erscheinen begriffenen) Münsteraner Habilitationsschrift von *A. Haardt: Husserl in Rußland.* Studien zur Rezeption der Phänomenologie Edmund Husserls am Beispiel von G. Špets »Phänomenologie der verstehenden Vernunft« und

der unveröffentlicht gebliebenen Schrift über *Die Hermeneutik und ihre Probleme,* in einem Abriß der Geschichte der Hermeneutik von ihren antiken Anfängen bis zu Dilthey, Simmel und Spranger eine logisch-semiotische Fragestellung mit der aus Theologie und Philologie erwachsenen Hermeneutik zu verbinden. Er hatte eine »radikale Revision der Aufgaben der Logik« im Auge, wie sie sich aus der »Lösung der Probleme der Hermeneutik« ergeben müßten. Was aber waren diese Probleme? Es waren – auf eine Kurzformel gebracht – die Frage nach dem *Gegenstand* von Verstehen und Interpretation einerseits, und andererseits die Frage nach der besonderen Art des Verstehens*aktes.* In semiotischer Fassung gestellt war dies die Frage nach der Eigenart des historisch überlieferten Wort*zeichens* und dem Problem seines richtigen Verständnisses.

Špet geht in seinem historischen Abriß von dem für die antike und frühchristliche Hermeneutik zentralen Problem aus, daß man für bestimmte sprachliche Ausdrücke entweder nur *einen* bestimmten Sinn oder mehrere Formen (allegorischer Sinn etc.) von Sinn zulassen kann. Schon der Gegensatz zwischen den Schulen von Alexandria und Pergamon, in christlicher Zeit zwischen der alexandrinischen und antiochenischen Schule, veranschaulicht dieses Problem. Unabhängig von den verschiedenen Theorien eines mehrfachen Textsinnes sieht Špet in diesem Streit zwei prinzipiell verschiedene Voraussetzungen wirksam: das Wort als Zeichen wird entweder in seiner Relation auf etwas Objektives gesehen, nämlich auf ein »Ding-Objekt« samt den objektiven Beziehungen zwischen den Dingen, oder auf etwas Subjektives, nämlich die Intentionen, Wünsche und Vorstellungen des Mitteilenden, die der Interpretation einen großen Spielraum geben. Špet tritt für die »objektive Interpretation« in dem Sinne ein, daß eine Vielfalt von Sinn auch dann nicht gegeben ist, wenn ein Wortzeichen sich auf mehrere Aspekte einer Sache einschließlich jener psychologischen Relationen bezieht. Dabei geht es freilich nicht um die Frage der Eindeutigkeit des Sinnes, sondern um den Zusammenhang von Teilaspekten in einer »objektiven Totalität« gegenüber dem Modell der Mehrstufigkeit von

A. Losevs »Dialektischer Phänomenologie«. – Besonderer Dank gilt ferner Erika Freiberger, Philadelphia, deren Pionier-Arbeit bei der Wiederentdeckung Špets inzwischen internationale Anerkennung gefunden hat.

Textsinn, wie sie von Origines ab bis ins Mittelalter behauptet wurde. In diesem Sinn wird postuliert: »Die Hermeneutik soll von der Annahme ausgehen, daß jedes *gegebene* Zeichen eine einzige Bedeutung hat. Die grundlegende Falschheit der biblischen Hermeneutik besteht darin, daß sie als Prämisse die Dualität des Sinns – des menschlichen und des göttlichen – in gegebenen Ausdrücken zuläßt.« Wir sehen in diesem Ansatz einerseits den Rückgang Špets auf Fragestellungen der *Logischen Untersuchungen* Husserls, gleichzeitig aber ihre Modifizierung. Es kann ihm selbstverständlich nicht um die »fest bestimmte« Bedeutung des Wortzeichens gehen, wohl aber um die Einheitlichkeit oder Totalität einer komplexen Bedeutung, die dann freilich in einem höheren Sinn doch wieder eine platonisch konzipierte Bedeutungseinheit ist. Das Ausfächern mehrerer Wortbedeutungen in der biblischen Hermeneutik zielt nicht auf produktive Prägnanz, sondern auf einen Pluralismus »fester« Bedeutungen. Diesen sucht Špet zu bekämpfen.

Die Lösung dieses Problems findet Špet erst in der Hermeneutik Ernestis: »Ein Wort erscheint nur so lange vieldeutig, als es nicht gebraucht wird, um eine Bedeutung zu vermitteln oder so lange wir noch nicht wissen, wenn wir ihm begegnen, *welche* Bedeutung es hier vermitteln soll.« In jedem einzelnen Fall eines Wortgebrauchs strebt der Sprecher ein bestimmtes Ziel an, und dies bedeutet, daß das Wort jeweils nur *eine* Bedeutung hat.

Damit ist die Fragerichtung im ganzen gekennzeichnet. Die Frage der Mehrdeutigkeit betrifft sowohl den Gegenstand, mehr aber noch den Akt des Verstehens: »Wenn wir viele Arten von Sinn unterscheiden können, die einer großen Anzahl von assoziativen Verbindungen entsprechen sowie ihren Gruppen und Übertragungen, so daß wir letzten Endes zu einer arbiträren Konstruktion von Sinn und Bedeutungen gelangen, wie können wir dann nicht nur die Zweiteilung, sondern sogar die Zersplitterung des Aktes selbst bzw. der ›Fähigkeit‹ des Verstehens dieser verschiedenen Arten von Sinn begreifen? Oder wenn es nicht mehrere ›Fähigkeiten‹ des Verstehens gibt, sondern nur eine, wie können wir es uns dann erklären, daß wir dennoch nur zum Verständnis eines *einzigen* Objekts kommen, während wir verschiedene Aspekte eines Objekts und seine verschiedenen Inhalte antreffen?«

Špet verfolgt die weitere Geschichte der Hermeneutik und ihrer

Probleme (und auf diese kommt es an!) unter diesem Gesichtspunkt des Zeichenverstehens. So findet er die hermeneutische Theorie des Flacius »auf der Schwelle einer wahrhaft wissenschaftlichen Formulierung des Problems«. Zwar wird das »Fehlen einer Theorie des Zeichens« konstatiert in dem doppelten Sinn, daß Flacius »weder eine ontologische Analyse des Zeichens (gibt), deren Notwendigkeit [...] schon Augustinus vorausgesehen hatte; noch gibt er uns eine Analyse des Aktes des Verstehens als Übergang vom Zeichen zu dem, was es signifiziert.« Aber das hermeneutische Hauptprinzip des Flacius, nämlich die einzelnen Textstellen vom Ganzen des Kontextes aus zu interpretieren, erlaubte in gewissen Grenzen die Bewältigung der Schwierigkeit, zugeben zu müssen, »daß Eindeutigkeit nicht die Allegorie ausschließt, – und daß es andererseits nicht nötig ist, die Allegorie als einen zweiten Sinn zu betrachten, wo bereits ein erster Sinn vorhanden ist.«

Wir sehen, wie hier überall das Problem von »Ausdruck und Bedeutung«, das Špet in Husserls *Logischen Untersuchungen* kennengelernt hatte, als ein Grenzphänomen zwischen Hermeneutik, Semiotik und Logik behandelt wird: die Hermeneutik als Theorie des Verstehens sieht sich auf eine Theorie des Zeichens verwiesen; diese jedoch muß sich zur Logik erweitern, d. h. sie muß »im Zeichen nicht nur einen Gegenstand, sondern auch einen Begriff sehen.« Hierbei ist allerdings entscheidend, daß eine solche semiotisch-logische Theorie nicht, wie in der semiotischen Kombinatorik des 17. Jahrhunderts (im Gefolge der Ars magna von Lullus), primär das Zeichen als kalkulierbares Kenn- oder Merkzeichen versteht, sondern als etwas, das korrelativ in einer Beziehung zu seiner Bedeutung steht. Wo die Logik das Bedeutungsproblem aus dem Auge verlor, war auch die Verbindung zur Hermeneutik abgerissen.

5.

Für eine erste Kennzeichnung des forschungsleitenden Interesses, mit dem Špet an die Geschichte der Hermeneutik herangeht, mögen diese kurzen Ausführungen zunächst ausreichen. Eine »hermeneutische Logik« – der Ausdruck fällt bei Špet erst im Kapitel über Schleiermacher – hat als ihre Grundlage die korrelative Beziehung von Ausdruck und Bedeutung. Ihre theoretische Grundlage ist in Husserls *Logischen Untersuchungen* gegeben, mit der entscheidenden Modifikation freilich, daß Špet sich an der komplexen Aussagestruktur orientiert, die eine Tendenz zur Vieldeutigkeit hat: an der historisch überlieferten und schon deshalb nicht ohne weiteres verständlichen Mitteilung, die sich in der Regel auch auf höchst komplexe Sachverhalte bezieht und nur selten den Regeln eines wissenschaftlichen Diskurses unterworfen ist.

Vor diesem Hintergrund ist nun zu fragen, in welchem Sinn Gustav Špet den Begriff der hermeneutischen Logik verwendet.

Es ist – um dies noch einmal zu betonen – keineswegs so, daß dieser Begriff bei Špet plakativ herausgestellt wäre. Es ist eher so wie bei Misch, Lipps und König, daß ein gewisses Zögern im Gebrauch dieser Bezeichnung spürbar ist und der Entwurfscharakter der mit ihm verbundenen Ideen erkennbar bleibt.

Wir finden in der Abhandlung *Die Hermeneutik und ihre Probleme* in dem der Hermeneutik Schleiermachers gewidmeten, fünften Kapitel eine Exkurs-ähnliche Betrachtung über die »grundlegende Frage der Beziehung der Hermeneutik zur Philosophie und ihrer philosophischen, besonders der logischen Grundlagen«. Špet führt diese Überlegungen ein mit der Bemerkung: »Da ich keine Gelegenheit sehe, wieder zu diesem Gegenstand zurückzukehren, werde ich ein paar Bemerkungen in Verbindung mit Schleiermachers Formulierung der Frage machen.« Es handelt sich wiederum um das Problem einer – von Špet auch bei Schleiermacher vermißten – Theorie des Verstehensaktes und dem damit verbundenen Fehlen einer wirklichen Unterscheidung zwischen dem eigentlichen Verstehen und der Interpretation. Wir hatten schon gesehen, daß Špet in den vorausgegangenen Partien der Abhandlung der Analyse des Verstehensaktes und der »Ontologie« des Gegenstands des Verstehens besondere Bedeutung zuerkannte. Diese Fragestellung wird im veränderten Kontext der Diskussion von Schleiermachers Hermeneutik erneut aufgegriffen.

Špet geht aus vom 3. Hauptsatz der Einleitung von Schleiermachers Vorlesungen über »Hermeneutik und Kritik«: »Da Kunst zu reden und zu verstehen (korrespondierend) einander gegenüberstehen, reden aber nur die äußere Seite des Denkens ist, so ist die Hermeneutik im Zusammenhang mit der Kunst zu denken

und also philosophisch.« Dies kann auch als »Parallelismus« oder »Zusammengehörigkeit« von Hermeneutik und Rhetorik verstanden werden, die darin besteht, »daß jeder Akt des Verstehens die Umkehrung eines Aktes des Redens ist, indem in das Bewußtsein kommen muß, welches Denken der Rede zum Grunde gelegen.« Špet sieht in diesem »Parallelismus« einen Zirkel, den er für komplizierter hält als den eigentlichen hermeneutischen Zirkel, wie ihn Friedrich Ast formuliert hatte. Er sieht in ihm den »Ausdruck der Zweiseitigkeit des Aktes des Verstehens selbst, der zu seiner Verwirklichung einerseits die Anwesenheit des Sprechers, der komponiert, und andererseits des Hörers, der versteht, braucht.« Das Verstehen wird hier offenbar auf die zwei Seiten (Sprecher und Hörer) verteilt; denn Špet hebt hervor, daß nicht nur unmittelbares Verstehen jeder grammatischen oder logischen Formulierung auf seiten der Person, die die Rede aufnimmt, vorausgeht, sondern daß auch der Sprecher seine Rede in grammatische und logische Formen kleidet, »weil er schon versteht, was er zu sagen beabsichtigt«. Was bedeutet dieses Verstehen, von dem ausgehend Sprecher und Hörer den in Frage stehenden Gehalt jeweils in grammatische und logische Formen bringen? Offensichtlich ist es Špet vor allem darum zu tun, scharf zu unterscheiden zwischen einem Akt des Sinnbegreifens (wie wir hier das Verstehen einmal nennen wollen) und der Verbalisierung des begriffenen Sinnes, die in zwei Richtungen geht: einmal, indem der ursprüngliche Sprecher den Sinn mitteilt, und ferner, indem der Verstehende ein Sinnverständnis interpretierend ausspricht. In Diltheys Terminologie gesagt: das Verstehen ist, so gesehen, nicht nur der »dem Erlebnis inverse Vorgang«, sondern der beim Sprecher wie beim Hörer stattfindende sinnverleihende Akt, der auf beiden Seiten eines sprachlichen Ausdrucks bedarf.
Dies scheint auch der Grund zu sein, warum Špet bei Schleiermacher eine klare Unterscheidung zwischen Verstehen und Interpretation vermißt. Die »Priorität des Verstehens, die jeder kunstmäßigen Interpretation zugrunde liegt« gibt der Hermeneutik eine Tiefendimension, die es nach Špet erst noch herauszuarbeiten gilt und die ihr der Logik gegenüber eine Vorzugsstellung gibt. Während die Logik sich traditionellerweise nur mit der formalen Seite des bereits ausformulierten Sinns befaßt, bedarf die Hermeneutik »in ihrem grundsätzlichen Interesse in bezug auf das Verstehen« nicht der logischen Vermittlung. Die Logik aber

würde sich zu einer »speziellen hermeneutischen Logik« entwickeln können, wenn sie »ihre eigene Sphäre vom Gesichtspunkt der Ziele der Hermeneutik aus« betrachtete. So muß sie z. B. die hermeneutischen Prinzipien, die Schleiermacher in seinen berühmten Kanones ausspricht und die weder auf dem Boden der Grammatik noch der Logik erwachsen konnten (Kontextualität und Interpretation aus dem ursprünglichen Verständnishorizont von Autor und Leser) in ihre eigenen Fragestellungen aufnehmen, wenn sie in einem grundlegenden Sinn hermeneutische Logik, nämlich »Logik der Interpretation«, werden will.
Um im einzelnen zu bestimmen, was Špet sich letztlich unter einer »eigentlich prinzipiellen Analyse des Verstehens« vorstellt, die er nicht nur bei Schleiermacher, seinen Vorgängern und Nachfolgern, sondern auch noch bei Dilthey vermißt, wird man wohl auf die anderen Schriften Špets zurückgreifen müssen. Die Abhandlung über die Probleme der Hermeneutik konstatiert im Grunde jeder einzelnen der referierten Positionen gegenüber dasselbe Defizit. Aber es gibt, statt einer konkreten Lösung abschließend nur ein Programm: »Man muß von einer prinzipiellen Analyse des Verstehens ausgehen, nur dann kann man auf eine strenge und fertige theoretische Konstruktion hoffen, sowie auf eine auf sie gegründete Methodologie vor allem der geschichtlichen Wissenschaften und danach der ganzen semiotischen Logik, wie sie nach der Verifikation ihrer allgemeinen Aussagen im Lichte der historischen Methodologie erscheint.«
Die »Erweiterung der logischen Fundamente«, wie sie Georg Misch gefordert und durch die Einbeziehung des »werdenden Logos« der produktiv-objektivierenden Artikulation in die Lehre von Begriff, Urteil und Schluß durchzuführen begonnen hatte, zeigt hier also ein anderes Gesicht. Im Zentrum steht hier das Postulat einer fundamentalen Analyse des Verstehens und seines Sinn-Korrelats. »Das Problem des Verstehens in dieser Form ist nichts anderes als das Problem des Geistes selbst; Geist und Verstehen entsprechen einander, so wie ein Objekt dem Akt entspricht, der auf es gerichtet ist.«

Diesseits der Pragmatik

Semiotische und hermeneutische Aspekte der Reflexivität des Lebens*

1. Semiotik und Hermeneutik

Es gehört zu den zunächst überraschenden Ergebnissen der seit Mitte der sechziger Jahre hierzulande intensiv geführten Diskussion um den wissenschaftstheoretischen Stellenwert der *Hermeneutik,* daß sie für den methodologischen Bedarf der historisch-hermeneutischen Wissenschaften verhältnismäßig wenig gebracht hat. Bei näherem Zusehen lassen sich hierfür jedoch mehrere Gründe angeben, die sämtlich mit der Tatsache zu tun haben, daß diese Diskussion in ihren großen Zügen von einem fundamental- bzw. transzendentalhermeneutischen Ansatz ausging, dem gegenüber der methodologische Aspekt sich als sekundär erwies. Dies zeigte sich schon in der unmittelbaren Auseinandersetzung mit Gadamers Buch »Wahrheit und Methode«, in der sich immer wieder das Mißverstehen des ausdrücklich nicht-methodologischen Ansatzes störend bemerkbar machte. Aber auch dort, wo »die« Hermeneutik in eine produktive Konfrontation mit Positivismus, Pragmatismus und Marxismus gebracht wurde[1], geschah dies auf einer Ebene, wo für Fragen der geisteswissenschaftlichen Methode wenig Platz blieb. Hinzu kommt, daß diese Auseinandersetzung zu einem nicht unerheblichen Teil nicht die Geisteswissenschaften im engeren Sinn, sondern die Sozialwissenschaften betraf und von dorther kommende Resultate nicht unmit-

* Zuerst erschienen in: Zeitschrift für allgemeine Wissenschaftstheorie Bd. x, H. 2 (1979), S. 288-315. Ein Teil des ursprünglichen Textes wurde in den Aufsatz *Traditionelle und philosophische Hermeneutik* eingearbeitet (vgl. die redaktionelle Anmerkung oben 89). Der Schluß ist für diesen Band neu geschrieben.

1 Man kann es im Rückblick auf die sechziger und siebziger Jahre bereits als Desiderat der Philosophiegeschichtsschreibung bezeichnen, die Phasen dieser aufarbeitenden Auseinandersetzung, wie sie vor allem von Karl-Otto Apel und Jürgen Habermas geleistet worden sind, als Entwicklungsphasen der Philosophie in Westdeutschland sehen zu lernen.

telbar auf die interpretierenden Wissenschaften anwendbar machte.

Die vermutlich fundamentalste und in ihren Wirkungen noch längst nicht abschätzbare Auseinandersetzung innerhalb dieses Gesamtvorgangs ist diejenige zwischen Hermeneutik und *Semiotik*. Sie ist in der Form, wie vor allem *Karl-Otto Apel*[2] sie durchgeführt hat, eine nicht eigentlich zwischen zwei, sondern drei Positionen vollzogene Vermittlung bzw. Abgrenzung; denn die Unterscheidung innerhalb des semiotischen Ansatzes zwischen den Forschungszielen des großen Anregers *Ch. S. Peirce* und den behavioristischen Verkürzungen dieses Programms durch *Ch. W. Morris* erforderte eine entsprechende Differenzierung im Hinblick auf die hermeneutische Gegenposition und die Möglichkeiten einer Synthese. So hat Apel deutlich machen können, wie auf der einen Seite hermeneutische Phänomenologie und pragmatisch-semiotische wie auch sprachanalytische Sinnkritik gegen das von ihnen unter verschiedenen Vorzeichen erhobene Postulat der Verständigung konvergieren[3], wie anderseits aber die behavioristische Reduzierung des Sinns von Zeichen auf Verhaltensdispositionen gerade dieses Postulat des vorgängigen Verständigungsrahmens überflüssig macht und das Zeichen-verstehende Subjekt auf ein Objekt der empirischen Sozialwissenschaften reduziert.[4]

So grundlegend diese Untersuchungen für die wechselseitige Aufarbeitung der kontinentaleuropäischen und der anglo-amerikanischen Denktraditionen sind, – die hierbei sich abzeichnende Transzendentalhermeneutik gibt den interpretierenden Wissenschaften »nur« jenen allgemeinsten Rahmen der Bedingungen der Möglichkeit ihres Arbeitens, den sie mit jeder Interaktionsge-

2 Vgl. vor allem: *K.-O. Apel: Szientismus oder transzendentale Hermeneutik?* Zur Frage nach dem Subjekt der Zeicheninterpretation in der Semiotik des Pragmatismus. In: *Transformation der Philosophie, Bd. II*: Das Apriori der Kommunikationsgemeinschaft. Frankfurt a. M. 1973. – *Ders.: C. W. Morris und das Programm einer pragmatisch integrierten Semiotik*. Einführung zu: Charles W. Morris: Zeichen, Sprache und Verhalten. Dt. Übersetzung von A. Eschbach u. G. Kopsch. Düsseldorf 1973.

3 Vgl. u. a. *Apel: Transformation I, 29*.

4 *Apel: Transformation II*, vor allem 183.

meinschaft teilen, die zugleich Interpretationsgemeinschaft ist.[5] Dieses »nur« wiegt dann schwer, wenn nach dem Spezifischen des hermeneutischen Fundaments dieser Wissenschaften gefragt ist. So konnte es nicht ausbleiben, daß vor dem Hintergrund jener so intensiv geführten Diskussion ihre applikablen Resultate als unverhältnismäßig vage erschienen und zu mancherlei kurzschlüssigem Rekurs auf relativ beliebige Ansätze innerhalb der hermeneutischen Tradition zwischen Schleiermacher und Habermas geführt haben.

Die hier folgenden Untersuchungen verstehen sich als ein Beitrag innerhalb der sonach als notwendig erwiesenen Bemühungen, von der (Hoch-)Ebene der transzendentalhermeneutischen Reflexion ein Stück weit herunterzusteigen in Richtung einer Funktionsbestimmung der hermeneutischen Wissenschaften, was seinem systematischen Ort nach zwischen dem Aufweis der Bedingungen der Möglichkeit von Sinnverstehen und -verständigung und einer im engeren Sinn methodologischen Untersuchung liegen muß. Hierbei lassen wir uns den Bezugsrahmen insofern vorgeben, als die Kontrastierung von Semiotik und Hermeneutik auch für diese Betrachtungen leitender Gesichtspunkt und Orientierungsfeld einer phänomenologischen Analyse bleibt.

2. Zwei Begriffe von »Pragmatik«

Für diese theoretische Erfassung des hier schon genannten Konvergenzpunktes »Verständigung« hat sich ein Terminus eingebürgert, der von seinem ursprünglichen Wortsinn her gesehen mit dieser Funktion wenig zu tun zu haben scheint: »Pragmatik«. Es

5 Das von Apel und Habermas als das erkenntnisleitende Interesse der Geisteswissenschaften herausgearbeitete Ziel der »Wahrung der Intersubjektivität einer Verständigung, in deren Horizont die Wirklichkeit erst als etwas erscheinen kann« (*Habermas: Erkenntnis und Interesse.* Frankfurt a. M. 1968, ²1973, 222) hat in seiner offenkundigen Orientierung an den Sozialwissenschaften einige genuine Interessen der interpretierenden Wissenschaften gleichsam übersprungen. Dies läßt sich außerhalb der schon zitierten Literatur auch aufzeigen in Apels Aufsatz »Sprechakttheorie und transzendentale Sprachpragmatik zur Frage ethischer Normen« (in: K.-O. Apel [Hrsg.]: *Sprachpragmatik und Philosophie.* Frankfurt a. M. 1976), vor allem 138 ff.

war eine der plausibelsten (und den Siegeszug der Semiotik begründenden) Entdeckungen, daß es Signifikation ohne ein den *Zeichenbenutzer* voraussetzendes Applikationsschema, also die für den Interpreten gültige Anwendungsregel, die zugleich intersubjektive Geltung hat, nicht geben kann. Diese Entdeckung hatte schon Peirce zu der Erweiterung der traditionellen Zeichentheorie geführt, indem er mit dem Begriff »Interpretant« diese im Zeichen vorausgesetzte (bzw. etwas überhaupt erst zum Zeichen machende) virtuelle Applikation als ein drittes Konstituens neben den Zeichenträger und das von ihm Bezeichnete stellte. Diese Dreistelligkeit des Zeichens wurde dann von Morris in seiner Theorie der drei Dimensionen der Semiotik (Syntaktik, Semantik und Pragmatik) systematisiert. Hierbei kam der Pragmatik, also der Relation Zeichen – Zeichenbenutzer, vom methodischen Ansatz her schon deshalb besondere Bedeutung zu, weil das Interpretieren von Zeichen behavioristisch nur als Reagieren auf Zeichen, d. h. als empirisch beobachtbares, zeichengeleitetes *Verhalten,* angenommen werden konnte.
Das Grundmodell von Morris war der (keineswegs nur menschliche) Organismus, der seine Bedürfnisse zu befriedigen sucht und dabei auf Reize reagiert, die ihm ein noch abwesendes Objekt als ein erreichbares oder zu vermeidendes signalisieren.[6] Was einen Gegenstand oder Sachverhalt zum Zeichen macht, ist diesem Modell gemäß vor allem der Umstand, daß er für den Organismus und dessen Verhaltensdispositionen dasjenige Objekt vertritt, bei dessen Erreichung eine bestimmte Reaktionsfolge zum *Abschluß* kommt. In der Terminologie des Morris'schen Hauptwerkes von 1946 gesagt: Das »Denotat« eines Zeichens ist alles, »was den Abschluß der Reaktionsfolgen ermöglicht, zu denen der Interpret aufgrund eines Zeichens disponiert ist«.[7] Dies kann an dem von Morris selbst bevorzugten Paradigma des Pawlow'schen Hundes deutlich gemacht werden: Der Summton ist insofern ein Zeichen, als er dem Zeichenbenutzer dasjenige denotiert, was den *Abschluß* der von dem Summton ausgelösten Reaktionsfolge ermöglicht, – also das Futter. Diesem Ansatz entsprechend wird auch das Signifikat eines Zeichens definiert als »Gruppe der Abschlußbedingungen, unter denen die Reaktionsfolgen, zu denen der Or-

6 *Morris: Zeichen, Sprache und Verhalten,* 80ff.
7 Ebd., 92.

ganismus disponiert ist, vervollständigt werden können«[8]. Wiederum bezogen auf den Pawlow'schen Hund bedeutet dies: Daß Futter als ein von einem Summton denotiertes Objekt erscheinen kann, steht unter den besonderen Bedingungen des Freßbedürfnisses und der Verhaltensdisposition, auf einen Summton hin Futter zu erwarten. Diese »Gruppe von Abschlußbedingungen« wird von Zeichen signifiziert, das den Abschluß ermöglichende Objekt wird denotiert.

In der mannigfachen Kritik, die dieser behavioristische Ansatz (vor allem hinsichtlich der Verkürzung der ursprünglichen Intentionen von Peirce und Mead) erfahren hat, ist selten hervorgehoben worden, welche Bedeutung dem *Abschluß*charakter des Denotates zukommt. Die pragmatische Funktion des Zeichens besteht diesem Ansatz gemäß ursprünglich darin, beim Zeichenbenutzer unter besonderen Bedingungen eine Verhaltensdisposition im Hinblick auf ein den Verhaltensvorgang *abschließendes* Denotat auszulösen. Damit steckt in diesem Ansatz die stillschweigende Voraussetzung, für zeichenvermittelte Vorgänge die Norm der *funktionalen Erledigung* einer Aufgabe anzuerkennen. Mit Hilfe von Zeichen soll ein Ziel erreicht, ein Bedürfnis befriedigt, eine Reaktionsfolge erfolgreich zum Abschluß gebracht werden. Dieses Grundmodell der funktionalen Erledigung läßt sich auf die Formel bringen: die Aktionswelt des bedürfnisgetriebenen Organismus ist repräsentiert durch zwei Gruppen von Sachverhalten: *Agenda* und *Acta.* Sie charakterisieren nicht nur die temporale Struktur (Zukünftiges und Vergangenes) der Handlungswelt, sondern vor allem das Zentriert-sein dieser Handlungswelt in den Kategorien von Handlungsziel und Handlungserfolg. Pragmatik ist ihrer ursprünglichen Konzeption nach die Lehre desjenigen zeichenvermittelten Verhaltens, das im Kontext von *Agendum* und *Actum* die Sicherung des in Aussicht genommenen Erfolges betreibt.

Vor diesem Hintergrund ist es schwer, den Zusammenhang mit dem zu erkennen, was heutzutage kommunikationstheoretisch unter »Pragmatik« verstanden wird. Das vermittelnde Glied ist die von Morris selbst in seinem Hauptwerk in das Zentrum der Untersuchung gestellte *Sprache* als Zeichensystem. Das sprachliche Zeichen kann syntaktisch hinsichtlich seiner Gestalt, seman-

8 Ebd., 93.

tisch hinsichtlich seiner Bedeutung und pragmatisch hinsichtlich der Weisen und Möglichkeiten seines Gebrauchs semiotisch betrachtet werden. Dieses lange Zeit wenig beachtete Theorem hat eine (von modischen Begleiterscheinungen nicht freie) Aktualität erhalten, als sein innerer Zusammenhang mit der Pointe der Philosophie des späten Wittgenstein und der sprechakt-theoretischen Phase der Ordinary Language Philosophy erkannt wurde und die Möglichkeiten seiner Anwendung innerhalb einer dialogisch oder emanzipatorisch orientierten Kommunikationstheorie durchgespielt wurden. So ist »Pragmatik« heute die weithin akzeptierte Bezeichnung für die Theorien bzw. den Phänomenbereich der durch Sprechhandlungen intersubjektiv vollzogenen Verständigungsleistungen. Dies hat mit dem behavioristischen Grundmodell nur noch wenig zu tun und ist ihm – im Extremfall der Habermas'schen »Universalpragmatik« – hinsichtlich der anthropologischen und methodologischen Voraussetzungen sogar konträr entgegengesetzt.

Bei aller Gegensätzlichkeit dieser Positionen bleibt aber doch ein Rest von Gemeinsamkeit, der von der gemeinsamen Herkunft aus dem Pragmatismus stammt: Die Kategorie des *Agendum,* die als Grundkategorie des handelnden Lebens bezeichnet werden kann, bestimmt auch die Sprachpragmatik insofern, als auch Sprachhandlungen ihre Struktur *von einem Ziel her* erhalten und durch Zeichen *auf dieses Ziel hin* vermittelt sind. Diese doppelte Richtung des finalen Bezugs ist in der gerundivischen Form der Kategorie des Agendum ausgedrückt. Für die Analyse der formalen Struktur ist es relativ unwesentlich, ob die zeichenvermittelte Aktion als Bedürfnisbefriedigung des Organismus oder als sprachliche Verständigungshandlung mündiger Subjekte anzusehen ist, sofern nur das Verständigungsziel die vermittelnden Zeichen zu instrumentellen Komponenten macht und den Regeln des Sprachspiels gemäß in den Spannungsbogen des Agendum funktional eingliedert.

Dies zu betonen beinhaltet nicht den Versuch der Relativierung einer Kommunikationstehtik[9], sei es unter szientistischem oder romantischem Vorzeichen. Diese hat ihr gutes Recht in der Frei-

9 Mit diesem von Apel übernommenen Begriff sei hier die gemeinsame Richtung der Transzendentalpragmatik Apels und der Universalpragmatik von Habermas bezeichnet.

legung des transzendentalen Rahmens rationaler Verständigung und den damit verbundenen Postulaten. Nur sollte das in diesen Ansatz eingegangene hermeneutische Konstituens nicht aufseiten der hermeneutischen Wissenschaften die Erwartung wecken, das für ihre Arbeit grundlegende Kommunikationsmodell sei hier schon entwickelt.

3. Handlungsmarke und Handlungsmal (Die Kategorie des Perfectum)

Der fundamentalen Struktur des Agendum ist *noch* auf dem Boden der Semiotik, jedoch in der Absicht, diesen Boden zu verlassen, eine andere gegenüberzustellen, die uns dem spezifischen methodologischen Bedürfnis der hermeneutischen Wissenschaften näherbringt.

Wir gehen aus von einem einfachen Beispiel. Die Vormerkung eines Termins in einem (früher übrigens mit der Aufschrift »Agenda« versehenen) Taschenkalender ist ein Zeichen, das uns vielleicht nicht nur helfen soll, den Termin in Erinnerung zu behalten, sondern das während eines gewissen Zeitraums vor der Fälligkeit des Agendum unser Handeln mahnend, ermunternd, warnend, vielleicht auch lähmend, beeinflußt. Ist der Termin erreicht und das Agendum erledigt, d.h. zum Actum geworden, kann das Zeichen »ad acta« gelegt werden, was im Falle eines Taschenkalenders in der Regel zu Beginn des folgenden Jahres geschieht. Was ist nun aus den Termineintragungen geworden? Aus Instrumenten im Dienste der Agenda sind sie zu Spuren der Acta und damit funktionslos geworden, sofern nicht die Aufgabe der Rekonstruktion meiner vergangenen Tätigkeit diese Spuren als Zeichen mit einem neuen Agendum in Beziehung bringt.

Die beiden Typen von Zeichen, die hier zu unterscheiden sind, seien mit den Namen Handlungs*marke* und Handlungs*spur* bezeichnet. Die Handlungs*marke* ist das innerhalb des Handlungsbogens (Agendum) relevante Orientierungssignal, das in der Regel im sympraktischen Kontext vorgegeben ist, aber auch (wie in unserem Beispiel) von Einzelnen im Hinblick auf ein Ziel gesetzt wird. Handlungs*spuren* sind entweder die durch Beendigung der Handlung oder Wechsel des Bezugsrahmens irrelevant gewordenen Marken; oder »Überreste« im Sinne der Unterscheidung

Droysens zwischen Überresten, Denkmälern und Quellen als den Hauptformen des historischen Materials[10]. Sie sind als Zeichen nicht intendiert, sondern gleichsam nur vorhanden, und repräsentieren Teile oder das Ganze des in der Regel nicht befragten Actums.

Kehren wir noch einmal zu unserem Beispiel zurück. Es kommt nun vor, daß der Taschenkalender nicht nur der Vormerkung zukünftiger, sondern zugleich der bleibenden Vergegenwärtigung vergangener Ereignisse dient. Man nehme etwa an, die Vormerkung eines Sitzungstermins werde im Nachhinein mit einem Ausrufezeichen versehen oder mit einem wertenden Zusatz. Der Zeichencharakter wird sich damit völlig verändern. Im Gegensatz zur bloßen Handlungsspur, die einen intendierten Sinn nur noch konserviert, wendet sich das neue Zeichen direkt an mich und ist damit der Handlungsmarke zu vergleichen. Im Unterschied zu ihr aber ist seine Funktion innerhalb des Zusammenhangs eines Agendum erheblich reduziert, wenn nicht überhaupt verschwunden. Es bezieht sich im »Sprachspiel« des Sich-erinnerns auf ein Vergangenes, dessen Bedeutung es interpretierend festhält. Seine Funktion besteht also vor allem darin, das Actum vor dem Absinken in die Selbstverständlichkeit des Erledigten zu bewahren. Es setzt ihm gleichsam ein Denkmal.

In diesem Sinne (und wiederum im Anklang an die Droysen'sche Unterscheidung zwischen »Überresten« und »Denkmälern«) sei dieser dritte Zeichentyp hier *Handlungsmal* genannt. Das Handlungsmal unterscheidet sich von der Handlungsspur durch sein Intendiert-sein; von der Handlungsmarke durch den geringeren oder völlig fehlenden Bezug zum Agendum. Indem es ein Actum nicht nur als Spur oder Überrest indexikalisch repräsentiert, sondern gegenständlich macht, enthält es ein Moment der Reflexivität, das die Struktur des Actum verändert. Dieses wird zum denkwürdigen Sachverhalt, dessen Vergegenwärtigung durch das Handlungsmal gewährleistet werden soll. So unterscheidet sich z.B. das Begräbnis vom bloßen Verscharren eines Leichnams durch das als Handlungsmal gekennzeichnete Grab, dessen frische Erde sonst nur Spur eines Actum wäre; so wird das physische Sich-durchgesetzt-haben der überlegenen Partei erst da-

10 *J. G. Droysen: Historik.* Textausgabe v. P. Leyh. Stuttgart-Bad Cannstadt 1977, 71 ff.

durch zum Sieg, daß dieser symbolisch behauptet und anerkannt wird. In diesem Sinne sind Trophäen und Inschriften Handlungsmale, wie auch ihre Äquivalente im Massentourismus: Souvenirs und Fotoalben.

Die anthropologische Bedeutung der Reflexivität des menschlichen Wissens[11] erfährt durch diese Leistung des Handlungsmals eine Bestätigung: die »Umweltgebundenheit« des Tieres kann förmlich dadurch definiert werden, daß das Tier nicht fähig ist, aus den engmaschigen Netzen seiner biologischen Agenda, wie Nahrungssuche, Revierbehauptung, Nestbau usw., herauszutreten und Handlungsmale zu setzen. Oder anders gewendet, wenn es gelänge, Ansätze tierischer Signifikation zu finden, die der Vergegenwärtigung abgeschlossener Handlungen dienten, würde damit eine Wurzel möglicher tierischer Sprachlichkeit freigelegt sein. Dies aber – so hat man es seit Herder sehen gelernt – ist Leistung der menschlichen »Besonnenheit«[12], und man müßte für die Zwecke dieser Untersuchung Herders Satz vom Menschenwesen, das »nicht bloß erkennt, will und wirkt, sondern auch weiß, daß es erkenne, wolle und wirke«[13], ergänzen: »und das sein Wissen um sein Erkennen, Wollen und Wirken objektiviert«.

In der objektivierenden Leistung des reflexiv auf die Handlung bezogenen Handlungsmals wird das transitorische, momentan erreichte Actum gleichsam mit einer – in der Musik üblichen – »Fermate« versehen und so erfaßt, wie Herder dies als Voraussetzung von Sprachlichkeit geschildert hat: der Mensch »beweist Reflexion, wenn er aus dem ganzen schwebenden Traum der Bilder, die seine Sinne vorbeistreichen, sich in ein Moment des Wachens sammeln, auf einem Bilde freiwillig verweilen, es in helle ruhigere Obacht nehmen und sich Merkmale absondern kann, daß dies der Gegenstand und kein anderer sei«.[14] In der so vollzogenen Artikulation des scheinbar selbstverständlichen Actum,

11 Vgl. den für unsere Untersuchung im ganzen wichtigen Abschnitt: »Die Reflexivität des menschlichen Wissens vom Leben«, in: *G. Misch: Lebensphilosophie und Phänomenologie.* A.a.O. 72 ff.

12 Durch diesen Begriff ist das Gemeinsame der anthropologischen Einsichten Herders und Schopenhauers repräsentiert.

13 *Herder: Abhandlung über den Ursprung der Sprache.* Hrsg. v. E. Heintel. Hamburg 1960, 22.

14 Ebd., 24.

über das der tierische Organismus immer schon hinaus ist beim nächsten Agendum, liegt, wie wir sagen wollen, die Erhebung des aus der Selbstverständlichkeit geholten Actum zum *Perfectum.*[15] So, wie das grammatische Perfekt als »Vollendung in der Gegenwart« diese Gegenwart mitkonstituiert (»ich habe gesehen« = »ich weiß«, vgl. griechisch: οἶδα), soll auch die Kategorie des Perfectum zum Ausdruck bringen, daß Vergangenes als Erreichtes oder Geschaffenes repräsentiert und signifiziert werden kann, um für Gegenwart und Zukunft wirksam zu bleiben. Das Perfectum ist nicht das schlechthin Abgeschlossene: dies wäre das Actum »an sich«, das nur als Handlungsspur Fortbestand hat. Erst das Handlungsmal (z. B. die einfache Äußerung: »Ich habe dich verstanden!«) repräsentiert Vergangenes in einer die Gegenwart und Zukunft »angehenden« Weise. Dabei ist allerdings diese Form der »Angänglichkeit« durchaus zu unterscheiden von dem, was *Heidegger* unter diesem Namen herausgehoben hat. Gemäß seiner Analyse der »Geworfenheit« setzt das »umsichtig besorgende Begegnenlassen« von Zuhandenem im Sinne eines »Angegangen-werden« den nicht-reflexiven Bezug der Befindlichkeit voraus: »Die Befindlichkeit ist so wenig reflektiert, daß sie das Dasein im reflexionslosen Hin- und Ausgegebensein an die besorgte ›Welt‹ überfällt.«[16] Dies also ist die Struktur des völligen Aufgehens in der »Sorge« als dem transzendentalen Agendum, und es ist nicht zufällig, daß Heidegger in »Sein und Zeit« die Momente der anschauenden Betrachtung als bloßes »Begaffen« von Vorhandenem abqualifizierte.[17]

Die Kategorie des Perfectum also drückt die formale Struktur des Bedeutsamkeit-gewinnens aus und steht damit der Kategorie des Agendum konträr gegenüber, da in dieser das »besinnungslose« Fortgezogenwerden in der Linie der Handlungsmarken ausgedrückt ist. Es macht die Dialektik des Zusammenhangs beider aus, daß die Vergegenständlichung des Abschlusses einer Hand-

15 Mit diesem Terminus darf freilich nicht unterstellt sein, daß dem durch das Handlungsmal vergegenwärtigten Actum eo ipso inhaltliche Qualität, Vollkommenheit oder gar Vorbildlichkeit zukomme. Auch der bestialische Mord ist ein Perfectum von dem Augenblick an, in dem der Täter zur Besinnung kommt und sich sagt: »Ich habe gemordet.«

16 *M. Heidegger: Sein und Zeit,* 7. Aufl. Tübingen 1953, 136.

17 Ebd., 61, 69, 263 u. a. m.

lung, auf den hin der spannungshafte Drang des animalischen Bedürfnisses ursprünglich angelegt ist, erst mit der Abnahme dieser naturhaften Zielgerichtetheit, und das heißt: mit der zunehmenden Verwandlung von Handlungsmarken in Handlungsmale, möglich ist.
Es ist nun unsere These, daß wir im Ausgang von der Semiotik erst mit diesem Schritt vom Agendum zum Perfectum auf diejenige fundamentale Kommunikationsstruktur stoßen, die von den elementarsten Leistungen des Lebens bis zu den komplexen diskursiven Aussagen der hermeneutischen Wissenschaften reicht und im Gegensatz zum Grundmodell der erfolgsorientierten instrumentellen Zeichenvermittlung keiner Anpassung (um nicht zu sagen: Umbiegung) für die methodologische Fruktifizierung bedarf. Diese idealtypisch im Gegensatz zur »funktionalen Erledigung« herauszuarbeitende Struktur heißt: *transfunktionale Realisation.*

4. Transfunktionale Realisation

Für eine solche idealtypische Gegenüberstellung genügt es nicht, sich an gängigen Oppositionspaaren, wie Arbeit und Muße, Praxis und Theorie, Aktion und Reflexion, Vita activa und Vita contemplativa zu orientieren, wenngleich das Gemeinsame der in ihnen ausgedrückten Gegensätze auch unserer Unterscheidung zugrunde liegt und in der anthropologischen Bestimmung der »Besonnenheit« schon angesprochen ist.
Wir versuchen vielmehr, uns die Vorteile des semiotischen Ansatzes zunutze zu machen, die darin liegen, daß das Grundmodell des funktionalen Reagierens auf Zeichen auf den allgemeineren Bezugsrahmen der Struktur des Sich-Verhaltens zu Gegenständen und Sachverhalten hinweist und von da aus die spezifische Struktur des Sich-Verhaltens zu Überlieferung thematisieren läßt.
Hier stoßen wir nun zunächst auf den vielleicht allzu selbstverständlichen Befund, daß das Aushängen der funktionalen Reaktion im alltäglichen Lebensvollzug Diskontinuität bedeutet. Das nicht mehr selbstverständlich im Verweisungszusammenhang des Agendum Aufgehende wird »begafft«. Beschaulichkeit im Umgang mit Signalen kann in der Welt des technischen »Klappens«

tödlich sein. Aber auch für die aus der Alltäglichkeit und Mittelmäßigkeit herausragenden, sogenannten Tatmenschen gilt, daß sie sich den Luxus jener »Fermate« der Besinnlichkeit, die sich im Handlungsmal ausdrückt, nicht leisten. So wird von Bismarck berichtet, daß er auf die Nachricht vom Attentat Nobilings auf Wilhelm I. spontan und ohne sich zu besinnen ausgerufen habe: »Jetzt lösen wir den Reichstag auf!« Sein Agendum der Schaffung einer gefügigen Mehrheit im Reichstag für das Sozialistengesetz ließ ihn so schnell reagieren, daß er nicht einmal nach dem Befinden des Königs fragte.[18] Dies veranschaulicht, was Heidegger mit dem »reflexionslosen Hin- und Ausgegebensein an die besorgte ›Welt‹« im Auge hatte. Dem läßt sich Goethes beschauliches Reagieren auf die Kanonade von Valmy gegenüberstellen, nach deren Ende, wie Goethe berichtet, »eigentlich einem jeden Besinnung und Urteil fehlte«. Er selbst setzte ihr ein Denkmal mit dem berühmten Wort: »Von hier und heute geht eine neue Epoche der Weltgeschichte aus, und ihr könnt sagen, ihr seid dabeigewesen.«[19] Zwei beinahe reine Fälle im Sinne unseres Schemas: hier der über den Dingen stehende Dichter, der die welthistorische Bedeutsamkeit der scheinbar sinnlosen Schießerei auf den Begriff bringt, dort der zweckdienliche Raubtier-Reflex des mitten in der Aktion stehenden Politikers.

Da es uns hier nicht um Bewertung, sondern Deskription geht, wollen wir auch im Hinblick auf komplexere Phänomene von der prinzipiellen Gleichwertigkeit der beiden Möglichkeiten, der funktionalen Erledigung und der transfunktionalen Realisation, ausgehen. In den beiden folgenden Fällen wird dies besonders deutlich: 1) Transfunktionale Realisation ist nicht gebunden an eine kontemplative, praxisferne Haltung. Sie findet auch dort statt, wo ein technischer Verweisungszusammenhang zugunsten eines anderen Handlungszieles umfunktioniert wird und bisher selbstverständliche Handlungsmarken in ihrem Herausgelöstsein aus dem gewohnten Agendum intensiver realisiert werden. Jeder Bauherr weiß davon zu berichten, wie je nach dem Stadium des Hausbaus die alltäglichsten Dinge, wie Türgriffe und Lichtschalter, den Charakter ihrer »Zuhandenheit« vorübergehend verlieren, wenn es darum geht, entsprechende Gegenstände auszuwäh-

18 Vgl. H. A. Winkler: Das Attentat als Alibi. FAZ v. 9. 12. 1978.
19 *Goethe: Sämtliche Werke* (Gedenkausgabe). Bd. 12, 289.

len. Dieser Verfremdungseffekt, von dem übrigens die »Object Art« systematisch Gebrauch macht, dort aber in kontemplativer oder sozialkritischer Zuwendung zum Ding, hat beim Bauherrn seinen Grund im Auftreten eines *neuen* Agendum. – 2) Funktionale Erledigung ist nicht gebunden an Arbeit; es gibt sie auch im Spiel. Jedes Wettspiel hat den Charakter eines Agendum, das blitzschnelles Reagieren auf Zeichen verlangt. Der Muße-Charakter solcher Veranstaltungen tritt allerdings häufig nicht hier, sondern im Anteil derer zutage, die während und nach dem Geschehen Handlungsmale setzen; denn Lob und Tadel, Beifall und Verriß sind elementare Formen des Handlungsmals, das konstitutiver Bestandteil öffentlicher »Darbietungen« ist. Doch auch die einfache Regelgebundenheit des kindlichen Spiels verlangt ein hohes Maß an funktionaler Erledigung, die allerdings von Schutzzonen der Unverbindlichkeit umgeben ist.

Was heißt nun »transfunktional«? Die vielleicht befremdliche Wortbildung soll zum Ausdruck bringen, daß *innerhalb* des handelnden Lebens immer wieder der Ablauf zielgerichteter, zweckrationaler Vorgänge transzendiert wird auf Bedeutsamkeit hin. Transfunktionalität ist nichts der Funktionalität bloß Entgegengesetzes; so erscheint es nur in der idealtypischen Überzeichnung. Es ist der noch dem scheinbar völlig durchmechanisierten Handeln *immanente* Sinn, seine Voraussetzungen, Implikationen, Antizipationen und Virtualitäten, die in allmählicher Artikulation oder in plötzlichem Durchbruch vergegenwärtigt werden[20].

Über die alltäglichen »Fermaten« der Besinnlichkeit hinausgehend ist es vorzugsweise Sache der Religion, Kunst und Philosophie, die großen Akzente solcher Vergegenwärtigung zu setzen. Hierfür Beispiele auch nur aufzuzählen, ist überflüssig. Es ist jedoch zu betonen, daß nicht alle religiösen, künstlerischen und philosophischen Objektivationen zu den Handlungsmalen zu rechnen sind, in denen die vorübergehende Befreiung des Menschen vom »Sklavendienst des Willens« (Schopenhauer) zum Ausdruck kommt. Erwartungen, Sehnsüchte, »Dämmerung nach

20 Ein hübsches Beispiel für eine *manipulierte* transfunktionale Vergegenwärtigung inmitten eines bis ins einzelne durchkalkulierten Agendums sind die »ersten Worte« eines Menschen auf dem Mond, die der Astronaut Armstrong zu sprechen hatte: »Ein kleiner Schritt hier, aber ein großer für die Menschheit.«

vorn« (Bloch), Weltentwürfe, ethische Postulate stehen in einem anderen, vielleicht näheren Verhältnis zum Agendum als die reflexiven Selbstauslegungen des Lebens. Dies im einzelnen abzugrenzen, würde den Rahmen dieser Untersuchungen sprengen. Es muß nun vielmehr darum gehen, auf der bisherigen Linie noch einen Schritt weiterzukommen.

5. Die epidigmatische Funktion der Vergegenwärtigung

Dieser Schritt führt uns über die Orientierung am Paradigma des Kalenders hinaus, insofern als in dem dort noch zugrundegelegten solipsistischen Verkehr *eines* Zeichenbenutzers mit seinen Zeichen bisher nur die potentielle Intersubjektivität betrachtet wurde. Zwar hat die Mehrzahl der übrigen hier herangezogenen Beispiele schon hinreichend deutlich gemacht, wie selbstverständlich die intersubjektive Verständigungsleistung auch desjenigen Zeichens ist, das für die transfunktionale Realisation steht. Goethes Bericht über die Situation, in der sein Wort über die Kanonade von Valmy fiel, gibt dafür einen schönen Beleg: »Man sah sich nicht an, oder wenn es geschah, so war es, um zu fluchen oder zu verwünschen. Wir hatten, eben als es Nacht werden wollte, zufällig einen Kreis geschlossen, in dessen Mitte nicht einmal wie gewöhnlich ein Feuer konnte angezündet werden; die meisten schwiegen, einige sprachen, und es fehlte doch eigentlich einem jeden Besinnung und Urteil. Endlich rief man mich auf, was ich dazu denke?« Das nun ausgesprochene Wort von der neuen Epoche der Weltgeschichte (selbst wenn es an Ort und Stelle in einer weniger bedeutenden Formulierung gesagt wurde) ist ein Akt der *Verständigung durch das artikulierende Aufzeigen* der Bedeutung des scheinbar sinnlosen Geschehens. Goethe zeigt keinen Ausweg aus der verfahrenen Situation, und sein Wort mag den mißmutig im Regen Herumstehenden wenig genug geholfen und schon gar nicht praktisch genützt haben. Aber es war ein aus der gemeinsamen Ratlosigkeit entstehender Versuch, den Boden für eine gemeinsame Vergegenwärtigung des Sinns des Geschehens zu schaffen. Es war eine »produktiv-objektivierende Artikulation«.

Handlungsmale dieser Art zeigen (wenn überhaupt) nicht unmittelbar, wie es weitergehen soll, sondern sie lassen Erlebtes zunächst sehen. Sie drücken gleichzeitig aus, *was* ein einzelner gesehen hat, und daß er will, daß *auch andere* es so sehen. Treten sie in sprachlicher Form auf, so zeichnen sie sich durch ein eigentümlich neutrales Gleichgewicht von Darstellungs-, Ausdrucks- und Appellfunktion[21] aus, wie man an Goethes Äußerung studieren kann: Der Satz »Von hier und heute...« gibt weder eine objektive Darstellung der Lage, wie man sie allenfalls von einem das Technische der Situation überblickenden General erwarten konnte, noch ein subjektives Stimmungsbild (dies besorgten die fluchenden Offiziere), noch eine Handlungsanweisung; aber er legt aus subjektiver Sicht (= Ausdrucksfunktion) den Kern des Geschehens dar (= Darstellungsfunktion) in der Zuwendung zu den andern (= Appellfunktion), die es ebenso sehen sollen. Die fehlende Dominanz einer der drei Funktionen legt die Vermutung nahe, daß wir es mit keiner im engeren Sinne pragmatischen Sprechsituation zu tun haben, was bedeutet, daß die Äußerung nicht im Bezugsrahmen eines Agendum gemacht wurde. Auch innerhalb anderer Klassifikationen, wie der sprechakttheoretischen Typologie der illokutiven Akte[22] oder der Diskurs-Typologie von Morris[23], läßt sich ein solches sprachliches Handlungsmal, das zugleich Zeichen *von* Vergegenwärtigung und Zeichen *zur* Vergegenwärtigung ist, schwer unterbringen.

Um der besonderen Struktur solcher Vergegenwärtigungszeichen (die wir oben mit Dilthey ›Erlebnisausdrücke‹ genannt haben), gerecht zu werden, greifen wir in der Rhetorik einen (dort allerdings meist pejorativ gebrauchten) Begriff auf: die *Epideixis.* Sie ist das demonstrative Herausheben eines Sachverhaltes in einem aufwendigen (»epideiktischen«) Redestil. Das zugrunde liegende, wertneutrale Verbum (ἐπιδείκνυμι) steht für: »zur Schau stellen«, »vorzeigen«, »dartun«, »die Bewandtnis von etwas darlegen« usw. In deutlicher Abgrenzung von der negativen Wertung des »Epideiktischen« wollen wir den wertneutralen Begriff »epidigmatisch« (von ἐπίδειγμα) einführen, um die über die reine Deixis der umgangssprachlichen Handlungsmarken hinausgehende Funktion der kommunikativ gebrauchten Handlungsmale

21 Vgl. *K. Bühler: Sprachtheorie.* Die Darstellung der Sprache. Jena 1934, 28.

22 Vgl. *J. R. Searle: Sprechakte.* Ein sprachphilosophischer Essay. Aus dem Englischen v. R. u. R. Wiggershaus. Frankfurt a. M. 1971.

23 Vgl. *Morris: Zeichen, Sprache und Verhalten,* 215.

zu bezeichnen. Goethes Satz über Valmy ist dieser Terminologie entsprechend ein Epidigma, d. h. ein zum Nachvollzug einladendes Zeichen der Vergegenwärtigung eines Sachverhaltes. Epidigmatische Äußerungen sind weder rein präskriptiv, noch persuasiv, wenngleich diese Elemente in ihnen nicht ganz zu verkennen sind. Sie sind auf Resonanz hin angelegte Darstellungen aus subjektiver Sicht.[24]

Der Begriff des Epidigma ist hilfreich, um den Zusammenhang der Reflexivität des alltäglichen Wissens mit komplizierteren und weiter ausgreifenden Formen ästhetischer und philosophischer Vergegenwärtigung erkennbar zu machen. Fast jede auf Gegenständlichkeit bezogene künstlerische Leistung, sei es die Heraushebung eines Stückes von Wirklichkeit in bildender Kunst und Dichtung oder die »Darbietung« eines musikalischen oder dichterischen Werkes, ist epidigmatisch. Dies geht weit über das zu kurz ansetzende »interesselose Wohlgefallen« hinaus, und zwar in dreifacher Hinsicht: die epidigmatische Vergegenwärtigung kann auch Mißfallen artikulieren; sie ist Ausdruck eines besonderen, sachbezogenen Interesses am Perfectum; und sie ist kommunikativ. Spezifische Funktionen des Ästhetischen in der modernen und modernsten Kunst, wie sie seit dem »Flaschentrockner« von Duchamp das Publikum irritierten, erscheinen unter dem gemeinsamen Dach des Epidigmatischen durchaus vereinbar mit der ästhetischen Funktion der (nicht travestierten!) Mona Lisa. Dies bedeutet nicht, daß das Ästhetische im Epidigmatischen einfach aufginge. Dagegen steht die wesentliche Bestimmung der Gegenstandsbezogenheit des Epidigmatischen. Es läßt sich jedoch sagen, daß es eine vorwiegend epidigmatische Kunst gibt, die übrigens eine ihrer Grenzen dort hat, wo der Umschlag ins

24 Der Nebenton des prahlenden Vorzeigens, wie er sich dann in der rhetorischen Epideixis verselbständigt hat, sollte in seiner anthropologischen Bedeutsamkeit durchaus gesehen werden. Zu den elementarsten Formen epidigmatischer Kommunikation gehört das Vorzeigen kindlicher Schätze. Wer dies als kleines Kind im Umgang mit gleichaltrigen französischen Kindern erlebt und von daher noch das Wort »Regarde!« im Ohr hat, ist geneigt, von einem *»Regarde-Effekt«* als der anthropologischen Voraussetzung jeder epidigmatischen, auf Teilnahme angewiesenen, positiven wie negativ-kritischen Vergegenwärtigung zu sprechen. Es ist die aktive und kommunikative Form des Staunens.

Tendenziöse ein neues – politisches, wirtschaftliches, weltanschauliches – Agendum erkennbar macht. Wahlplakate und Werbegraphik sind »epideiktische« Handlungsmarken, keine epidigmatischen Handlungsmale. Gegenüber der Eindeutigkeit der Grenzziehung angesichts der rein persuasiven Funktion solcher Objektivationen ist es ungleich viel schwerer, die entsprechende Grenze bei sozialkritisch-provokativer Kunst zu bestimmen. Einen illustrativen Sonderfall bildet hier die *Parodie* durch den Unterschied zwischen rein satirischer Parodie und dem Pastiche. Das Pastiche als mimetische Vergegenwärtigung in kommunikativer Absicht kann geradezu als das Epidigma schlechthin bezeichnet werden.[25]

Es würde einer (hier nicht zu leistenden) ausführlichen Untersuchung bedürfen, die Züge des Epidigmatischen im Gesamtbereich dessen, was man pauschal unter »Kultur« versteht, herauszuheben. Über verhältnismäßig »rein« epidigmatische Kommunikationsformen in Museum, Theater, Konzert- und Vortragssaal würde die Linie zu den gemischten und deshalb interessanteren Formen in den Massenmedien und Bildungsinstitutionen führen. Ebenso müßte untersucht werden, bis zu welchem Grad der Anteil typisch epidigmatischer Kommunikationsformen am Entstehen sogenannter kultureller Blütezeiten beteiligt ist. Bestimmte literarische Gattungen, wie Essay, Aphorismus, Rede, Chronik, Reisejournal und Brief wären unter diesem Gesichtspunkt neu zu

25 Einen gleichfalls interessanten Sonderfall epidigmatischer Kommunikation bildet die *Anspielung*. In ihr ist der reflexive Bezug auf das sachlich Dargestellte dadurch besonders virulent, daß die elliptische Form Ausdruck der vorausgesetzten Gemeinsamkeit des Bescheidwissens ist. Angespielt wird in der Regel nicht auf das bloße Was, sondern auf das Wie, das eine kommunikative Vergegenwärtigung gerade dadurch erfährt, daß seine Artikulation nur Implikat bleibt. Die hierfür bereitstehenden sprachlichen Mittel sind vor allem jene kulturellen Kommunikationseinheiten (»Stalingrad«, »Watergate« usw.), die Abbreviaturen komplexer soziokultureller Sachverhalte darstellen. Sie sind mitten in den Vollzug von Sprechakten eingeblendete Rückbesinnungen und Vergewisserungen des Einverständnisses, die man noch nicht eigentlich als Epidigmata, sondern als Handlungsmarken mit epidigmatischer Tendenz ansehen kann (Vgl. vom Verfasser: *Anspielungen. Zur Theorie der kulturellen Kommunikationseinheiten.* In: Poetica. Zeitschrift für Sprach- und Literaturwissenschaft, Bd. 7, 1975, Heft 2.)

sichten, ebenso wie die Bevorzugung bestimmter sozialer Formen für diese Art des geistigen Austausches (Gruppe, Cercle, Freundeskreis, »Schule«). Ferner würde dies hinführen müssen zu einer engeren Fassung des Kulturbegriffs selbst, insofern als die Intensität der Bemühung um Verständigung über die eigenen historischen Voraussetzungen innerhalb einer Gemeinschaft zum Kriterium dafür gemacht werden kann, ob eine solche Gemeinschaft »Kultur hat«. Nicht zuletzt würde die Berücksichtigung des Anteils epidigmatischer Selbstvergewisserung innerhalb einer Klasse oder Schicht der Analyse des Aufbaus einer Ideologie förderlich sein.

6. Reine Pragmatik und Epidigmatik

Versucht man, den Ertrag dieser Überlegungen in die Abgrenzungen des Begriffs »Pragmatik« einzubringen, von denen wir ausgegangen sind, so ergibt sich die Möglichkeit einer Differenzierung dieses Begriffs, – allerdings nicht in der Richtung, wie sie oben durch die Unterscheidung zwischen zwei möglichen Bedeutungen des Wortes angedeutet worden ist. Es muß zunächst festgehalten werden, daß mit dem semiotischen Begriff »Pragmatik«, das Wort in seinem weitesten Sinn genommen, alle diejenigen zeichensetzenden und -verstehenden Leistungen zusammengefaßt sind, in denen mit Zeichen (vorzugsweise mit Wörtern) etwas »angefangen« wird. Zeichenvermittelte Kommunikation kann schon auf sehr elementaren Stufen als Handlung – das Wort wiederum in einem sehr weiten Sinn genommen – verstanden werden. Durch Einführung des Begriffs »transfunktionale Realisation« ist jedoch auf den Unterschied verwiesen zwischen Handlungszusammenhängen, die gemäß der Kategorie des Agendum auf einen Abschluß hin angelegt und durch instrumentell gebrauchte (und häufig aufzubrauchende) Zeichen vermittelt sind, und solchen Formen der Kommunikation, die allenfalls als Orientierungshandlungen, in vielen Fällen jedoch schlicht als *Handlungen der Artikulation von Sinn* zu verstehen sind. Dem reinen, durch das Agendum strukturierten Pragma steht die Epideixis als im Prinzip zweckfreie Artikulation von Bedeutsamkeitserfahrung gegenüber, und es wäre von hier aus gesehen sinnvoll, die semiotische Dimension der allgemeinen Pragmatik zu unterteilen in eine *reine Pragmatik* (oder Pragmatik i. e. S.) und eine Epidigmatik.[26]

Hermeneutisch betrachtet bedeutet dies, daß mit der »transfunktionalen Realisation« vor allem die grundsätzliche Verschiedenheit der Verstehensrichtung betont ist, die besteht zwischen dem rein pragmatischen Verstehen handlungsrelevanter Marken und dem Verstehen epidigmatischer Bedeutsamkeitserfahrung. In beiden Fällen muß davon ausgegangen werden, daß es einen Richtungssinn, ein Woraufhin des Verstehens gibt. Während das Verstehen im Fall der funktionalen Erledigung auf den Abschluß einer Handlung gerichtet ist, liegt es in der Natur epidigmatischer Leistungen, daß sie nicht auf ein abschließendes Verstehen hin angelegt sind. Als Objektivierungen von Bedeutsamkeitserfahrungen sind sie transfunktional in dem Sinn, daß die herausgehobene Wirklichkeit nicht mehr selbstverständlich und reibungslos im größeren Ganzen eines Handlungszusammenhangs aufgehen kann und soll. Dementsprechend kann sich auch das Verstehen solcher Heraushebungen nicht in Gestalt eines funktional »richtigen« Handlungsentwurfs vollziehen. Es muß die Richtung der Transfunktionalität aufnehmen, ohne an die Erreichung eines definitiven Abschlusses gebunden zu sein. Es gibt deshalb für das Verstehen des Epidigmas auch nicht dieselbe Norm »richtigen« Verstehens wie für das rein pragmatische Verstehen, das als Entwerfer funktionaler Erledigungsschemata zu charakterisieren ist.

26 Diese Gegenüberstellung ist nicht zu verstehen als andere Möglichkeiten ausschließende Dichotomie. Vielmehr wäre denkbar, unter dem Oberbegriff einer allgemeinen Pragmatik neben der Epidigmatik auch eine »Emblematik« unterzubringen, d. h. eine Theorie bzw. Dimension derjenigen Signifikationen, mit denen – wiederum in nicht rein pragmatischer Funktion – Zugehörigkeiten, Abgrenzungen, Identifizierungen usw. zum Ausdruck gebracht bzw. hergestellt werden, etwa durch Kleidung, Sitten, Gebräuche, Sprache, Lebensstile. So, wie am Beispiel der Werbung die fließenden Übergänge zwischen epidigmatischen Objektivierungen von Bedeutsamkeit und manipulatorischer, zweckrational konstruierter Pseudo-Bedeutsamkeit analysiert werden können, ließe sich auch auf dem Feld einer Emblematik unterscheiden zwischen relativ zweckfreien, emblematischen Ausdrücken von Identität und Zugehörigkeit (Haarlänge als Generationsemblem!) und all den sattsam bekannten Formen signifikativer Beschwörung und Durchsetzung kollektiver Interessen.

Eine solche Differenzierung hat selbstverständlich all diejenigen Überlegungen im Rücken, die sich mit dem »hermeneutischen Potential« von Erlebnisausdrücken beschäftigt haben. Ihren systematischen Ertrag im Sinne einer ausführlich begründeten Theorie einer Epidigmatik fruchtbar zu machen, bleibt eine noch zu leistende Aufgabe.

Personenregister